本书出版受广东省医学科学技术研究基金"广东省按病种分值支付方式改革回顾评价及前瞻性研究"（项目编号：C2021005）资助，同时受广东医药价格协会医保支付价格专委会"按病种分值付费政策实施效果评估研究"项目支持

编　委　会

主　　　编：陈维雄　蔡秋茂

副　主　编：欧　凡　蔡锦华　程燕恒

编　　　委：（排名不分先后）

李玫霏　马路宁　陶春莲　陈家昊　林文婕

林　敏　夏　燕　夏　锋　张芳芳

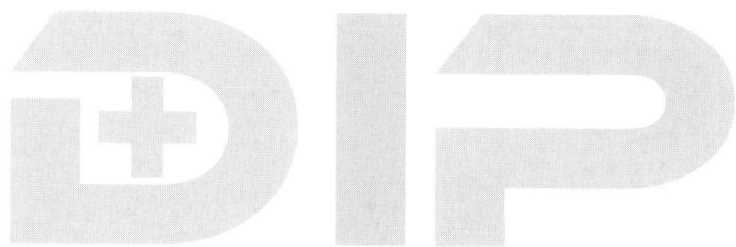

按病种分值付费（DIP）医院医保精细化管理

主　编　陈维雄　蔡秋茂

副主编　欧　凡　蔡锦华　程燕恒

暨南大学出版社
JINAN UNIVERSITY PRESS

中国·广州

图书在版编目（CIP）数据

按病种分值付费（DIP）医院医保精细化管理／陈维雄，蔡秋茂主编；欧凡，蔡锦华，程燕恒副主编. —广州：暨南大学出版社，2022.8（2023.8 重印）

ISBN 978 - 7 - 5668 - 3402 - 7

Ⅰ. ①按…　　Ⅱ. ①陈…　②蔡…　③欧…　④蔡…⑤程…　　Ⅲ. ①医疗保险—医疗费用—研究—中国　Ⅳ. ①F842.684

中国版本图书馆 CIP 数据核字（2022）第 068628 号

按病种分值付费（DIP）医院医保精细化管理
AN BINGZHONG FENZHI FUFEI（DIP）YIYUAN YIBAO JINGXIHUA GUANLI
主　编：陈维雄　蔡秋茂　副主编：欧　凡　蔡锦华　程燕恒

出 版 人：张晋升
策　　划：黄圣英
责任编辑：颜　彦　詹建林
责任校对：刘舜怡　刘小雯　黄亦秋
责任印制：周一丹　郑玉婷

出版发行：暨南大学出版社（511443）
电　　话：总编室（8620）37332601
　　　　　营销部（8620）37332680　37332681　37332682　37332683
传　　真：（8620）37332660（办公室）　37332684（营销部）
网　　址：http://www.jnupress.com
排　　版：广州尚文数码科技有限公司
印　　刷：佛山市浩文彩色印刷有限公司
开　　本：787mm×1092mm　1/16
印　　张：18.25
字　　数：342 千
版　　次：2022 年 8 月第 1 版
印　　次：2023 年 8 月第 3 次
定　　价：78.00 元

（暨大版图书如有印装质量问题，请与出版社总编室联系调换）

前　言

按病种分值付费（Diagnosis-Intervention Packet，DIP）是我国原创的，符合国情、客观反映临床实际的，适用于医保治理、卫生改革、公立医院管理等诸多领域的一种医保支付方式。地区试点探索发现，DIP 具有以下显著的优势：引导资源的合理配置，提升资源利用效率，促进医疗机构精细管理，激发医疗机构控制成本的内生动力，提供适宜的服务，控制医疗费用不合理增长，提高医保基金的使用效率。

2020 年 11 月 4 日，《国家医疗保障局办公室关于印发区域点数法总额预算和按病种分值付费试点城市名单的通知》（医保办发〔2020〕49 号）将 21 个省级行政区共 71 个城市纳入试点。11 月底，DIP 技术规范和病种目录库也先后发布。这标志着我国医保支付方式改革又迈出了新的一步，从国家层面上确定了同时推进 DRG 和 DIP 两种支付方式改革。

2021 年 11 月 26 日，国家医疗保障局印发《国家医疗保障局关于印发 DRG/DIP 支付方式改革三年行动计划的通知》（医保发〔2021〕48 号）。三年行动计划作出如下规划：

以习近平新时代中国特色社会主义思想为指导，坚持以人民健康为中心，以加快建立管用高效的医保支付机制为目标，分期分批加快推进，从 2022 年到 2024 年，全面完成 DRG/DIP 付费方式改革任务，推动医保高质量发展；到 2024 年底，全国所有统筹地区全部开展 DRG/DIP 付费方式改革工作，先期启动试点地区不断巩固改革成果；到 2025 年底，DRG/DIP 支付方式覆盖所有符合条件的开展住院服务的医疗机构，基本实现病种、医保基金全覆盖。

随着 DIP 在全国各地落地开花，许多刚开展 DIP 的城市内医疗机构急需讲述 DIP 精细化管理经验的指导文书进行学习和模仿，从而为医疗机构转变支付方式后更快速地适应 DIP 新环境、运用新的管理手段提供借鉴。为此，我们组织了广东（包括广东省人民医院、中山大学附属第一医院、汕头大学医学院第一附属医院、广州市第十二人民医院、广东医药价格协会）、浙江（浙江大学医学院附属第二医院）已开展 DRG/DIP 付费工作先行先试地区的医保管理人员，从政策解读、实践管理经验介绍等方面编写本书。

广州市是最先试行 DIP 支付方式的城市之一，从 2018 年 1 月 1 日开始探索至今，已经积累了数年丰富的经验，是 DIP 发展的见证者和亲历者。

广州基于大数据按病种分值付费的这一改革，打破了传统定额结算方式，基于大数据智能化建立了总额预算支持正常增长、病种赋值引导合理施治、年度清算体现激励机制、偏差管理提高整体水平的管理体系。具有以下四大特点：

一是建立了"结余留用、超支分担"的激励机制，改变了以往对每家医疗机构下达年度预算的做法，调整为只有一个区域总额预算。

二是实现了医保支付和监管的一体化、智能化和精细化管理。

三是通过合理确定权重系数、基层病种目录及相关规则，实现促进分级诊疗，保障老年、儿童患者等特殊群体和危重病人就医权益的目的；对频繁转院等行为设置扣减系数，遏制治疗不充分现象的发生，以更好地保障参保人的权益。

四是建立了基于客观数据和客观标准、全程伴有反馈和预警机制、公开平等的医保与医疗机构合作协商机制，进一步提升医疗服务水平和效率。

实施 DIP 支付方式，可能将进一步推动三医联动改革，实现医疗、医保、患者即"医、保、患"三方共赢。

在提升医疗服务质量方面，通过改革发挥医保支付杠杆调节功能，促进各级各类医疗机构明晰定位、规范医疗服务行为，加强内部精细化管理，推动医疗服务高质量发展。

在提高基金使用效益和监管水平方面，通过改革建立具有鲜明价值导向的医保支付机制，以医保基金安全可控、效益优先为前提，建立与 DIP 支付相匹配的医保基金结算模式和监管体系，增强医保对医疗服务的激励约束功能，逐步实现由"付费医保"向"价值医保"转变。

在保障患者医疗需求和权益方面，通过改革将更有效推动分级诊疗，提高医疗资源有效利用率，促进医疗机构合理控制成本，进一步控制医疗费用不合理增长，减轻患者就医负担，保障患者医疗需求，不断提高参保群众的获得感、幸福感和满意度。

书中详细介绍了以下内容：我国医疗保障及 DIP 的发展历程和现状，管理绩效优异的医疗机构在 DIP 实施和精细化管理过程中的经验，浙江省 DRG 介绍及与 DIP 的异同，DIP 信息化智能化建设，病案首页、医保结算清单质量管理，DIP 下的医保基金监管，DIP 下的成本管控等，从不同角度和维度剖析了 DIP 的内涵、政策实施要点、管理手段、优点和缺点以及对于未来发展的一些建议等，给拟实行 DIP 的地区医疗机构提供宝贵的指导和建议。

医保支付改革将是一个长期的历程，DIP 作为我国试点四年来颇有成效的付费方式之一，在国家提出三年行动计划后，DIP 付费改革已经进入了一个新阶段，需要我们进一步探索和研究。

本书编写的内容，均是各医保管理人员在 DRG/DIP 政策实施过程中的经验总结，代表作者的个人观点，不足之处在所难免，仅供各医院在实施过程中参考借鉴。

本书编写过程中得到了广大医保专家大力支持，提出宝贵的修改意见，在此表示衷心的感谢！

CONTENTS 目录

第一章

我国医疗保障发展历程

医疗保障作为社会保障的重要组成部分，是保障全民健康的重要措施，对国家长治久安至为重要。在我国全面建设小康社会的进程中，国民健康既是小康社会的重要标志之一，也是建设小康社会的基本条件。2021 年 7 月 1 日，在中国共产党百年华诞之际，第一个百年奋斗目标"全面建成小康社会"如期宣告达成。实现全面小康的中国，将助力全球迈向更美好的未来。医疗保障制度是实现国民健康、助力社会迈向更美好未来的重要社会经济政策。

第一节　医疗保障制度概述

医疗保障与人们的生活息息相关，是民生保障的重要内容。我国基本医疗保障制度主要包括基本医疗保险制度和医疗救助制度，基本医疗保险制度是社会保险制度中的一种重要保险制度。

一、医疗保障

1. 医疗保险

狭义上，医疗保险是对参保对象医疗费用的偿付或补偿，或者仅限于医药费用的支出补偿。广义上，医疗保险不仅包括医药费用的补偿，还包括补偿疾病带来的间接经济损失，以及对分娩、疾病、死亡给予经济补偿和疾病预防、健康维持等。医疗保险包括社会医疗保险和商业医疗保险两种类型，而社会医疗保险又包括基本医疗保险和补充医疗保险。医疗保险的作用主要是风险转移和损失补偿。

2. 医疗保障制度

医疗保障制度是指国家和社会团体对劳动者或公民因疾病或其他自然事件（如生育、伤残等）造成的收入损失和发生的医疗费用给予经济补偿而实施的各种制度的统称，可采取医疗救助、医疗保险或免费医疗等方式实现[1]，是一个国家或地区按照保险原则为解决居民防病治病问题而筹集、分配和使用医疗保险基金的制度。医疗保障制度包括基本医疗保障制度和补充性医疗保障制度。目前，我国基本医疗保障包括基本医疗保险和医疗救助，而补充性医疗保障则包

---

① 乌日图. 医疗保障制度国际比较研究及政策选择 [D]. 中国社会科学院，2003：5.

括企业补充医疗保险和商业医疗保险。

3. 医疗保障功能

包含医疗保障制度在内的社会保障制度，是国家宏观经济的重要组成部分，有"社会稳定器"之称。医疗保障制度最基本的作用是保障国民基本的健康权和生存权。医疗保障对社会发展具有三个方面的功能：一是社会功能，通过保障劳动者身体健康，推动医疗卫生服务体系发展；二是经济功能，通过医疗保险基金的筹集与使用实现收入再分配，改善公平环境，促进社会经济发展；三是政治功能，通过解决疾病医疗后顾之忧、减轻疾病经济负担，维护社会安定。

二、基本医疗保障体系

医疗保障制度是居民医疗保健事业的有效筹资机制，是构成社会保障制度的一种比较进步的制度，也是目前世界上应用相当普遍的一种卫生费用管理模式。社会医疗保险具有法定性、强制性、互济性、补偿性和福利性的特点，通过建立社会统筹和个人账户筹集保险基金，用于支付医疗费用。城镇职工基本医疗保险、城镇居民基本医疗保险、新型农村合作医疗和城乡医疗救助制度共同构成我国基本医疗保障体系。

1. 城镇职工基本医疗保险

城镇职工基本医疗保险覆盖城镇所有用人单位，包括企业、机关、事业单位、社会团体、民办非企业单位及其职工，都必须参加城镇职工基本医疗保险。医疗保险费由用人单位和职工共同缴纳，退休人员不缴费，具体缴费比例由各统筹地区根据实际情况确定。原则上实行地市级统筹，也可以县（市）为统筹单位，目前全国多数地区为县级统筹。城镇职工基本医疗保险实行社会统筹与个人账户相结合的模式，个人账户主要支付门诊费用、住院费用中个人自付部分以及在定点药店购药费用，统筹基金用于支付符合规定的住院医疗费用和部分门诊大病医疗费用。2020年，我国参加职工医保人数34455万人，比上年增加1530万人，增长4.6%，是20年前的17.68倍，参保人数持续增加；次均住院费用为12657元，比上年增长6.5%；职工医保政策范围内住院费用基金支付比例为85.2%，二级、一级以下医疗机构政策范围内住院费用基金支付比例分别为86.9%、88.7%。

2. 城镇居民基本医疗保险

城镇居民基本医疗保险覆盖城镇中不属于城镇职工基本医疗保险制度覆盖

范围的学生（包括大学生）、少年儿童和其他非从业城镇居民。城镇居民基本医疗保险费用实行政府补助的政策，具体额度由各地按照低水平起步的原则，根据本地的经济发展水平、居民家庭和财政负担的能力合理确定。城镇居民基本医疗保险不建立个人账户，基金主要用于支付住院医疗费用和部分门诊大病费用。此外，部分地区通过开展门诊统筹，将普通门诊医疗费用纳入医疗保险支付范围。

3. 新型农村合作医疗

新型农村合作医疗（简称"新农合"）是以政府资助为主、针对农村居民的一项农民医疗互助共济的医疗保险制度。所有农村居民都可以家庭为单位自愿参加新农合。新农合一般以县（市）为单位进行统筹，政府对所有参合农民给予适当补助，各县（市）根据确定支付范围、支付标准和额度，主要补助参合农民的住院医疗费用。2021 年人均财政补助标准新增 30 元，达到每年不低于 580 元/人，同时个人缴费标准达到每人每年 320 元。2020 年，我国参加城乡居民基本医疗保险（含城镇居民基本医疗保险和新型农村合作医疗）者 101676 万人，比上年减少 0.8%；次均住院费用 7546 元，比上年增长 7.1%。其中在三级、二级、一级及以下医疗机构的次均住院费用分别为 13533 元、6464 元、3237 元，分别比上年增长 9.6%、6.4%、-1.3%；居民医保报销水平稳步提升，政策范围内住院费用基金支付 70%，比上年提高 1.2%。

4. 城乡医疗救助

城乡医疗救助体系是我国多层次医疗保障体系的兜底层次，包括城市医疗救助制度和农村医疗救助制度。由政府财政提供资金，主要是为无力进入基本医疗保险体系以及进入后个人无力承担自付费用的城乡贫困人口提供帮助，使他们能够与其他社会成员一样享有基本医疗保障。2020 年，中央财政投入医疗救助补助资金 260 亿元，比上年增长 6%。全国医疗救助基金支出 546.84 亿元，资助参加基本医疗保险 9984 万人，实施门诊和住院救助 8404 万人次。

第二节　我国医疗保障制度的变革

医疗保障制度是解决社会普遍关切的民生问题的一种制度安排和政策工具，它的产生、形式、内涵和变迁会受到国家基本国情，特别是所在的经济发展阶段、经济社会环境的影响和制约。① 作为一项社会保障制度，它的建立和发展不仅与社会经济环境有直接的关系，也与政治密不可分，所以其发展既有规律性又有特定时期的偶然性。我国一直高度重视医疗保障事业的发展，随着社会经济的发展需要开展了一系列改革探索。

在计划经济时期，我国建立了覆盖城镇的劳保医疗制度、公费医疗制度和覆盖农村的传统农村合作医疗制度，这些制度对保障企业职工、公务人员及家属健康发挥了积极的历史作用。1978 年之后，我国进入从计划经济向市场经济、农业经济向工业经济的双转型时期，经济体制改革、国有企业改革、非公有制经济快速发展等多方面影响并促进了医保制度探索改革，开始尝试引入需方费用分担机制，在公费和劳保医疗中引入患者个人自付的方式，而公费医疗出现了医院包干、单位管理、相关部门与单位共同管理等管理办法。1985 年之后，部分地区突破传统"单位"保障，对离退休人员医疗费用试行社会统筹，部分地区开始探索职工医疗费用社会统筹，随着农村开始家庭联产承包责任制改革，农村合作医疗依托的集体经济不复存在，发展受到严重打击。1978 年，党的十一届三中全会确立了以扩大企业自主权为主要形式，调整国家与企业之间利益关系的国有企业改革方针，在企业内部建立各种形式的经济责任制，国有企业开始改革。1992 年，党的十四大提出建立社会主义市场经济体制之后，国有企业改革加快了步伐。这个时期的医疗保障制度改革很大程度上相当于当时国有企业改革的配套措施，这也是改革先从职工人群开始的重要原因。城镇职工基本医疗保险制度建立之后，新型农村合作医疗制度、城乡医疗救助制度和城镇居民基本医疗保险制度相继建立，城镇职工基本医疗保险、城镇居民基本医疗保险、新型农村合作医疗和城乡医疗救助共同组成基本医疗保障体系，我国基本医疗保险制度框架基本搭建完成。2009 年，新医改拉开帷幕，城镇居民基本医疗保险和新型农村合作医疗整合成城乡居民基本医疗保险制度，大病医疗保险和长期护理保险相继建立。

党中央、国务院对医疗保障高度重视，持续健全完善医疗保障制度。2010 年 10 月 28 日，第十一届全国人民代表大会常务委员会第十七次会议通过《中华人民共和国社会保险法》，将职工基本医疗保险、新型农村合作医疗和城镇居民基本医疗保险上升为法律制度，这标志着社会保险制度从实验阶段走向定型、稳定、可持续发展阶段。党的十八大以来，全民医疗保障制度改革持续推进，在破解看病难、看病贵的问题上取得了突破性进展，已实现医疗保障制度的全

---

① 王东进. 与时偕行的中国医疗保障制度（上）[J]. 中国医疗保险，2019，8（8）：1-5.

面转型，惠及范围向全民扩展。医疗保障制度的改革已经从经济体制改革的配套措施，提升为党和国家社会发展的重大战略目标之一。目前，我国医疗保险覆盖范围不断扩大，保障水平大幅度提高，医疗保险筹资机制不断完善，支付方式改革逐步深化，医保管理能力不断提升，我国全民医保制度得到了不断的发展和完善，制度作用不断显现和发挥。

一、传统医疗保障制度探索阶段

1. 劳动保险制度的建立

我国的医疗保障制度始于新中国成立初期的《中华人民共和国劳动保险条例》。1951 年 2 月 26 日，中央人民政府政务院颁布《中华人民共和国劳动保险条例》，劳动保险制度开始建立，规定了职工在遇到生、老、病、死、伤、残等困难时，有获得各项保险待遇的权利。这是新中国成立后第一部全国统一的社会保险法规，奠定了我国社会保险事业发展的基础。其颁布实施较好地解决了新中国成立初期职工的生活保障问题，使暂时或长期丧失劳动能力的职工在生活上有了基本保障，解除了职工的后顾之忧。根据《中华人民共和国劳动保险条例》，中华全国总工会为全国劳动保险事业的最高领导机关，中央人民政府劳动部为全国劳动保险业务的最高监督机关。劳动保险金采用社会统筹的方式进行征集，大部分由雇主按国家标准直接支付，但也规定按工资的 3% 筹集统筹基金，而且是全国统筹，逐级解缴到全国总工会（劳动保险金的征集管理于 1969 年起停止执行）。1953 年 1 月，政务院通过《关于中华人民共和国劳动保险条例若干修正的决定》，对劳动保险条例进行了修改，扩大了劳动保险的覆盖范围，适当提高了待遇标准。

2. 公费医疗保险制度的建立

1951 年，我国在陕北老根据地及某些少数民族地区试行公费医疗预防制，1952 年初将免费医疗预防办法扩大到第二次国内革命战争的各根据地。根据国家卫生人员力量和经济条件，1952 年 6 月 27 日，政务院发布的《关于全国各级人民政府、党派、团体及所属事业单位的国家工作人员实行公费医疗预防的指示》，决定将公费医疗预防的范围分期推广，使全国各级人民政府、党派、工青妇等团体、各种工作队以及文化、教育、卫生、经济建设等事业单位的国家工作人员和革命残废军人，享受公费医疗预防的待遇。公费医疗费用由国家财政预算拨款，各级人民政府领导的卫生机构按照各单位编制人数比例进行分配，统收统支，门诊、住院所需的诊疗费、手术费、住院费、门诊费或住院期间经医师处方的药费均由医疗费拨付。1952 年 8 月 30 日，卫生部发布《国家工作人员公费医疗预防实施办法》，我国正式开始实施公费医疗制度，将享受公费医疗待遇的人员范围扩大到在乡干部和大专院校的在校生。为了控制用药与不必要的检查，国家还制定了十一类西药和大部分中成药的基本药物目录、大型设备检查的规定及公费用药报销范围。1989 年卫生部和财政部发布《公费医疗治理办法》。由于公费医疗费用主要来源于各级财政部门，因此，公费医疗制度实质上是国家或政府保险型的保险制度。

3. 农村合作医疗制度的建立

我国农村合作医疗最早起源于 1938 年在陕甘宁边区创立的"保健药社"和 1939 年创立的"卫生合作社"。[①] 到 1953 年底，全国县医院和卫生院已经从新中国成立前的 1437 所发展到 2012 所，并开始发展县以下的区、乡基层卫生组织。1955 年 5 月 1 日，山西省高平县米山乡以 3 家私人药铺和 10 位民间医生自愿结合为基础，成立了联合保健站，最早实行"医社结合"。1956 年，他们创造性地提出"社办合作医疗"一词。之后，多地相继办起了类似的合作医疗，但在"大跃进"开始之后，医药费从集体公积金中列支，许多卫生站因为经费困难而停办。1959 年 11 月，全国农村卫生工作会议在山西省稷山县召开，正式肯定了合作医疗，并将名称统一为"农村合作医疗制度"，即后来所说的"老农合"。会后，中央下发第一个有关农村合作医疗的文件《关于人民公社卫生工作几个问题的意见》，初步建立了农村合作医疗制度。此后，全国各地农村相继建立起一批以集体经济为基础，集体与个人相结合、互助互济的集体保健医疗站、合作医疗站或统筹医疗站。截至 1977 年底，全国 90% 的生产大队实行了合作医疗，农村人口覆盖率 80% 以上，基本解决了广大农村社会成员看病难的问题。1979 年 12 月 15 日，卫生部、农业部、财政部、国家医药总局、全国供销合作总社联合发布《农村合作医疗章程（实行草案）》，农村合作医疗的实施在制度上正式得到了确立。但是，在农村实行联产承包责任制以后，全国大多数农村的合作医疗制度名存实亡。

---

① 张文，卢杨，李婷，等. 我国农村合作医疗的回顾性研究 ［J］. 中国初级卫生保健，2008，1（22）：13－14.

二、医疗保障制度框架构建阶段

1. 城镇职工基本医疗保险制度的建立

1992 年 3 月，广东深圳在沙头角镇进行职工医疗保险试点。1993 年，《中共中央关于建立社会主义市场经济体制若干问题的决定》明确了城镇职工医疗保险金由单位和个人共同负担，实行社会统筹和个人账户相结合的制度模式。1994 年，国务院在江西九江、江苏镇江开展基本医疗保险制度试点工作（简称"两江"试点），决定首先在这两个城市试点以城镇职工基本医疗保险制度取代劳保、公费医疗制度。1996 年，国务院将医疗保险改革试点扩大到 40 多个城市，与此同时，各地按照"统账结合"原则对医疗保险基金的筹集、管理、支付方式进行了探索。"统账结合"模式包括以"两江"为代表的"三段通道"式，以海南、深圳为代表的"板块"式，以青岛、烟台为代表的"三金"式等。1998 年，随着国家经济的发展，职工的单位形式逐渐出现了外资企业、合资企业、个体户等情况，当时的医疗保险制度已经无法覆盖所有职工，为加快医疗保险制度改革，保障职工基本医疗，在认真总结近年来各地医疗保险制度改革试点经验的基础上，国务院颁布了《国务院关于建立城镇职工基本医疗保险制度的决定》（国发〔1998〕44 号），在全国范围内进行城镇职工医疗保险制度改革，要求城镇所有用人单位，包括企业（国有企业、集体企业、外商投资企业、私营企业等）、机关、事业单位、社会团体、民办非企业单位及其职工，都要参加基本医疗保险，正式确立了以职工医保为基础，以大额医疗费用补助、公务员医疗救助、企业补充医疗保险、特困人员医疗救助和商业医疗保险组成的我国城镇职工医疗保险制度。以《国务院关于建立城镇职工基本医疗保险制度的决定》为标志，我国城镇职工基本医疗保险制度正式拉开序幕，确立了我国基本医疗保险制度社会保险的基本模式，从此，我国进入全面进行医疗保障制度改革时期。

2. 新型农村合作医疗制度的建立

1991 年，国务院《关于改革和加强农村医疗卫生工作的请示》和《中共中央关于进一步加强农业和农村工作的决定》明确要建立健全合作医疗制度。1996 年 7 月的全国农村合作医疗经验交流会，充分肯定了发展农村合作医疗制度的方向。至 1996 年底，全国开展合作医疗的行政村比例达到了 17.59%。1997 年《国务院批转卫生部等部门关于发展和完善农村合作医疗若干意见的通知》提出，农村合作医疗要坚持民办公助、自愿量力、因地制宜的原则，筹资以个人投入为主，集体扶持，政府适当支持。为了缓解农村自费医疗导致的"因病致贫"问题，2002 年《关于进一步加强农村卫生工作的决定》明确提出，要逐步建立新型农村合作医疗制度，对农村贫困家庭实行医疗救助，同时承诺中央和地方财政对制度进行筹资支持。2003 年，在原有农村合作医疗制度的基础上，建立了新型农村合作医疗制度，这是政府主导建立、针对农村户籍人口的基本医疗保险制度。新农合按照"自愿参加，多方筹资；以收定支，保障适度；先行试点，逐步推广"的原则在全国范围内展开。截至 2014 年，新农合参合率达到 98.9%。

3. 城乡医疗救助制度的建立

为缓解城乡特困群众看病难、看病贵问题，2003 年 3 月，民政部等部委联合下发《民政部、卫生部、财政部关于实施农村医疗救助的意见》（民发〔2003〕158 号），我国开始在农村建立社会医疗救助制度，截至 2005 年底，全国已普遍建立农村医疗救助制度。2003—2005 年中央财政每年安排专项彩票公益金 3 亿元用于农村医疗救助制度建设。2005 年 3 月，《国务院办公厅转发民政部等部门关于建立城市医疗救助制度试点工作意见的通知》（国办发〔2005〕10 号）发布，我国开始建立城市医疗救助制度。据统计，2005 年全国共救助农村医疗救助对象 1112 万人次，城市医疗救助对象 163.3 万人次。为更好地推动各地建立和完善城乡医疗救助制度，适当提高救助水平，2006 年中央财政进一步增加对城乡医疗救助制度的补助资金，除加大专项彩票公益金资助力度外，还从预算内安排部分资金，用于支持困难地区开展城乡医疗救助工作。

4. 城镇居民基本医疗保险制度的建立

随着新农合和城镇职工基本医保制度的逐步建立，城镇非从业居民依然是基本医疗保险制度覆盖的盲点。2007 年 7 月，国务院制定了《国务院关于开展城镇居民基本医疗保险试点的指导意见》（国发〔2007〕20 号），试点的参保范围是中小学生（包括职业高中、技校、中专学生）、少年儿童和城镇无业居民（俗称"一老一小"），主要是解决他们的住院和门诊大病医疗保障。经过一年左右的试点，按照财政给予一定补助、居民自愿参加的原则，在全国建立城镇居民基本医疗保险制度。2008 年《国务院办公厅关于将大学生纳入城镇居民基本医疗保险试点范围的指导意见》（国办发〔2008〕119 号）提出将大学生纳入城镇居民基本医疗保险试点范围。2009 年 3 月，《中共中央国务院关于深化医药卫生体制改革的意见》（中发〔2009〕6 号）文件规定，签订劳动合同并与企业建立稳定劳动关系的农民工纳入城镇职工基本医疗保险制度，其他农民工可以自愿选择参加城镇居民基本医疗保险或户籍所在地的新农合。文件提出，要坚持广覆盖、保基本、可持续的原则，加快建设医疗保障体系，全面推开城镇居民基本医疗保险，全面实施新型农村合作医疗保险制度。2009 年 4 月，人力资源和社会保障部、财政部发布《关于全面开展城镇居民基本医疗保险工作的通知》（人社部发〔2009〕35 号），城镇居民基本医疗保险工作全面展开。

三、全民医疗保障制度发展完善阶段

1. 城乡居民大病保险制度的建立

针对基本医疗保险筹资和保障水平较低、重特大疾病造成"因病致贫、因病返贫"冲击社会道德底线这一突出问题，2009 年，广东湛江在全国率先探索城乡居民大病保险制度试点，创造性地从基本医保基金中拿出一小部分购买商业保险，放大了基本医保的保障效应，拓展和延伸了基本医保制度。2012 年 8 月，六部委联合发布《关于开展城乡居民大病保险工作的指导意见》（发改社会〔2012〕2605 号），我国开始建立城乡居民大病保险制度。2015 年 8 月，《国务院办公厅关于全面实施城乡居民大病保险的意见》（国办发〔2015〕57 号）发布，城乡居民大病保险工作全面推开。大病保险基金来自基本医保的剩余部分基金，不同地区会结合当地情况与现实需求制定筹资标准，并不断做出调整，政府以招标的形式确定大病保险承保机构，商保机构以"收支平衡，保本微利"为原则运营。在六部委指导意见的推动下，各地区纷纷开展大病保险试点，截至 2014 年底，试点省份已达到 29 个，130 多个城市展开试点工作，开展了约400 个统筹项目，覆盖人群 7 亿人。据统计，2015 年我国大病保险的实际支付比例达到 50%，2016 年、2018 年和 2019 年三次上调财政补助标准，到 2018 年这一比例上升至二分之一。2019 年国家医保局规定，符合规定内报销比例提高至60%，并将更多病种纳入大病医保的范围当中。到 2020 年，大病保险已经惠及11.29 亿城乡居民。

2. 城乡居民基本医疗保险制度的建立

2012 年 3 月，广东深化城乡医疗保障体制改革，推进医保一体化，在全国率先部署整合城镇居民基本医疗保险和新型农村合作医疗两项制度，建立了统一的城乡居民基本医疗保险制度。到 2012 年底，整合工作基本完成，为全国建立统一的城乡居民基本医保制度积累了经验。

2012 年 11 月，党的十八大报告指出，"整合城乡居民基本医疗保险制度，健全全民医保体系"，城乡居民基本医保制度整合工作开始启动。2013 年 3 月 5 日，国务院政府工作报告正式宣布"全民基本医保体系初步形成，各项医疗保险参保超过 13 亿人"，我国全民医保制度基本建立。同年 3 月 14 日，国务院机构改革和职能转变方案中提出城镇职工基本医疗保险、城镇居民基本医疗保险、新型农村合作医疗的职责整合由一个部门承担，之后各地开始了整合试点。2016 年 1 月，国务院印发《国务院关于整合城乡居民基本医疗保险制度的意见》（国发〔2016〕3 号），提出了"统一覆盖范围、统一筹资政策、统一保障待遇、统一医保目录、统一定点管理和统一基金管理"的"六统一"，要求各地建立统一的城乡居民基本医保制度，以实现城乡居民公平享有基本医保权益。至此，城乡居民医保整合进入全面实施阶段，各地整合工作进入快车道。2016—2018 年，全国各地陆续把城镇居民基本医疗保险和新型农村合作医疗进行整合，成立城乡居民基本医疗保险制度，范围覆盖除职工基本医疗保险应参保人员以外的其他所有城乡居民。

3. 长期护理保险制度的建立

长期护理保险是为因年老、疾病或伤残而需要长期照顾的被保险人提供护理服务费用补偿的健康保险。2012 年以来，我国部分地区开始探索长期护理保险制度。2016 年 7 月，《人力资源社会保障部办公厅关于开展长期护理保险制度试点的指导意见》（人社厅发〔2016〕80 号）提出开展长期护理保险试点工作，承德市等 15 个城市成为长期护理保险试点。2020 年 9 月，国家医保局和财政部印发《关于扩大长期护理保险制度试点的指导意见》，进一步深入推进试点工作，新增 14 个试点城市。在采用社会保险模式的各试点地区，保障对象以重度失能人员为重点，筹资方式主要分为单一渠道筹资和多元渠道筹资、按比例筹资和定额筹资。

2018 年，国家医疗保障局成立，整合了人力资源和社会保障部的城镇职工和城镇居民基本医疗保险、生育保险职责，国家卫生和计划生育委员会的新型农村合作医疗职责，国家发展和改革委员会的药品和医疗服务价格管理职责，民政部的医疗救助职责。习近平总书记多次强调，全民医保是中国特色基本医疗卫生制度的基础，要全面建立中国特色医疗保障制度。国家医疗保障局的组建，突出体现了党中央对医疗保障工作的高度重视，充分体现了医疗保障在党和国家事业全局中的重要地位，象征着我国正式开启医疗保障改革新征程。

随着医疗保障制度的发展，2020 年 2 月 25 日，《中共中央　国务院关于深化医疗保障制度改革的意见》（中发〔2020〕5 号）发布，该指导性文件包括

"三大内容"，包括指导思想、基本原则和改革发展目标。具体内容包括"四个机制"：一是保什么（完善公平适度的待遇保障机制），二是如何筹资（健全稳健可持续的筹资运行机制），三是如何支付（建立管用高效的医保支付机制），四是如何管理（健全严密有力的基金监管机制）。另外还有"两个保障"：一是医药卫生体系如何发展（协同推进医药服务供给侧改革），二是医疗保障如何经办（优化医疗保障公共管理服务）。这是未来若干年我国医疗保障如何发展的纲领性文件，对未来医疗保障改革的指导意义重大。

第三节 我国医疗保障改革现状及面临问题

一、我国医疗保障改革面临的问题与挑战

我国医疗保障改革取得的最大成果就是制度成果，建立了与中国基本国情相适应的全民基本医疗保障制度，走出了一条具有中国特色和中国智慧的医疗保障建设之路。但随着社会的发展，我国医疗保障改革也面临着一系列问题与挑战。

1. 国家宏观经济增速减缓

改革开放以来，我国国民经济得到了飞速发展。2019 年，新冠肺炎疫情重创全球经济，各国封锁措施一度使经济大面积停摆、失业率飙升，我国 2020 年在全球主要经济体中唯一实现经济正增长，脱贫攻坚战取得全面胜利，决胜全面建成小康社会取得决定性成就。2020 年经济增长速度比 2019 年的增长幅度有所减缓，但在全球经济下滑的大背景下，在世界经济占比仍从 2019 年的 16.3% 提升到 17.4%。但是，近年来，我国经济发展外部环境发生了明显的变化，经济已经从高速增长阶段转向高质量发展阶段。2002—2011 年期间我国 GDP 增速维持在 10% 左右，2012 年之后，增速持续下降。从目前发展趋势来看，我国未来较长一段时间，经济增速将进一步放缓。经济发展和收入增长是医疗保险基金稳定增收的源泉。目前我国经济的发展对医疗保险基金的筹资造成了根本性的影响。随着我国经济形势的变化，医保基金的增收压力将会不断加大。

2. 人民健康需求拓宽医保范围

《中华人民共和国国民经济和社会发展第十四个五年规划和 2035 年远景目

标纲要》提出要全面推进健康中国建设，健康中国是我国明确的发展战略。随着社会经济的快速发展，以及人均收入的不断提高，人民健康需求不断释放，医疗保障目标开始由疾病保险向健康保险发生转变。慢性病患病率的显著增长，说明我国的疾病谱已经从以传统的传染疾病为主转变为以慢性病为主，各种慢性病、亚健康也逐渐受到广大群众的重视。此外，就医保障的扩张效应也会进一步激发健康需求，人民医疗健康需求呈现多样化、高质量、高速度增长的发展趋势，人们所需要的医疗保障范围不断拓宽。

3. 人口老龄化加重医保负担

根据第七次全国人口普查主要数据结果，我国 60 岁及以上人口有 2.6 亿人，比重达到 18.70%，其中 65 岁及以上人口有 1.9 亿人，比重达到 13.50%，人口规模庞大。2010—2020 年，60 岁及以上人口比重上升了 5.44%，65 岁及以上人口上升了 4.63%。与上个十年相比，上升幅度分别提高了 2.51% 和 2.72%。依照目前的老龄化速度推算，我国预计在 2022 年前后进入老龄社会，65 岁及以上人口占比超过 14%，未来人口老龄化现象将逐渐凸显。我国职工医保缴费政策对退休后的人员没有缴费要求，医保基金收入端缩紧，而且 65 岁及以上人口的医疗费用也较高，医保支出占较高比例。因此，人口老龄化问题将进一步加重医保基金负担。

4. 新技术发展对医保提出了新要求

高精尖医疗技术的发展，促进了医学进步，有利于提高健康水平，创造更大社会价值。但目前的高精尖医疗技术多为事后治疗型技术，治疗范围及疗效均存在一定局限性，其专科技术水平越高，人群受益面和程度就越低，公平性就越差，对于提高人群整体的健康水平作用也越小。同时，高精尖医疗技术的高速发展，容易使医生过分依赖，病人过于相信。由此而引发的医疗费用快速上涨，大大加重了社会负担，也造成了大量医疗卫生资源的浪费。

二、构建多层次医疗保障体系

1. 构建多层次医疗保障体系的要求

（1）构建多层次医疗保障体系是我国医疗保障改革的既定目标。

医疗保障体系建设是整个医疗卫生制度框架的有机组成部分，是医疗卫生制度的核心与支柱。伴随全面小康社会的建成和人民生活质量的不断提高，人们在医疗服务领域的多层次、多样性需求日益显现，对医疗保障的诉求也不断提升，这使得构建多层次医疗保障体系成为我国医疗保障制度改革的重要政策目标。

2009 年 3 月发布的《中共中央 国务院关于深化医药卫生体制改革的意见》中，强调"加快建立和完善以基本医疗保障为主体，其他多种形式补充医疗保险和商业健康险为补充，覆盖城乡居民的多层次医疗保障体系"。2020 年 2 月发布的《中共中央 国务院关于深化医疗保障制度改革的意见》是新时代全面深化医疗保障改革的纲领性文件，强调"坚持以人民健康为中心，加快建成覆盖全民、城乡统筹、权责清晰、保障适度、可持续的多层次医疗保障体系"，明确"到 2030 年，全面建成以基本医疗保险为主体，医疗救助为托底，补充医疗保险、商业健康险、慈善捐赠、医疗互助共同发展的医疗保障制度体系"。可见，政策文件对构建多层次医疗保障体系做了明确要求，构建多层次医疗保障体系是我国医疗保障改革的既定目标。

（2）构建多层次医疗保障体系是我国医疗保障改革的基本取向。

基本医疗保障是国家强制实行的医疗保障项目，补充性医疗保障则是人民群众自主自愿的行为，政府财力有限和追求公平的取向，决定了政府只能向全民提供普惠性的基本医疗保障，之外的需求则需要其他相应的制度安排来满足，而人民群众多层次、多样性的需求也决定了只能通过多层次的医疗保障制度安排满足。因此，构建多层次医疗保障体系是我国医疗保障改革的基本取向。

2. 多层次医疗保障体系的构成

多层次医疗保障体系是以满足人民群众不同层次的医疗服务需求与健康保障需求为目标的制度安排构成的一个整体。根据医疗保障的主办主体不同，医疗保障体系由四个层次构成：

第一层次：法定医疗保障，包括政府主导的基本医疗保险与政府负责的医疗救助，依法建立在财政供款、用人单位和个人缴费的基础之上，遵循互助共济的法则，以满足全民基本医疗保障需求为目标，奉行公平保障和强制实施的原则。[①] 法定医疗保障覆盖全民，提供的是基本的医疗保障，在我国医疗保障体系中占主体，决定着其他层次的发展空间，具体包括职工基本医疗保险、居民基本医疗保险和从中分离出来的居民大病保险。目前，我国基本医疗保险人口覆盖率稳定在 95% 以上，医疗保障水平持续提升。

医疗救助是对基本医疗保险制度的补充。医疗救助是在政府支持下，依靠社会力量建立的、主要面向特殊困难群体的制度。主要以提供社会医疗救助金、

---

① 许飞琼. 中国多层次医疗保障体系建设现状与政策选择［J］. 中国人民大学学报，2020（5）：15 – 24.

给救助对象经济补偿、给医疗机构一定的经济补贴、减免救助对象的部分医疗费等方式进行救助。

第二层次：政策性补充医疗保险，建立在用人单位和职工共同承担费用，或用人单位单独承担费用的基础之上，在特定政策下由职工所在的用人单位主办，作为一种员工福利机制，强调的是相对公平和激励功能并重。

第三层次：商业健康保险，建立在个人与保险机构签订的合同基础之上，由市场主导自主交易，商业保险公司经办，主要满足参保人在医疗服务与健康保障管理方面的个性化需求。目前，由于我国商业保险对国家政策和居民大病保险有较强的依赖关系，因此市场上的商业保险主要集中于与基本医疗保险具有替代性的医疗保险、与基本医疗保险相衔接的团体补充医疗保险和重大疾病保险等，长期医疗保险、护理保险、健康预防保险占比很少。

第四层次：慈善公益和医疗互助，建立在社会自愿捐献与互助的基础之上，以帮助解决困难群体疾病医疗费用问题为主要目的。目前，我国慈善医疗发展较慢，尚未出台具体的促进慈善医疗发展的相关政策。

3. 我国多层次医疗保障体系的特点

目前，城镇职工基本医疗保险、城镇居民基本医疗保险、新型农村合作医疗就像"三张网"，共同构成覆盖城乡全体居民的基本医疗保障体系。三大制度与补充医保制度的建立与完善，标志着我国已基本形成了以社会基本医疗保险为核心的多层次医疗保障体系。我国多层次医疗保障体系主要包括四个特点：

一是以基本医疗保障为主体，建成全球最大的基本医疗保障网。近几十年来，中国医疗保障制度改革取得了杰出的成就。2016 年，国际社会保障协会（ISSA）在第 32 届全球大会期间，将社会保障杰出成就奖[①]（2014—2016）授予中国政府，以表彰我国在社会保障工作中取得的卓越成就。中国医疗保障制度改革取得的成就是多方面的，最根本、最杰出的成就是建立了世界上最大、覆盖人数最多的全民基本医疗保障制度，让超过 13 亿人民群众的基本医疗需求和健康权益得到了保障。根据《2020 年全国医疗保障事业发展统计公报》，截至2020 年末，我国基本医疗保险参保人数达 136131 万人，参保率稳定在 95%以上。

---

① 国际社会保障协会社会保障杰出成就奖是对某一个国家在社会保障方面作出的非凡承诺和杰出成就的认可。

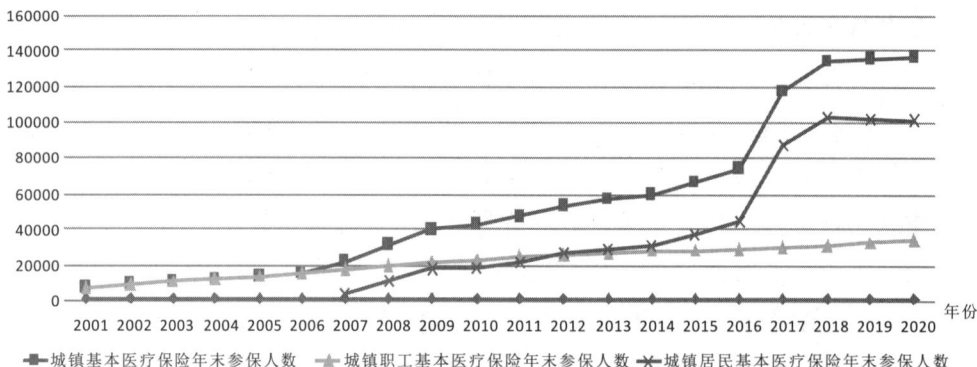

图 1 - 1　2001—2020 年我国城镇基本医疗保险参保人数情况（单位：万人）

数据来源：国家统计局。

二是以医疗救助为兜底。近年来，国家高度重视医疗救助工作，针对困难群众的医疗保障制度得到极大完善。医疗救助作为健康扶贫的重要组成部分，聚焦全国多地困难群众的健康保障的堵点、痛点问题，积极采取措施，提升医疗卫生服务能力，建立防止因病致贫返贫长效机制。2020 年，全国医疗救助基金支出 546.84 亿元，资助参加基本医疗保险 9984 万人，实施门诊和住院救助 8404 万人次，中央财政投入医疗救助补助资金 260 亿元，比 2019 年增长 6%。

三是以多种医疗形式为补充，大病补充医疗保险、商业健康保险、慈善捐款、医疗互助共同发展。补充医疗保险是为弥补基本医疗保险的不足，或为满足较高的医疗需求而建立的辅助性医疗保障制度。我国一直积极发展商业健康保险，鼓励企业、个人参加商业健康保险及多种形式的补充保险，进一步健全重特大疾病医疗保障机制，加强基本医保、城乡居民大病保险、商业健康保险与医疗救助等的有效衔接。

四是医疗保障为民。医疗保障是减轻群众就医负担、事关人民群众健康福祉的重大民生工程。在应对重大公共卫生事件时，医保创新发挥了重要作用。《中共中央　国务院关于深化医疗保障制度改革的意见》就完善重大疫情医疗救治费用保障机制专门提出了制度性安排。包括在突发疫情等紧急情况时，确保医疗机构先救治后收费，健全重大疫情医疗救治医保支付政策，确保患者不因费用问题影响就医；探索建立特殊群体、特定疾病医药费豁免制度，有针对性地免除医保目录、支付限额、用药量等限制性条款，减轻困难群众就医就诊后顾之忧；统筹医疗保障基金和公共卫生服务资金，提高对基层医疗机构的支付比例，实现公共卫生服务和医疗服务有效衔接等。这将推动我国加快建成覆盖全民、城乡统筹、权责清晰、保障适度、可持续的多层次医疗保障体系，有效应对突发重大公共卫生事件。

党的十九大报告为新时代中国医疗保障改革的发展擘画出宏伟蓝图，指明了前进的方向。概括地说，其战略任务和核心目标是全面建成中国特色高质量医疗保障体系。这是全面发展医疗保障相关领域和环节的制度体系，是一个相互贯通、相互衔接、相互促进的医疗保障制度体系。因此，新时代医疗保障体系建设，本质上是要求对一系列制度进行全面优化和完善。

（本章撰写人：广东医药价格协会李玫霏）

第二章

按病种分值付费（DIP）的改革

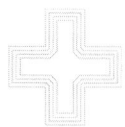

第一节　医保支付方式改革

医保支付方式改革是统筹医疗保障需求侧管理和医药服务供给侧改革的重要抓手，是建立高效医保支付机制的关键，是一场影响深远的医疗保障变革。

一、医保基金

医保基金是指通过法律或合同形式，由参保单位和个人在事前确定的比例下，交纳规定数量的医疗保险费用而建立起来，为被保险人支付因疾病、伤残或生育所花费的全部或部分医疗费用的一种专项基金。

1. 医保基金的构成

人们所缴纳的保费在进入医疗保险基金池之后，分为三部分。一是纯保费，是用于赔偿被保险人因保险事故造成的经济损失的保险基金，包括统筹基金和个人医疗账户资金，覆盖了患者在享受医疗服务时所需要支付的门诊费用和住院费用。二是管理费，属附加保费，是社会保险中用于支付保险经营过程中的管理费、佣金及利润的非保险基金，我国这部分管理费由政府财政承担，美国的管理费占保险费用的25%，德国的比例为13%，加拿大的比例是7%。三是风险储备金，按5%比例提取，用于应对超风险时出现的赤字。

2. 医保基金的筹集

医保基金是人民群众的"保命钱"。医保基金的筹集必须坚持与经济发展水平相适应，以支定收、量入为出、略有节余、合理增长，需要合理确定费率，制定医疗保险支付范围和标准，谨慎确定基本医疗保险的保障水平，科学合理制定缴费比例，确保医疗基金的可持续和稳定性。我国医疗保险保障的是基本的医疗需求，城镇职工基本医疗保险是由单位和个人共同承担，城乡居民基本医疗保险是中央财政、地方财政及个人三方共同缴纳，通过医疗保障形成人群之间风险的分担，体现在代际的风险转移，形成互助共济的保障体系。当基本医疗保险入不敷出时，国家财政给予补助。

3. 医保基金的支付

医保基金的支付实际上是医疗保险费用的支付，也称医疗保险费用的偿付或结算，一般是针对医疗服务提供方的支付，是指医疗保险机构作为付款人，按照以收定支、收支平衡、权利与义务对等，以及按时、足额、合理偿付的原则，代替被保险人支付他们接受的医疗服务所花的医疗费用，从而对医疗机构提供的医疗服务所消耗的经济资源进行补偿。支付的项目包括一般医疗服务项目、精神卫生、预防保健与部分药品和耗材，在我国，医保部门制定基本医疗保险的药品目录、医用耗材目录、诊疗项目目录、医疗服务设施目录，以限制医保支付的基本范围。对于目录之外的项目、药品和耗材，医疗机构可与患者沟通后，由患者自费承担。对于医疗服务需求方的支付，也称医疗保险费用分担，是医疗保险机构为了防止被保险人在免费医疗的情况下出现道德风险，因过度需求造成医疗费过快上涨，让被保险人在接受医疗服务的同时支付部分医疗费的做法。

二、医保支付的作用

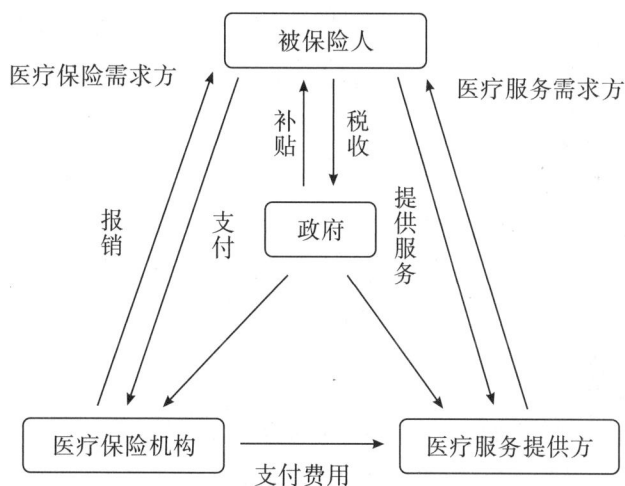

图2-1 基本医疗保险制度模式

医保支付是保障群众获得优质医药服务、提高基金使用效率的关键机制。医疗保险机构作为所有被保险人的代理人，可以与医疗服务提供方进行谈判议价，为被保险人争取合适的价格，同时可以对医疗服务提供方进行相应的监管，对医疗服务提供方起到行为约束和监督的作用。在医疗保险支付体系中，我国以政府部门为主体对医疗保险支付进行管理，在支付体系中发挥着重要的作用。医疗保险费用的支付有利于维持医保基金的收支平衡，调节医疗服务提供方与需求方之间的行为，同时可以调节医疗机构卫生资源的配置和利用，这也体现了我国医疗保障制度医疗保险的政策取向。

三、医保支付方式

医保支付方式在医保基金运行的基金支付这一环中，主要是将所筹集到的医保基金按照一定的规则进行分配，即采用某种方式去购买所需服务。医保基金如何把在筹集之后总的医保基金池里的基金分配出去，其中涉及如何支付给提供方，是在购买服务前支付还是以一定的标准在购买服务之后支付；也涉及需求方的支付，其主要是对需求方的补偿，以及对需求方所设置的封顶线等。因此，医保支付主要是指在参保人获得医疗服务之后，由医疗保险机构和参保人向医疗服务提供方支付医疗费用的行为。医保支付的作用主要体现在管理医保基金，保障医保基金的平衡，提高卫生资源利用的效益。

根据不同的标准，医保支付有不同的分类方式。按支付的时间节点来看，医保支付方式可以分为后付制和预付制。后付制，主要是指在医疗服务提供方提供服务之后，按照所提供的服务向其支付。这是一种传统的、按照一般商品交换规律形成的支付方式，典型的后付制有按项目付费。按项目付费实际操作运行比较方便，管理成本低，适用范围较广，因信息不对称，按项目付费在一定程度上容易诱导需求，造成基本医疗费用上涨，从而增加医疗费用负担。预付制支付时间节点也在获得医疗服务之后，但是预付制中"预付"主要体现在预先确定支付标准。预付制是指医疗服务提供方在提供医疗服务之前就预先设定付费标准和价格水平。预付制按照预付计量单位不同可以分为三种类型：一是以单个医疗服务机构为单位的总额预付制；二是以病人数为单位的预算制；三是以疾病为单位的预算制。常见的预付制支付方式有总额预付制、按服务单元付费、按病种付费、按人头付费、按床日付费等。

按服务提供的对象来看，医保支付方式可以分为对需求方的支付和对提供方（医疗方）的支付。对提供方的支付，主要涉及医疗保险机构如何把医保基金支付给医疗服务提供方。就医时，患者只需要支付自己需要支付的部分，剩余的部分则是由医疗保险机构通过不同的支付方式支付给医疗服务提供方。对提供方的支付涉及三个基本要素：一是支付单位，医疗服务计费的单位、疾病类型、服务内容、诊次、住院天数等都可能成为医疗保险机构支付的计价单位。二是价格水平，即以什么标准支付给医疗机构，需要有医疗保险机构在进行各项测算的基础之上制定相应的付费标准和付费水平。三是支付范围，即医疗保险的报销覆盖范围，目前在我国社会医疗保障体系里，医疗保险保障的是基本的医疗需求。

常见的医保支付方式有以下几种：

1. 总额预付制

总额预付制是指医保机构在综合考虑医疗机构各方面因素的基础上，就医疗机构某一时期内（一般指一年）所提供的特定范围内的全部医疗服务，预先确定医保基金支付预算总额。总额预付制的核心是由医保机构预先对医疗机构所能获得的医保基金设定支付上限额度，即基金的封顶标准。若医疗机构实际发生费用总额超过其封顶标准，超过部分则由医疗机构自己负担。总额预付制的优点在于其控费力度较强，实施操作相对简单，管理成本较低，可以促使医疗机构和医务人员产生降低医疗成本的动力，减少不必要的医疗服务成本。缺点是较难确定科学合理的预算额度，在实施后若医保机构对医疗机构服务量约束和监管不到位，则医疗机构和医务人员可能会为了节约开支而减少必要的医疗服务供给，出现推诿重症病人、拒绝使用新技术和新设备等情况，从而降低医疗服务质量。

因此，医保机构在实施总额预付制的同时，还需不断完善对医疗机构的考核约束与监管措施，防止不良现象发生。同时，为了保证医疗机构和医务人员提供足够的医疗服务，通常需要将总额预付制与其他支付方式结合使用。

2. 按项目付费

按项目付费是指将一个疾病的全部诊疗过程分解为若干部分项目，如诊断、手术、化验、护理等，医保机构根据每个医疗服务项目的规定价格和医疗机构实际提供的各项医疗服务项目的数量，对医疗机构做出费用补偿。按项目付费是一种典型的后付制支付方式，是基于回溯性计费的思路，按照实际产生的医疗费用来支付。在我国，医保机构制定基本医疗保险的药品目录、医用耗材目录、诊疗项目目录、医疗服务设施目录，以限制医保支付的基本范围。对于目录之外的项目、药品和耗材，医疗机构可与患者沟通后，由患者自费承担。按项目付费的优点是操作运行比较方便，适用范围较广，可以激励医疗机构积极提供优质的医疗服务，使用新的医疗技术和医疗设备。缺点是难以约束医务人员的医疗行为，容易产生过度服务和诱导需求现象，不利于控制医疗费用；另外，按项目付费缺乏预算约束，容易带来医保基金的超支风险，风险主要由医保承担，医院无需承担风险，因此加剧了医保机构与医院的矛盾。

3. 按服务单元付费

按服务单元付费是指医保机构将医疗服务过程分解成若干服务单元，然后根据医疗机构往年的费用等情况，科学测算并制定出平均服务单元费用标准，如次均门诊费、次均住院费等，最后再按照医疗机构实际提供的服务单元数量进行费用结算。对于同一医疗机构的全部病人，其每次门诊服务或每日住院服务的费用支付都是相同的。按服务单元付费的本质是将某一确定的服务单元内的所有医疗服务进行"打包支付"。由于按服务单元付费在医疗服务实际发生之前就已经制定好费用支付标准，无论治疗的实际花费有多少，医疗机构都只能获得设定好的标准金额，因此，按服务单元付费能够激励医疗机构或医务人员降低住院日和每次门诊的成本，进而达到控制医药费用的效果。但同时医疗机构可能会通过分解服务单元，如缩短平均住院日和门诊的时间、诱导参保患者增加住院或门诊的次数、分解服务人次或者延长住院时间的选择、推诿病人等方式，从而达到提高支付标准的目的。

4. 按病种付费

按病种付费是指参考参保患者整个诊疗过程中所发生的医疗费用，依据统一的疾病诊断分类，科学制定每一种疾病的定额支付标准，医保机构按照疾病的支付标准支付给医疗机构。我国多地曾探索按病种付费的单病种付费方式，即单一病种一个住院治疗过程的打包付费。按病种付费的特点是事先制定好了每一个病种的定额支付标准，支付标准与治疗时发生的实际成本无关，因此，医疗机构的收入仅与疾病诊断和参保患者数量有关。我国要求原则上对诊疗方案和出入院标准比较明确、诊疗技术比较成熟的疾病实行按病种付费。按病种付费的优点是能够较好地控制医疗费用的不合理增长，促进医疗服务规范化，抑制提供方诱导需求的产生。但由于病种数量过多，难以对所有病种都实行按病种付费。随着医保管理逐步走向科学化、精准化，单病种付费已经不能满足医保付费科学管理的要求。在后来的支付改革中，探索出了按疾病诊断相关分组付费和现在正在改革探索实施的按病种分值付费方式。

（1）按疾病诊断相关分组付费。

按疾病诊断相关分组付费（Diagnosis Related Groups，DRG）是一种病例组合分类方案，根据病人的病情严重程度、治疗方法复杂程度、医疗资源消耗程度以及合并症、并发症、年龄、住院转归等因素，将其分成若干疾病诊断相关组，并以组为单位打包确定医保付费标准。其本质是一套医疗管理工具，包括支付管理、预算管理、医疗质量管理等。因此，DRG 是用于衡量医疗服务质量效率以及进行医保支付的一个重要工具。DRG 付费最大的优点是可以有效减少"大处方"。DRG 分组系统首先会把患者病历按照主要疾病分类分到大类下，再根据患者的个体特征及是否有合并症、并发症进行细化分类，保证诊疗手段相似、医疗资源消耗相近的病症被划分到同一病组，收取相同费用。DRG 预付制给每个病组都预设了一个支付标准，如果医疗机构的实际治疗成本低于此标准，则将差价作为自己的利润，若超支则由医疗机构自己负担。在这种情况下，医疗机构会想方设法地在保证医疗质量的同时降低成本。根据政策，定额标准以上一年同一病组的社会平均医疗费用作为支付标准。按病组打包付费，医生要严格按照临床路径采用相应的治疗方法，使用规定的药品器械，这样可以有效避免医生为节约成本而有意降低医疗服务质量。缺点是医疗服务提供方为了获得更多的收入，有可能会将疾病诊断升级，让病人重复入院，以缩短住院日，增加住院次数。与其他支付方式相比，DRG 预付制既可以规避后付制下医务人员产生的提供方道德风险，也可以避免在总额预付制的刚性预算约束下，医疗机构推诿患者的道德风险。

（2）按病种分值付费。

按病种分值付费（Diagnosis-Intervention Packet，DIP）是根据各病种组合的均次医疗费用与某基准病种或固定值（或基准病种）的比例关系确定相应的病种分值，根据医院等级、服务能力和水平等相关指标综合确定各医院的医院权重系数，医保机构在年度统筹基金支出总额预算内，按约定的医保费用支付规则与医疗机构进行费用结算的一种付费方式。按病种分值付费的病种组合分组一般是按照疾病主要诊断与主要诊疗方式进行病种组合的分组。各病种组合的结算支付价格则由统筹区年终结算时确定的分值单价（即每一分值的费用）决定，而分值单价直接取决于统筹区内当年统筹基金的可支出总额和各医院提供的服务总量（即总分值之和），一般大病重病分值高、小病轻病分值低。按病种分值付费是我国首创的医保支付方式，目前只用于医院住院病人医保统筹基金的费用结算，一般采用"预算管理、总额控制、病种赋值、按月预付、年终清算"的原则进行管理。按病种分值付费体现了总额预付制和按病种付费两种付费方式的优点，医疗机构会主动控制费用、注重成本管理，有助于促进医疗机构把医疗管理重心放在提高专科医疗水平、保障医疗质量与安全上，利于医保机构监督管理医务人员诊疗行为，实现医疗费用和医疗质量的双控制。但是，按病种分值付费也存在一定的弊端，医疗机构医务人员在病种组合分值的"引导"下，可能出现抢收或推诿病人、"高套分值"等不良行为，也可能通过降低入院标准收治病人、"分解住院"等方式以获得更多的分值。

5. 按人头付费

按人头付费是指医保机构事先制定好每个参保人的支付固定标准，再根据医疗机构提供服务的人次数，按一年的时间预先向医疗机构支付医疗服务费用的支付方式。在我国实际执行过程中，这种支付方式多适用于基层医疗卫生机构，鼓励定点医疗机构与患者签约，一般签约患者医保支付的金额高于未签约患者。医保机构根据医疗机构历史数据，测算医疗机构的人均费用。患者通过与定点医疗机构签约可以获得优惠服务项目或者较高的报销比例。当按人头付费的支付标准与实际发生的医疗费用之间出现差额时，节余归己，超支自负。因此，按人头付费可以让医疗机构形成内在的成本约束机制，有利于控制医疗费用、合理利用医疗资源。但是，如果其所服务的群体的健康状况低于社会平均水平，这将使医疗机构承担风险。因此，对于条件较好的基层医疗机构，可以根据服务人口的数量实施按人头付费。

四、多元复合式医保支付方式改革

1. 不同医保支付方式的优劣势分析

每一种支付方式都有各自的优势和劣势。后付制支付方式的主要优点是能够满足人群多样化需求，而缺点是费用控制能力较弱。费用的控制直接影响着医疗保险基金的安全性，这也是各国推进医疗保障改革的重要原因之一。因此，目前国际上普遍采用预付制进行医保基金的支付。虽然按人头付费、按诊次付费以及总额预付制这三种支付方式的付费单位有所不同，但它们具有相同的优势，即费用控制效果较好，且能在一定程度上满足患者的需求。按项目付费则要求管理者更早地对服务项目进行费用的测算和制定。

按病种付费根据每个人就医时所在医疗机构对该疾病所确定的支付标准进行结算。在这种付费模式之下，因为病种人群就医疾病的病种以及患者自身的健康状况存在较大差异，所以若单纯以病种确定付费标准，可能较难适应实际上患者的多种病情变化。DRG 和 DIP 是现在我们国家医疗保障改革中采取的主要方式。这两种支付方式在按病种付费的基础之上，综合考虑了患者年龄差异、并发症差异以及所采用的治疗手段的差异等方面因素，更有针对性地覆盖不同的病种和病患的特殊情况，从而结算支付给医疗机构。它们的优势同样体现在对于费用的控制效果明显，虽然患者体质有差异性，但可以在所确定的支付标准的平均值上下浮动，因此也能满足患者的需求。在管理上，则对管理者提出了较高要求，因为预付费的标准需要提前测算，而标准的测算既涉及医疗服务实际的成本，也涉及不同患者的差异性，所以测算上会有更高的难度，这也是目前改革中一个重要的难点。除了 DRG 和 DIP 覆盖的疾病之外，精神病和康复期患者的住院服务相对特殊，因为这类疾病需要住院相对较长时期，同时每一天所需要利用的服务量不大。针对该类疾病，可以采用按床日付费的模式去覆盖这类人群的就医需求。

目前各个国家医保支付方式改革方向都是从后付制方式向预付制方式转变。以往会在实际提供服务项目之后进行逐项支付，现在普遍的改革方式是预先确定支付标准，提前与医疗机构进行谈判和沟通，按照支付标准支付给医疗机构。在住院领域支付方面，全球的发展趋势是采用按床日付费。在门诊支付方面，很多国家会采用按人头付费，尤其是实施医师签约服务制度的国家，按照家庭医生签约的人头数支付给医疗机构。多数国家则采用总额预付制来控制总体门诊医疗保险基金。各国的医保支付方式均向着多元组合的方式发展，面向住院和门诊人群的不同需求，从而采取适宜的支付方式。

以上几种支付方式对于医保管理者提出了更高的要求，标准测算、监督管理、谈判议价等方面要求管理方在管理能力上有所提升。同时，在实际的支付方式上，也需要探索因地制宜的多种支付方式组合的改革方式。例如，按疾病诊断相关分组的测算对于当地电子病历信息化管理的程度以及规范化、管理人员的技术水平、医保从业人员的管理水平等方面都有较高的要求。因此，医保支付方式的改革需要循序渐进，根据各地的实际情况逐步推进，在实践中科学测算支付标准，同时进行动态调整，不断修订和完善。而医疗保险方要改变过去在事后审核的职能，转向重点关注质量管理和质量控制。

2. 多元复合式医保支付方式改革的要求

党中央、国务院高度重视医疗保障和医保支付方式的改革。习近平总书记曾对医保支付方式改革作出重要的批示，强调要深化医保支付方式改革，提高医保基金使用效率。韩正副总理指出，深化医保支付方式改革，促进医疗资源合理配置，是医疗保障领域的一项基础性改革，对促进医疗服务市场健康发展具有重要的牵引作用。2018 年国家医保局成立后，我国医疗保障体系和医保政策是在国家医保局的总体领导下制定的，医保支付方式改革也通过医保局相关政策推进。

表 2-1　多元复合式医保支付方式类型及改革方向

支付方式类型	改革方向
总额预付制	探索将点数法和总额预算管理相结合，逐步使用区域（或一定范围内）医保基金总额预算代替具体医疗机构总额控制
按病种分值付费（DIP）	重点推进按病种分值付费，完善技术规范和病种库，加强基础数据测算和质量监控，提高付费精准度
按疾病诊断相关分组付费（DRG）	推广国家试点经验，不断优化、细化分组方案
按项目付费	对不宜打包付费的复杂病例和门诊费用按项目付费
按床日付费	对于精神疾病、安宁治疗护理、医疗康复等需要长期住院且日均费用较稳定的疾病，采取按床日付费的方式
按人头付费	推广基层医疗卫生机构普通门诊按人头付费与家庭医生签约服务相结合的做法

我国医保支付方式改革的总体目标是在医保基金安全的基础上，根据以支定收、以收定支的统筹及支付原则，在总体框架下进行门诊和住院支出的基金预算，探索将点数法和总额预算管理相结合，逐步使用区域（或一定范围内）医保基金总额预算代替具体医疗机构总额控制。同时，需要预备一定的风险基金，通过基金预算之后分配到门诊的部分可以根据当地门诊的实际管理情况进行支付。例如，某地区门诊的家庭医生签约式服务实施效果良好，则可以按照门诊的签约人头数来按人头付费。对于住院服务，总体改革趋势是从单病种逐渐过渡到 DRG 和 DIP 支付方式。目前，DRG 和 DIP 可以覆盖住院的绝大部分病例。对于按人头付费、DRG 和 DIP 支付都无法覆盖的特殊病种，为了满足患者的基本需求，不宜打包付费的复杂病例和门诊费用可以按项目付费。另外，对长期住院且日均费用稳定的则采用按床日付费。

五、医保支付方式改革对医疗机构的影响

1. 对医疗机构财务管理的影响

（1）加强医疗机构成本管控能力。

在医疗保险机构执行总额预付制的情况下，医疗机构需要有效规范医疗机

构收费体系和财务管理，强化医疗机构收费的监管职能，促进医疗机构完善收费体系，规范收费流程，强化收费管理。医疗机构不但需要对收入进行科学的管理，更要合理控制医疗成本，同时降低资金运行成本。医保支付方式改革促进医疗机构财务管理部门进一步完善成本核算体系，成本核算信息系统与财务核算系统、HIS系统整合，减少各个环节的无效支出，主动杜绝不必要的检查项目，同时监管医护合理用药以及药占比、耗占比等指标，进一步保障医疗机构可以实现健康、可持续的发展。

（2）提高医疗机构财务管理人才专业性。

医保资金由医保部门统一支付给医疗机构且对其进行监管，并以此作为医疗机构年度考核的依据之一，因此医疗机构需要更加专业的财务管理人才。医保支付方式改革后财务人员需要掌握与政策改革相关的内容并深入理解，同时掌握预算管理和成本管理等财务知识，进一步对医疗机构的各类运行成本、物资损耗、患者费用等情况信息进行分析从而加以管控。因此，医疗机构需要加强对财务管理人员的培训，提高人员专业性，使其更好地适应工作。

2. 对医疗机构医疗行为的影响

医保支付方式改革可以促进规范医务人员的医疗行为，优化诊疗行为，增强医务人员在控制患者医疗费用、住院时间等方面的意识，增加医务人员对患者解释工作的时间和详细程度，同时减少一些不必要的支出和检查，例如减少处方药种类、用药天数、患者住院时长和不必要的检查项目等。医保支付方式改革后患者诊疗行为明显改善，表现在转诊与就诊频率、间接费用、总治疗费用、次均医疗费用减少，说明医保支付方式改革对改善患者转诊、就诊及费用使用情况有一定价值。

3. 对医疗机构运营效率的影响

（1）对医疗服务能力的影响。

医保支付方式改革有助于医疗机构提高医疗服务能力，也能进一步扩大医疗机构的服务范围。从医疗机构绩效考核以及医保基金分配等方面来看，医疗机构收治危重患者的优势更大，收治疑难重症患者的积极性提高，收治危重患者的能力增强，收治病种结构进一步细化，体现出大型医疗机构"提供急危重症和疑难复杂疾病诊疗服务"的功能定位，进一步促进我国分级诊疗体系的形成。

（2）对医疗服务效率的影响。

在医保支付方式改革的背景下，医院响应国务院办公厅"公立医院发展方式从规模扩张转向提质增效"的号召，积极转变发展理念，向管理要效率，主动推进内部运营管理变革。优化组织结构，建立多部门协调管理机制，各部门通力合作，强化医保服务质量管理。此外，在医保支付方式改革下，医疗机构需要持续推进临床路径管理，优化诊疗流程，大大提升医疗服务效率。

4. 对医疗机构医保管理的影响

在医保管理方面，需要整合电子病历系统、病案首页系统、首页质控系统、绩效管理系统、医保控费管理系统等，人工流程和简单的信息化建设已经不能满足医保监控的需求。确保数据信息的准确性、一致性、完整性是医疗机构信息化的基本要求。在医保支付方式改革下，一方面，公立医院的医保费用监管从降低医疗费总额向降低医疗服务费用和提高医疗服务质量的模式转变，使得各级医保监督管理部门进一步建立科学、合理的绩效考核评价体系，从事中管理纠正向事前事后管理提示、事中事后管理监督服务升级转变；另一方面，更加要求费用与成本管理相结合，及时对患者费用和病种成本进行分析，建立"事前预测、事中监控、事后分析"一系列的医保费用管理办法，达到医保精准控费，真正实现医院医保精细化管理。

5. 对医疗机构高质量发展的影响

公立医院是我国医疗服务体系的主体，公立医院改革是深化医药卫生体制改革的关键。党的十九大以来，"高质量发展"成为社会经济发展的核心要义，这也对公立医院的改革发展提出了新的要求。医保支付方式改革可以推动我国公立医院高质量发展，推进医院实现由规模扩张向提质增效、由粗放管理向精细管理、由注重物质要素资源配置向注重人才技术要素资源配置转变。预付制能促使医疗机构发生从"多服务就是多补偿"到"控成本就是多补偿"的思想转变，通过"以质取效"替代"以量换效"，以顺应公立医院由规模扩张向增质提效转变的总体要求。另外，成本控制导向有助于医疗机构减少过度医疗，提高服务效率，专注提供最适宜的医疗服务；其绩效评价的作用又能促使医疗机构不断提高医疗水平，改善医疗质量，最终更好地满足患者需求。

第二节 按病种分值付费（DIP）的发展历程

一、地方探索

1. 单病种付费的探索——哈尔滨医科大学附属第一医院

20世纪80年代初，哈尔滨医科大学附属第一医院为在有限的成本空间里保证自己的合法利益进行了"技术经济责任制度"的探索，对普外20种常见病的住院时间、检查项目、准备、术中术后用药等各环节确定收费标准，使每一个病种都有"有效治疗出院平均住院费用标准"。哈尔滨医科大学附属第一医院的探索是我国单病种付费的起源。

齐齐哈尔市创造性地提出了单病种结算标准，确定了21大类、767种疾病的结算标准。单病种结算方法运行5年后，有效避免了总额预付制等其他结算方法带来的弊端，从源头上制止了医保资金的浪费现象。

2. 按病种付费的雏形——黑龙江省牡丹江市

黑龙江省牡丹江市是国家城镇职工医疗保险制度改革的第二批试点城市之一。自1996年起，该市在150个机关和全额事业单位的9060名职工中进行了小范围的医改试点工作，1997年起试点工作全面启动。当时的试点管理规定，同一病种在不同等级的医院治疗，执行不同的收费标准，二级医院较三级医院病种费用标准平均低30%左右，涉及病种数量共892个。按疾病的临床疗效，同一病种分治愈、好转、未愈或死亡三个付费等级，每个付费等级费用差异为20%左右。对心、脑血管疾病和恶性肿瘤，临床未愈和死亡的，均执行"好转"等级的付费标准。

3. 按病种分值付费的起源——江苏省淮安市

2003年10月，江苏省淮安市开始实行按病种分值付费，这是最早实行按病种分值付费方式的城市之一。当时淮安市医保基金面临收不抵支的困境，医保资金有崩盘的危险，于是在调研学习牡丹江市点数法改革经验后，2003年9月启动付费方式改革。淮安市运用"工分制"原理，通过总额预算管理和点数法相结合的方式，将单病种的绝对金额转变为不同病种之间的相对价值，一方面体现了"量入为出"的医保基金分配理念，另一方面点数法实施后，医保部门不再给单个医疗机构分配总额指标，强化了区域内的医保基金预算竞争，鼓励医疗机构相互进行竞争与监督。公开数据显示，淮安市的按病种分值付费改革效果显著，2004—2013年定点医疗机构次均住院费用年均增幅只有2.88%，控费效果明显。

2010年，广东省中山市在学习淮安做法的基础上，在分组中增加疾病治疗方式，引入高低费用异常分值，并细化医疗机构系数，形成了按病种分值付费改革的中山样本。2013年，江西省南昌市结合淮安做法和上海、杭州的分等级医疗机构预算管理经验，形成了独具特色的按病种分值付费改革的南昌样本。

后来，芜湖、东营、石嘴山、长沙、新余、银川、淄博、安庆、邢台、汕头、珠海、宜昌、铜川、厦门、成都等城市陆续开始引入按病种分值付费。中山作为广东省唯一医保支付制度改革试点城市，通过探索实践，形成了以总额控制、按病种分值付费为主，按人头付费、按床日付费、按病种限额（定额）付费为辅的复合式付费机制。2018年，除深圳和佛山外，广东全省开始全面实施按病种分值付费，病种数平均超4000个。

4. 按病种分值付费改革示范——广东省广州市

2018年1月1日起，广州开始全面推广按病种分值付费。在大数据分值付费的基础上，广州率先自发探索，从2018年以来近三年的800万份病例中挖掘共性特征，基于临床主要诊断编码（ICD-10国标版）和手术操作编码（ICD-9-CM-3广东版）的自然组合，将全市病例的全样本归类为1688个相似的疾病诊断，再与不同的治疗方式组合，总计形成12005个核心病种、25个综合病种。按病种分值付费推行当年，广州全市医保总额预付127亿元，但一年下来医院实际只发生了费用116亿元，相当于节约了11亿元，医疗机构结余留用4亿元，住院总费用的增长率从2017年的10.71%降至8.35%，住院总人次增长率降为7.07%，参保人员自付费用下降2.42%，改革效果显著。

此外，湖南省、新疆维吾尔自治区等多个省（自治区、直辖市）实行"区域总额预算＋浮动费率＋留用分担机制"，实现医保支付动态调整。广州还研发制定过度诊疗、就医聚集行为等32项监控规则、305个监控指标，精准发现医疗机构异常行为，实施动态智能监控。

5. 按病种分值付费全国试点扩大

2020年11月起，全国的27个省（自治区、直辖市）共71个城市启动区域点数法总额预算和按病种分值付费试点，实行区域医保基金总额控制，住院按病种分值进行付费。国内71个按病种分值付费试点城市覆盖我国基本医保参保人员 3.19 亿人。直至 2021 年底，除国家试点城市之外，有 11 个省（自治区、直辖市）的 38 个城市开展省级按病种分值付费试点改革，覆盖面进一步扩大。

二、按病种分值付费的改革政策

2009 年《中共中央 国务院关于深化医药卫生体制改革的意见》明确着力重点改革任务其中的第一项是"加快推进基本医疗保障制度建设"，同时提出，"积极探索实行按人头付费、按病种付费、总额预付等方式"。

2011 年，人力资源社会保障部发布《关于进一步推进医疗保险付费方式改革的意见》，探索实行以按病种付费为主的付费方式，国家发改委和原卫生部联合印发《关于开展按病种收费方式改革试点有关问题的通知》，推荐了 104 个病种目录。

2015 年《关于控制公立医院医疗费用不合理增长的若干意见》提出要建立以按病种付费为主，结合按人头、按服务单元等的复合型付费方式，逐步减少按项目付费。鼓励推行按疾病诊断相关分组付费方式。到 2015 年底，城市公立医院综合改革试点地区公立医院实行按病种付费的病种不少于 100 个。

2016 年《国务院关于印发"十三五"深化医药卫生体制改革规划的通知》明确指出深化医保支付方式改革，全面推行以按病种付费为主，按人头、按床日、总额预付等多种付费方式相结合的复合型付费方式，鼓励实行按疾病诊断相关分组付费方式。

2017 年 1 月，国家发改委发布《关于推进按病种收费工作的通知》（发改价格〔2017〕68 号），明确了 320 个具体病种。同年 6 月，《国务院办公厅关于进一步深化基本医疗保险支付方式改革的指导意见》（国办发〔2017〕55 号）提出，有条件的地区可积极探索将点数法与预算总额管理、按病种付费等相结合，逐步使用区域（或一定范围内）医保基金总额控制代替具体医疗机构总额控制，全面推行以按病种付费为主的多元复合式医保支付方式。

2018 年，为贯彻落实国办发〔2017〕55 号文要求，重点推行按病种付费，人社部在各地已开展按病种付费工作和医保大数据聚类分析的基础上，经专家论证制定《医疗保险按病种付费病种推荐目录》，共涉及 130 个病种。

2019 年，《国家医保局 财政部 国家卫生健康委 国家中医药局关于印发按疾病诊断相关分组付费国家试点城市名单的通知》（医保发〔2019〕34 号）在全国确定 30 个试点城市。

2020 年 2 月，《中共中央　国务院关于深化医疗保障制度改革的意见》（中发〔2020〕5 号）明确提出了大力推进大数据应用，推行以按病种付费为主的多元复合式医保支付方式改革。

2020 年 10 月 14 日，《国家医疗保障局办公室关于印发区域点数法总额预算和按病种分值付费试点工作方案的通知》（医保办发〔2020〕45 号）以地市级统筹区为单位开展试点，提出要用 1 年至 2 年的时间，将统筹地区医保总额预算与点数法相结合，实现住院以按病种分值付费为主的多元复合支付方式。11 月 3 日，《国家医疗保障局办公室关于印发区域点数法总额预算和按病种分值付费试点城市名单的通知》（医保办发〔2020〕49 号）正式确立了区域点数法总额预算和按病种分值付费试点城市名单，包括 27 个省（自治区、直辖市）共 71 个试点城市。11 月 9 日，《国家医疗保障局办公室关于印发国家医疗保障按病种分值付费（DIP）技术规范和 DIP 病种目录库（1.0 版）的通知》（医保办发〔2020〕50 号），基于 71 个城市近三年的病例数据进行统计分析，确定 11553 组核心病种，形成国家统一核心病种库，我国按病种分值付费改革全面拉开序幕。12 月 9 日，《国家医疗保障局办公室关于建立区域点数法总额预算和按病种分值付费（DIP）专家库的通知》（医保办发〔2020〕54 号）公布了 200 位专家名单。国家医保局连续颁布的以上四个文件从顶层设计上确定了我国按病种分值付费的改革目标、改革内容和改革实施路径。

为推动区域点数法总额预算和按病种分值付费试点工作，加强对各试点城市的指导，首都医科大学国家医保局研究院根据各试点城市报送的历史数据，开展了各试点城市的预分组工作。到 2021 年 3 月，共发布了 71 个试点城市的预分组目录。目前，101 个城市全部进入了实际付费，基本达到了预期的效果。

2021 年 11 月 26 日，《国家医疗保障局关于印发 DRG/DIP 支付方式改革三年行动计划的通知》（医保发〔2021〕48 号），明确了未来三年按病种分值付费的改革任务。

第三节　按病种分值付费（DIP）的特征及未来发展

按病种分值付费是具有中国特色的医保付费方式，促进了医保管理机制的深刻转变。医保付费从按项目付费向价值付费转变，从被动买单向主动作为转变，从单纯的手工审核向大数据运用转变，从粗放的供给侧管理向精细的供给侧管理转变。通过实行按病种分值付费，提升了医保基金使用的效能，参保人员就医负担有所下降，医疗行为更加规范，患者的获得感和满意度显著提升，同时还促进了医疗机构良性发展，医疗资源配置更加合理。另外，完善医保基金结余留用政策，让医疗机构获得更多经费用于支持医疗机构的发展。

一、按病种分值付费的特征

1. 符合我国医疗事业发展需要

改革开放以来，我国经济快速发展，医药卫生事业有了巨大的进步，但发展不平衡、不充分的情况仍然存在。全国各个医保统筹区在医保待遇水平、基金结余水平、医疗技术、病案管理甚至人均寿命和疾病谱等方面都存在一定的地区差异，这决定了各统筹区的医保支付需要结合本地实际进行个性化的设计。按病种分值付费可以根据本地历史数据生成分组及病种支付标准，这个特点与我国各地区个性化设计的需求刚好契合。另外，我国医疗机构以公立医院为主，医疗服务项目价格实行政府定价，规制力度较大，因此医疗机构的医疗费用数据相对客观、准确地反映不同医疗服务的复杂程度，说明按病种分值付费以次均住院费用形成分值具有充分的合理性。

2. 分组最大限度还原临床实际

不同疾病、不同治疗方式、不同病人的医疗资源消耗情况千差万别。按病种分值付费需要通过海量的病案数据发现疾病与治疗之间的内在规律与关联，对数据特征进行提取组合，并将区域内各病种治疗的资源消耗均值与全样本资源消耗均值进行比对，形成病种组合分值，集聚为病种组合目录库。这种支付方式基于医疗机构的客观数据，直接以主要诊断和关联手术操作的自然组合形成病种，以各病种次均住院费用的比价关系形成病种分值，再考虑年龄、并发症和伴随病因素对付费进行校正，从而实现精细化、个性化支付。病种组合真实还原临床病种组合复杂的现状。在实际应用中，病种组合的细化使得每个组合内的数据特征趋同，费用的差异减小，最大限度还原了临床的实际情况。随着样本量的不断累加，按病种分值付费病种及其分值在形成后能够通过数据更新、叠加实现自我修正，而无需人工干预进行大的调整。

3. 适应国际疾病分类的发展

按病种分值付费采用疾病诊断分类及代码 ICD – 10（国际疾病分类）编码

体系，前四位亚码对病例进行疾病诊断分类。对每个疾病诊断组合，按使用的手术操作分类与编码（ICD－9－CM－3）技术进行分类（同一病案中有多个手术操作分类与编码时，可将各编码叠加作为新的分类）。WHO 已于 2018 年发布最新的 ICD－11，基于更优化的分组原理，按病种分值付费对编码具有较强的适应性，只要医疗机构在临床上实际使用 ICD－11 填写病案首页，即可基于 ICD－11 的病案首页数据迅速更新整个 DIP 病种目录，实现临床应用与医保支付的无缝衔接。

4. 实现监管与支付一体化

按病种分值付费除针对疾病与治疗的共性特征建立分组外，还提取诊断、治疗、行为规范等特异性特征建立辅助目录，分析病案质量、二次入院、低标入院、超长住院以及死亡风险等指标，以及各指标在不同的疾病、不同类型的医疗机构发生的概率，形成对医疗机构医疗质量、资源消耗合理性等的客观评价。同时，可以对门诊与住院人次、医疗费用等方面的变化进行趋势分析，对门诊、住院期间的费用转移进行监测，促进医疗机构规范医疗行为。在这样一个数据框架内形成的标准体系下，按病种分值付费可以分别用于医保的过程监管与费用支付，实现监管与支付的一体化，推动事后审计向事前预估、事中控制转变。

5. 便于实施与推广

按病种分值目录库在国家层面以"统一标准、统一目录、统一方法、统一规范"完成基于大数据的顶层架构设计，将复杂的算法、模型以信息技术封装成便捷、简单的系统与工具，形成适应各应用地区的工作流程、工作制度及工作模式，降低各应用地区信息系统改造与临床应用培训的难度与成本，提高了实施效率。另外，先行探索并实施按病种分值付费地区已积累了大量的实践经验，形成了较为固定的模式和方法，有着较为完善的病种体系和技术规范，为后续全国试点推广提供了很好的基础和经验。

二、按病种分值付费的未来发展

2020 年 2 月 25 日，《中共中央　国务院关于深化医疗保障制度改革的意见》（中发〔2020〕5 号）发布，这是我国医疗保障改革的纲领性文件，确定了我国未来 15 年医疗保障改革的方向。其中，文件明确建立高效管用的医保支付机制是医疗保障改革的核心之一，要求持续推进医保支付方式改革，大力推进大数据应用，推行以按病种付费为主的多元复合式医保支付方式，推广按疾病诊断相关分组付费，医疗康复、慢性精神疾病等长期住院按床日付费，门诊特殊慢性病按人头付费。2021 年 9 月 23 日，《国务院办公厅关于印发"十四五"全民医疗保障规划的通知》（国办发〔2021〕36 号）明确提出要在全国范围内普遍实施按病种付费为主的多元复合医保支付方式，持续推进医保支付机制的转变，继续深化医保支付方式改革，这不仅是医保高质量发展的需要，也是医院精细化管理的需要，更是人民群众或者更高质量医保医药服务的需要。同时，在医疗保障发展改革主要指标中，要求到 2025 年实行按疾病诊断相关分组付费和按病种付费的住院费用占全部住院费用的比例达到 70%。这是未来较长一段时间内我国医疗保障改革必须要完成的任务。2021 年 11 月 26 日，《国家医疗保障局关于印发 DRG/DIP 支付方式改革三年行动计划的通知》（以下简称《计划》）（医保发〔2021〕48 号）发布，旨在进一步深化医疗卫生服务供给侧改革，推动医保支付高质量发展，明确了未来三年 DRG/DIP 付费改革的任务书、时间表、路线图。根据《计划》，2022—2024 年全面完成 DRG/DIP 付费方式改革任务，到 2024 年底，全国所有统筹地区全部开展 DRG/DIP 付费方式改革工作，到 2025 年底，DRG/DIP 支付方式覆盖所有符合条件的开展住院服务的医疗机构，基本实现病种、医保基金全覆盖。这些任务将融合在医疗保障改革蓝图中，使得制度体系更加完善，管理体制更加健全，重大改革卓有成效，群众获得感持续增强，发展基础不断夯实。通过完善工作机制，加强基础建设，协同推进医疗机构配套改革，全面完成以 DRG/DIP 为重点的支付方式改革任务，全面建立全国统一、上下联动、内外协同、标准规范、管用高效的医保支付新机制。

其中，建立医保对医疗机构管用高效的支付管理和激励约束机制的"管用高效"的内涵有以下四个方面：

（1）完善核心要素管理与调整机制，主要突出病组（病种）、权重（分值）和系数三个核心要素，建立完善管理和动态调整机制，并不断完善各项技术标准和流程规范。

（2）健全绩效管理与运行监测机制，建立医保基金使用绩效评价、考核和激励约束机制；构建"国家—省—市"多层次监测机制，加强数据分析，优化工作流程，提升信息化水平。

（3）形成多方参与的评价与争议处理机制，建立争议问题发现、研究解决和结果反馈机制，支撑病种、权重（分值）和系数等核心要素动态调整，形成与医疗机构集体协商、良性互动、共治共享的环境。

（4）建立相关改革的协同推进机制，完善总额预算管理机制；协同推进按床日付费、按人头付费机制改革；协同推进紧密型医疗联合体"打包"付费：探索中医药按病种付费的范围、标准和方式；建立与国家医保谈判药品"双通道"管理、药品医用耗材集中带量采购等政策措施的协同推进机制；加强支付审核管理，完善基金监管机制。

（本章撰写人：广东医药价格协会李玫霏）

第三章

我国现行几种按病种付费的概念及类型

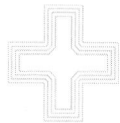

我国医保支付方式改革经历了从按项目、人头、次均、总额付费，到现在以按病种付费为主的多元复合支付方式的过程。从操作和付费的方式角度，按病种付费包括了单病种、按病种、按病种分值、按疾病诊断相关分组付费的方式。按照《国家医疗保障局关于印发 DRG/DIP 支付方式改革三年行动计划的通知》（医保发〔2021〕48 号），以加快建立管用高效的医保支付机制为目标，分期分批加快推进，从 2022—2024 年，全面完成 DRG/DIP 支付方式改革任务，推动医保高质量发展；到 2024 年底，全国所有统筹地区全部开展 DRG/DIP 支付方式改革工作，先期启动试点地区不断巩固改革成果；到 2025 年底，DRG/DIP 支付方式覆盖所有符合条件的开展住院服务的医疗机构，基本实现病种、医保基金全覆盖。按 2022 年、2023 年、2024 年三年进度安排，以省（自治区、直辖市）为单位，分别启动不少于 40%、30%、30% 的统筹地区开展 DRG/DIP 支付方式改革并实际付费。

第一节 概念

按病种付费是以疾病的诊断为"标识"，医疗保险经办机构通过历史数据测算，结合临床路径、医疗成本，确定每个病种的支付费用，然后按预先确定的付费标准向医疗机构支付医疗费用的一种付费方式。一般按病种付费可以分为以下方式：单病种付费、按病种付费、按病种分值付费（DIP）、按疾病诊断相关分组付费（DRG）。

一、单病种付费

单病种付费针对的是单一的、不会产生并发症的疾病。常见的有非化脓性阑尾炎、胆囊炎、胆结石、乳腺良性肿瘤等。

单病种付费是对单纯性疾病按照疾病分类确定支付限额的医疗费用支付方式，如某市职工医保 32 个指定手术单病种的手术治疗。单病种的病种组合是以主要诊断与对应的手术进行组合，部分城市是以对应收费的编码进行组合，形成固定的病种组合，每一组合通过历史数据测算，结合临床路径、医疗成本，确定每个病种组合的支付费用，一般采用限额结算的方式，结余留用，超额不补。单病种付费由于病种比较单一，可以采用门诊、日间手术、住院方法进行手术治疗，结算标准相同。医院可以根据病人的病情，选择采用某一诊疗方式。

单病种付费在操作和结算上比较简单、方便，并且有利于患者的治疗，特别是开展日间手术，因此目前在实施按病种（组）分值付费的地区，仍然保留单病种付费的政策。

二、按病种付费

按病种付费是以疾病的诊断为"标识"，医疗保险经办机构通过历史数据测算，结合临床路径、医疗成本，确定每个病种的支付费用，按预先确定的付费标准向医疗机构支付医疗费用的一种付费方式。相对于单病种，病人的病情相对复杂，是实施按病种（组）分值付费前最常见的按病种付费方式，大部分用于术科的结算。主要根据历史数据统计出院第一诊断（主要诊断），结合相对应的手术操作，制定每一病种的支付费用。

采集的病种大部分以出院主要诊断作为标准，病人可能有并发症或其他并存病，但大部分地区均只采用主要诊断历史的次均住院费用作为支付标准。

手术操作：手术操作与主要诊断对应关系必须与医保局的规定一致，否则不能按病种结算。如果出现叠加手术情况，部分地区只支付第一手术操作的费用，部分地区实行按主要诊断对应病种标准费用增加 80% 的方式，部分地区出现叠加手术即不再纳入按病种付费，具体政策视各地情况而定。

费用偏差：住院患者出现严重并发症，费用可能超过一定支付标准，部分地区设置超 2 倍标准支付费用；或患者住院费用低于一定的支付标准，部分地区规定实际住院费用低于标准支付费用的 50%，即为费用偏差病例，不将其纳入按标准结算。

在实施按病种（组）分值付费前，不少地区均采用按病种付费的复合支付方式，实施的病种组合有 100 多种。如果大范围实施，存在比较大的管理压力和难度，所以在 2018 年前，部分城市开始试点按病种（组）分值付费。

三、按病种分值付费

总额控制下按病种分值付费是指医保经办机构以基金总额控制为基础，通过对不同病种赋予不同的分值，以患者出院累计分值与定点医疗机构进行费用结算的一种付费方式。

主要内容包括：基准病种、基准分值、分值库、全市每分费用计算、医疗机构分值计算、权重系数、考核系数、基金预算、基金决算、月预结算、年终结算、激励机制、分段结算机制、操作规则等。

按病种分值付费的最大特点是采用地区总额控制，根据每个病种的组合支付相应分值，而非支付病种费用。

截至 2017 年，国内仅有少数城市开展按病种分值付费。自 2018 年起，不少城市逐渐开展试点，广东省从 2018 年 1 月 1 日起全省各地级市开始实施按病种分值付费。截至 2021 年底，全国有 11 个省（自治区、直辖市）的 38 个城市开展了省级按病种分值付费试点改革。

四、按疾病诊断相关分组付费

按疾病诊断相关分组付费是指根据患者年龄、疾病诊断、合并症、并发症、治疗方式、病症严重程度以及疗效等多种因素，将诊断相近、治疗手段相近、医疗费用相近的住院患者分入若干病组，然后以确定的限额对各个病组支付医疗费用的付费方式。

第二节　单病种付费、按病种付费、按病种分值付费与按疾病诊断相关分组付费的概念异同

一、相同点

单病种付费、按病种付费、按病种分值付费与按疾病诊断相关分组付费均属于按病种付费的范畴，都是以疾病诊断为基础，结合治疗方式的付费方式，其作用是控制每个病例的医疗费用总量。它们的共同特点是将医疗服务全过程视为一个单元，按照确定的医疗费用标准对医疗机构进行补偿，而不再是按诊疗过程中实施的每个服务项目进行支付，实际支付额与每个病例的病种有关，而与治疗的实际成本无关，属于打包支付。

在这种支付方式下，如果治疗成本超过了病种支付标准，医院就要超额。因此，医院在提供服务前必须考虑所提供的服务是否必需和适宜，这也将促使医院主动寻求最合理的治疗流程，主动避免大处方、重复检查以及一些不必要的昂贵检查和贵重仪器的使用等，从而达到降低经营成本、提高工作效率的目的。

二、不同点

DRGs 分组的出发点是疾病诊断及在一些其他约束条件下的费用特性，其具有明显的组内同质性和组间差异性的特点；单病种付费、按病种付费、按病种分值付费的出发点是疾病诊断本身，主要是以第一诊断为条件，结合不同的诊疗方式进行付费。DRGs 分组一般有约 700 组，覆盖整个疾病谱。而如果全部用单病种、按病种付费可能有上万种，如果按病种分值付费实行全病种结算，也有几千种到上万种，需要较高的管理成本。

按疾病诊断相关分组付费已有在多个国家多年全面实施的成功经验，能够有效地提高医疗保险的管理能力，有利于控制医疗费用。而单病种付费只是病种付费的初级阶段，往往仅覆盖有限的疾病种类，即使是同一种疾病，只要有并发症或者合并症就不能很好地适用。按病种付费也是按病种（组）分值付费的过渡。

按病种分值付费在我国开展时间不长，但它以具有中国特色的支付方式迅速发展和推进。

按病种（组）分值付费在支付上与单病种、按病种付费最大的不同是支付过程是以分值支付，年终根据分值单价清算的方式，模糊了病种支付与费用的关系。而单病种、按病种付费已预先设定好支付的具体费用。

第三节　按病种付费与以往结算类型的异同及其优点

一、相同点

除按项目付费外，其他的付费方式都是在医保基金超额的情况下，为了控制医疗费用增长过快而采取的方法，目的是控制不合理的医保费用过度增长，保障基金安全和可持续。医保的付费标准与医院实际治疗过程成本无关，但如果医院治疗成本高，则超额部分需自负。

二、不同点

以往主要对医疗机构采用总额控制下的次均费用结算，医保经办机构给医院下总额和次均费用控制目标，由于支付的费用不是与消耗的医疗资源相一致，导致医院推诿重病病人和拒收病人的弊端。而按病种付费是以疾病为基础，结合治疗方式进行结算的支付方式，对整个地区的总额进行控制，医院收治的疑难重症病人越多，医保基金支付的费用也相应提高。

三、优点

相比以往的次均结算支付，采用地区总额控制方式，支付的分值（费用）与消耗的医疗资源相一致，医院收治疑难病等重症病人，医保基金支付的分值（费用）也高。三甲医院等医疗水平较高的医疗机构多收疑难病等重症病人，不会面临过高的超额风险，避免为了摊低次均费用而采取低标准住院、推诿重病病人等操作，也有利于分级诊疗。

（本章撰写人：广东省人民医院陈维雄）

第四章

按病种分值付费（DIP）的具体政策

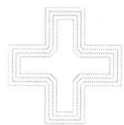

在没有总额控制的前提下，运用按项目、人头、病种等付费的支付方式，医保基金经常出现超额等不可控的情况，虽然在实行总额控制后医保基金超额情况不再出现，但存在不少弊端，社会各界要求改革的呼声很高；而国际有成熟的医保支付方式如按疾病诊断相关分组付费可以借鉴。在新医改的背景下，国家要求医保部门进行支付方式改革，主要改革方向是开展按病种付费，最主要的两种支付方式就是按疾病诊断相关分组付费（DRG）和按病种分值付费（DIP）。

按病种分值付费，是我国各地在多种医保支付方式并行，仍不能有效控制医保基金超额的历史情况下产生的，较早开展的地区是淮安市、中山市等。以淮安市为例：数据显示，从 2000 年到 2003 年，淮安市在医保制度实施之初基本上是单纯的按项目付费，造成了次均住院医疗费用年均增幅达到 39.6%。医保基金出现收不抵支情况，不得不进行改革。2004 年开始实施"点数法"，当年医保费用控制取得了明显成效，次均住院医疗费用由 8644.37 元降到 6692.81 元，降幅达 22.58%，改革的效果立竿见影。据报道，实施"点数法"13 年，淮安市次均住院医疗费用年均增幅为 3.13%，远低于全国同期 7.6% 的平均水平。中山市 2004—2009 年实行"按项目付费 + 按次均费用付费"，出现了基金超额。2010 年开始实行总额控制下的按病种分值付费，控制了基金超额的风险。

2017 年 6 月 20 日，《国务院办公厅关于进一步深化基本医疗保险支付方式改革的指导意见》（国办发〔2017〕55 号）发布，医保支付方式改革全面推行按病种付费，其中不少地区实行按病种分值付费的新型支付方式。广东省人力资源和社会保障厅、广东省卫生和计划生育委员会下发了《关于全面开展基本医疗保险按病种分值付费工作的通知》（粤人社函〔2017〕3457 号），要求到 2017 年底实施按病种分值付费的病种数不少于 1000 个；《广州市人力资源和社会保障局 广州市财政局 广州市卫生和计划生育委员会关于开展广州市社会医疗保险住院医疗费用按病种分值付费工作的通知》（穗人社发〔2017〕70 号）一文明确了医保支付方式从按项目付费、按人头付费、总额控制转变为总额控制下的按病种付费、按病种（组）分值付费。

2018 年，广东全省开展按病种（组）分值付费，广州市更是以更加细化和精准的 DIP 付费模式开展，经过近 3 年的实践和不断完善，受到各医疗机构的欢迎，成为国家 DIP 技术规范的基础。

2020 年 10 月 14 日，《国家医疗保障局办公室关于印发区域点数法总额预算和按病种分值付费试点工作方案的通知》（医保办发〔2020〕45 号）发布。2020 年 11 月 3 日，国家医疗保障局办公室进一步确立了全国 71 个 DIP 试点城市，全国正式开始 DIP 付费。2021 年 12 月 19 日，国家医保局发布了《DRG/DIP 支付方式改革三年行动计划》，计划从 2022—2024 年，全面完成 DRG/DIP 支付方式改革任务，推动医保高质量发展；到 2025 年底，DRG/DIP 支付方式覆盖所有符合条件的开展住院服务的医疗机构，基本实现病种、医保基金全覆盖。

第一节　DIP 政策要点及定义

一、政策要点

1. 实行区域总额预算管理

统筹地区要按照以收定支、收支平衡、略有结余的原则，并在综合考虑各类支出风险的情况下，统筹考虑物价水平、参保人医疗消费行为、总额增长率等因素，建立健全医保经办机构与定点医药机构的协商谈判机制，合理确定医保总额预算指标。特别强调不再细化明确各医疗机构的总额控制指标，而是把项目、病种、床日等付费单元转换为一定点数，年底根据各医疗机构所提供服务的总点数以及地区医保基金支出预算指标，得出每个点的实际价值，按照各医疗机构实际点数付费，以前医疗机构次均和总额的按人头付费的方式彻底改变。

2. 实现住院病例全覆盖

国家层面统一确定病种分值目录库、核心与综合病种的划分标准等。试点城市根据本地数据，按照统一病种组合规则，形成各自城市的病种分值目录核心病种与综合病种库。试点城市按照本地区前 3 年数据进行全样本数据病例平均医疗费用测算，确定核心病种、综合病种的分值。对于费用异常高、异常低的病例，可通过设置费用偏差方式确定病种分值。对于费用特别高的病例，可通过病例单议、专家评审等方式确定病种分值。确定精神类、康复类及安宁疗护等住院时间较长的病例使用按床日付费。明确所有住院病例纳入 DIP 付费，明确数据来源，进行分值库、病种组合名称等标准化建设。

二、定义

DIP 付费是指医保经办机构以基金总额控制为基础，根据出院主要诊断和住院期间的诊疗方式，对历史数据（病案首页）进行聚类，形成病种组合，对不同病种赋予不同的分值，每个患者出院时按照诊疗情况与分值库进行匹配赋予分值，最后以患者出院累计总分值与定点医疗机构进行费用结算的一种付费方式。

DIP 付费利用大数据优势发掘"疾病诊断 + 治疗方式"的共性特征对病案数据进行客观分类，形成疾病与治疗方式组合，客观反映疾病严重程度、治疗复杂状态、资源消耗水平与临床行为规范。

在总额预算机制下，根据年度医保支付总额、医保支付比例及各医疗机构病例的总分值计算分值点值。医保部门基于病种分值和分值点值形成支付标准，对医疗机构每一病例实现标准化支付。

DIP 付费涉及医保经办机构、医院、参保人三方。医保经办机构是制定 DIP 分值库、实施细则的政策制定者，医院是政策的执行者，参保人就医的相应待遇不会因为 DIP 政策而改变。

第二节　国家 DIP 政策解读

国家医保局于 2020 年 10 月发布了《国家医疗保障按病种分值付费（DIP）技术规范》和《DIP 目录库》，这是指导全国各地开展 DIP 付费操作的纲领性文件。DIP 采集全国海量的病案首页数据，利用真实、全量数据客观还原病种的疾病特征及医疗行为，通过对疾病共性特征及个性变化规律的发现，建立医疗服务的"度量衡"体系，较为客观地拟合成本、计算分值、结算付费，形成对医保支付方式改革的重要技术支撑。DIP 在理念和操作方法上更加符合我国国情，能客观反映临床现实，具有公开、透明的现代管理特性，可借此推动医药卫生治理体系和治理能力的现代化，推进医保基金使用与区域卫生、医院发展之间的平衡。

国家 DIP 的技术特征为 5 个"一"路径：一套数据信息库，包含基于广州、上海并结合全国其他省市的近 6000 万份数据样本；一个国家病种组合目录库（主目录、辅助目录），通过对近 6000 万份数据样本的聚类，形成了目录库，制定了主目录和辅助目录；一套分值付费标准，包括制定病种分值、付费标准；一套监管考核评价体系；一支专家队伍，通过建立专家队伍论证，使政策更加规范和不断完善，更加贴近临床、符合实际。

一、国家医保局病种分值库来源

DIP 目录库（1.0 版）的编制以上海、广州等地区的前期工作为基础，另外筛选东、中、西部具有典型代表性的 10 个省市数据作为补充，汇聚近 6000 万份数据样本，总计涉及医疗服务费用近 7000 亿元，各地数据覆盖时间段不尽相同，最长从 2013 年至今，初步形成了可代表全国典型地区的医疗服务数据样本。通过对数据融合清洗，剔除缺少疾病诊断的病例、手术操作记录异常的少量病例，使用医保版疾病诊断编码（见表 4 - 1）前 4 位和手术操作编码（见表 4 - 2）进行聚类，基于疾病与治疗方式的共性特征组合分组，形成主目录。以 15 例为病例数量临界值，将主目录区分为核心病种 11553 组、综合病种 2499 组，形成了病种分值库（见表 4 - 3）。

表 4 - 1 医保局 ICD - 10 医保版诊断编码

章	章代码范围	章的名称	节代码范围	节名称	类目代码	类目名称	亚目代码	亚目名称	条目(诊断)代码	条目(诊断)名称
1	A00 - B99	某些传染病和寄生虫病	A00 - A09	肠道传染病	A00	霍乱	A00.0	霍乱，由于 01 群霍乱弧菌，霍乱生物型所致	A00.000	霍乱，由于 01 群霍乱弧菌，霍乱生物型所致
1	A00 - B99	某些传染病和寄生虫病	A00 - A09	肠道传染病	A00	霍乱	A00.0	霍乱，由于 01 群霍乱弧菌，霍乱生物型所致	A00.000x001	古典生物型霍乱
1	A00 - B99	某些传染病和寄生虫病	A00 - A09	肠道传染病	A00	霍乱	A00.1	霍乱，由于 01 群霍乱弧菌，埃尔托生物型所致	A00.100	霍乱，由于 01 群霍乱弧菌，埃尔托生物型所致
1	A00 - B99	某些传染病和寄生虫病	A00 - A09	肠道传染病	A00	霍乱	A00.1	霍乱，由于 01 群霍乱弧菌，埃尔托生物型所致	A00.100x001	埃尔托生物型霍乱

表 4 - 2　医保局 ICD - 9 - CM - 3 医保版手术操作编码

章	章的名称	类目代码	类目名称	亚目代码	亚目名称	细目代码	细目名称	条目(手术操作)代码	条目(手术操作)名称
1	操作和介入不能分类于他处	00	操作和介入，NEC	00.0	治疗性超声	00.01	头和颈部血管治疗性超声	00.0100	头和颈部血管治疗性超声
1	操作和介入不能分类于他处	00	操作和介入，NEC	00.0	治疗性超声	00.01	头和颈部血管治疗性超声	00.0101	头部血管治疗性超声
1	操作和介入不能分类于他处	00	操作和介入，NEC	00.0	治疗性超声	00.01	头和颈部血管治疗性超声	00.0102	颈部血管治疗性超声
1	操作和介入不能分类于他处	00	操作和介入，NEC	00.0	治疗性超声	00.02	心脏治疗性超声	00.0200	心脏治疗性超声
1	操作和介入不能分类于他处	00	操作和介入，NEC	00.0	治疗性超声	00.02	心脏治疗性超声	00.0200x001	心脏血管治疗性超声
1	操作和介入不能分类于他处	00	操作和介入，NEC	00.0	治疗性超声	00.03	周围血管治疗性超声	00.0300	周围血管治疗性超声
1	操作和介入不能分类于他处	00	操作和介入，NEC	00.0	治疗性超声	00.09	其他治疗性超声	00.0900	其他治疗性超声
1	操作和介入不能分类于他处	00	操作和介入，NEC	00.0	治疗性超声	00.09	其他治疗性超声	00.0900x001	治疗性超声

表 4 - 3　国家医保局病种分值库

诊断编码	诊断名称	操作编码	操作名称
A02.0	沙门菌肠炎		
A03.3	宋内志贺菌引起的细菌性痢疾		
A04.9	未特指的细菌性肠道感染		
A05.0	食物媒介的葡萄球菌性食物中毒		

（续上表）

诊断编码	诊断名称	操作编码	操作名称
A05.3	食物媒介的副溶血性弧菌食物中毒		
A08.0	轮状病毒性肠炎		
A08.5	其他特指的肠道感染		
A08.5	其他特指的肠道感染	03.3101	腰椎穿刺术
A09.0	其他和未特指传染性病因的胃肠炎和结肠炎		
A09.9	未特指病因的胃肠炎和结肠炎		
A09.9	未特指病因的胃肠炎和结肠炎	45.2301	可曲性光学纤维结肠镜检查
A09.9	未特指病因的胃肠炎和结肠炎	45.2302	电子结肠镜检查
A15.0	肺结核，经显微镜下痰检查证实，伴有或不伴有痰培养		
A15.0	肺结核，经显微镜下痰检查证实，伴有或不伴有痰培养	03.3101	腰椎穿刺术
A15.0	肺结核，经显微镜下痰检查证实，伴有或不伴有痰培养	33.2300x002	磁导航支气管镜检查
A15.0	肺结核，经显微镜下痰检查证实，伴有或不伴有痰培养	33.2400x001	支气管镜下支气管活检
A15.0	肺结核，经显微镜下痰检查证实，伴有或不伴有痰培养	33.2405	气管镜刷检术
A15.0	肺结核，经显微镜下痰检查证实，伴有或不伴有痰培养	33.2700x001	支气管镜下肺活检
A15.0	肺结核，经显微镜下痰检查证实，伴有或不伴有痰培养	33.9101	支气管球囊扩张术
A15.0	肺结核，经显微镜下痰检查证实，伴有或不伴有痰培养	34.0401	胸腔闭式引流术
A15.0	肺结核，经显微镜下痰检查证实，伴有或不伴有痰培养	39.7902	经导管支气管动脉栓塞术

数据聚类的方法就是将病案首页的诊断前 4 位码与手术操作编码进行聚类，形成 N 个组合，按照一定规则最终形成病种分值库。病种分值库的每一行即为一个病种组合，相同的诊断（前 4 位码相同）、不同的诊疗方式组成了不同的组

合，也会得到不同的例数和平均费用，是下一步计算病种组合分值的基础。

各地医保局在制定本地病种分值库的过程中，由于各地的病种结构不同，在进行聚类病种组合时，可能部分病种组合和国家医保局的病种组合一致，有些达到一定例数，但不在国家医保局的名录库。各地也采用达到一定例数的病种组合形成本地的病种组合，与国家医保局的病种组合一起形成当地的目录库。

二、DIP 目录库总体框架

DIP 目录库分为主目录和辅助目录。主目录由核心病种和综合病种组成，形成病种分值库。以运用大数据形成的标准化方法总结疾病与治疗方式的共性特征，反映诊断与治疗的一般规律，是 DIP 的基础。

主目录按照诊断＋诊疗层级路径分为一级、二级、三级目录。一级目录相当于 DRG 的 MDC 组、二级目录相当于 DRG 的 ADRG 组、三级目录相当于 DRG 的 DRG 细分组，组成了病种分值库。

辅助目录以大数据提取诊断、治疗、行为规范等的特异性特征，与主目录形成互补，对临床疾病的严重程度、并发症/合并症、医疗行为规范所发生的资源消耗进行校正，客观拟合医疗服务成本予以支付。DIP 目录库总体框架如图 4-1 所示。

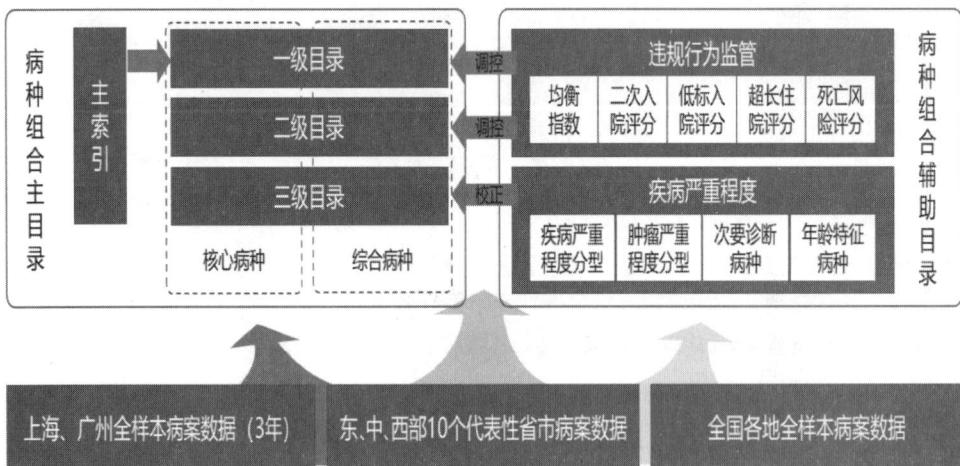

图 4-1　DIP 目录库总体框架示意图

三、DIP 主目录

DIP 目录库是在疾病诊断与治疗方式组合穷举与聚类的基础上，确定稳定分组并纳入统一目录管理，支撑分组应用常态化的基础应用体系。主目录作为 DIP 目录库的核心构件，一方面通过按病例数量的收敛划分为核心病种与综合病种，实现对临床复杂多样病例的共性特征挖掘，形成明确的分组及层级化的分组结构，对 DIP 进行科学、规范的管理，锁定 DIP 的核心要素之一——支付单元，为支付标准的形成提供支撑；另一方面基于解剖学和病因学对 DIP 建立疾病分类主索引，提升针对一级、二级、三级目录的管理效率以及可视化展示效能。主目录示意图如图 4-2 所示。

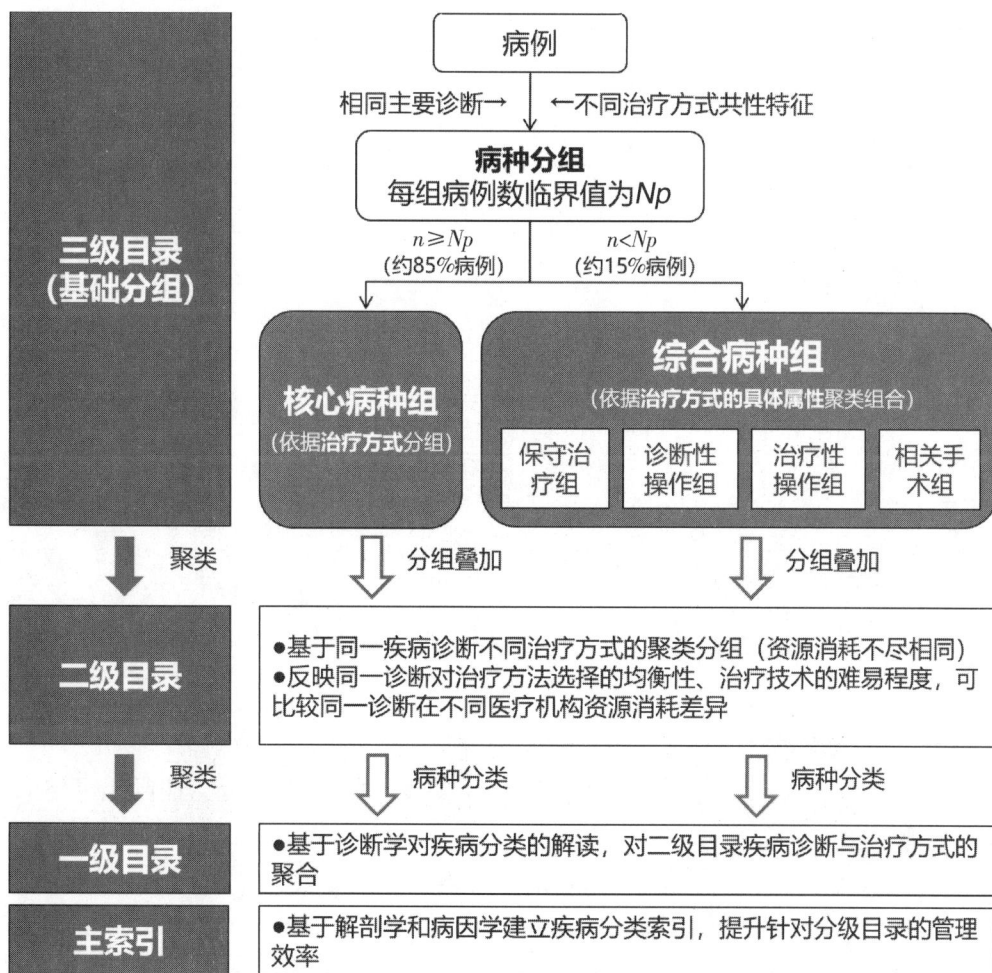

图 4-2　主目录组合

　　主目录最基础的就是三级目录，三级目录由核心病种和综合病种组成。在数据聚类过程，以 15 例为临界值划分入组到核心病种和综合病种，也同时兼顾核心病种的入组原则上大于 85% 的比例。

　　1. 基础分组

　　截取采集的出院病人的病案首页数据的出院主要诊断代码"X00.0"（前 4 位码）与对应的所有手术操作编码（ICD - 9 - CM - 3 医保版）进行排列组合（出院主要诊断 + 具体手术诊疗操作），形成基础分组，以急性阑尾炎伴局限性腹膜炎为例，聚类可以形成以下的各个组合。

表 4 - 4　急性阑尾炎伴局限性腹膜炎基础分组

诊断编码	诊断名称	操作编码	操作名称（治疗方式）	例数	次均费用	分值
K35.3	急性阑尾炎伴局限性腹膜炎	45.2302	电子结肠镜检查			
K35.3	急性阑尾炎伴局限性腹膜炎	47.0100	腹腔镜下阑尾切除术			
K35.3	急性阑尾炎伴局限性腹膜炎	47.0100 + 54.1903	腹腔镜下阑尾切除术 + 腹腔切开引流术			
K35.3	急性阑尾炎伴局限性腹膜炎	47.0100 + 54.5101	腹腔镜下阑尾切除术 + 腹腔镜下肠粘连松解术			
K35.3	急性阑尾炎伴局限性腹膜炎	47.0100 + 54.5903	腹腔镜下阑尾切除术 + 肠粘连松解术			
K35.3	急性阑尾炎伴局限性腹膜炎	47.0901	阑尾切除术			
K35.3	急性阑尾炎伴局限性腹膜炎		保守治疗			

　　2. 核心病种的划分

　　通过基础分组，将超过 15 例的组合纳入核心病种，还是以急性阑尾炎伴局限性腹膜炎为例，如果以上的组合均超过 15 例，即纳入核心病种。

表 4 - 5 急性阑尾炎伴局限性腹膜炎核心病种

诊断编码	诊断名称	操作编码	操作名称（治疗方式）	例数	次均费用	分值
K35.3	急性阑尾炎伴局限性腹膜炎	45.2302	电子结肠镜检查	25		
K35.3	急性阑尾炎伴局限性腹膜炎	47.0100	腹腔镜下阑尾切除术	16		
K35.3	急性阑尾炎伴局限性腹膜炎	47.0100 + 54.1903	腹腔镜下阑尾切除术 + 腹腔切开引流术	26		
K35.3	急性阑尾炎伴局限性腹膜炎	47.0100 + 54.5101	腹腔镜下阑尾切除术 + 腹腔镜下肠粘连松解术	18		
K35.3	急性阑尾炎伴局限性腹膜炎	47.0100 + 54.5903	腹腔镜下阑尾切除术 + 肠粘连松解术	19		
K35.3	急性阑尾炎伴局限性腹膜炎	47.0901	阑尾切除术	32		
K35.3	急性阑尾炎伴局限性腹膜炎		保守治疗	36		

3. 综合病种的划分

通过基础分组，将少于 15 例的组合纳入综合病种，与核心病种的分组方式没有差异，均是通过数据所呈现的共性特征对数据的分类。差别仅在于核心病种直接将治疗方式作为分组的依据，而综合病种则因为病例数量的关系需按照治疗方式的具体属性进行分组。通过大数据确定的治疗方式属性包括保守治疗、诊断性操作、治疗性操作、相关手术四个分类，按照如下方式对综合病种进行分组：

（1）保守治疗组。

将未包含手术及操作的组合作为保守治疗组合，按照诊断分类（ICD - 10第一位）进行聚类。

（2）诊断性操作组。

将操作（ICD - 10 医保 V1.0 版，ICD - 9 - CM - 3 医保 V1.0 版）属性为"诊断性操作"的组合，叠加主诊断类目（ICD - 10 医保 V1.0 版前三位）进行聚类，构建诊断性操作组。

（3）治疗性操作组。

将操作（ICD－9－CM－3 医保 V1.0 版）属性为"治疗性操作"的组合，叠加主诊断类目（ICD－10 医保 V1.0 版前三位）形成治疗性操作组，并依据严重程度分为三个等级，Ⅲ级包含呼吸机、气管插管、临时起搏器、中心静脉压监测等操作，Ⅱ级包含血液透析、骨髓穿刺等操作，其他操作归入Ⅰ级。

（4）相关手术组。

将操作（ICD－9－CM－3 医保 V1.0 版）属性为"手术"的组合，叠加主诊断类目（ICD－10 医保 V1.0 版前三位）聚类形成相关手术组，并进一步按手术操作所对应的复杂程度、资源消耗程度拆分为Ⅰ、Ⅱ、Ⅲ三个等级。

综合病种以再次收敛的形式建立分组，解决了分组过细操作不便、分组过粗交叉互补严重的问题，以客观的方式直观表达综合病种的数据特征。综合病种与核心病种共同构建了 DIP 目录体系，争取临床病例入组率的最大化，实现以统一标准对疾病资源消耗水平与临床实际成本的评价，增强了方法的完整性与可用性，避免病例纳入不全导致医疗机构产生各种不合理现象，更加细化、合理。综合病种的细分，解决了部分地方综合病种太粗的弊端。

还是以急性阑尾炎伴局限性腹膜炎为例，如果以上的组合均少于15例，即纳入综合病种进行重新组合，见表4－6：

表4－6　急性阑尾炎伴局限性腹膜炎综合病种聚类

诊断编码	诊断名称	操作编码	操作名称（治疗方式）	例数	次均费用	分值	重新分类
K35.3	急性阑尾炎伴局限性腹膜炎	45.2302	电子结肠镜检查	8			K35 诊断性操作组
K35.3	急性阑尾炎伴局限性腹膜炎	47.0100	腹腔镜下阑尾切除术	9			K35 开头手术组
K35.3	急性阑尾炎伴局限性腹膜炎	47.0100＋54.1903	腹腔镜下阑尾切除术＋腹腔切开引流术	12			K35 开头手术组
K35.3	急性阑尾炎伴局限性腹膜炎	47.0100＋54.5101	腹腔镜下阑尾切除术＋腹腔镜下肠粘连松解术	6			K35 开头手术组

（续上表）

诊断编码	诊断名称	操作编码	操作名称(治疗方式)	例数	次均费用	分值	重新分类
K35.3	急性阑尾炎伴局限性腹膜炎	47.0100 + 54.5903	腹腔镜下阑尾切除术 + 肠粘连松解术	8			K35 开头手术组
K35.3	急性阑尾炎伴局限性腹膜炎	47.0901	阑尾切除术	9			K35 开头手术组
K35.3	急性阑尾炎伴局限性腹膜炎		保守治疗	12			K 开头保守治疗组

通过以上分组，形成了由核心病种和综合病种组成的病种分值库——主目录。

四、DIP 目录分级

DIP 利用大数据的优势，对最细化目录向上进行逐层的聚类和收敛，形成一套包含三级目录的 DIP 主目录体系，满足不同的应用需求。

1. 三级目录（相当于 DRG 的 DRG 细分组）

三级目录基于大数据对同一诊断下不同治疗方式共性特征（相同诊断、治疗方式的资源消耗相近）的聚类组合，是 DIP 的基础目录库，其组内差异度小，用于拟合不同 DIP 的成本基线，确定支付标准从微观角度支撑疾病的按病种分值支付与个案审计。

三级目录按例数维度收敛形成核心病种与综合病种，可利用 CCI 指数、疾病严重程度、肿瘤严重程度以及年龄进行校正，以更精准地还原成本。

2. 二级目录（相当于 DRG 的 ADRG 组）

二级目录是在三级目录基础上的聚类，是相同诊断、不同治疗方法的组合，其资源消耗不尽相同，综合反映了同一诊断对于治疗方法选择的均衡性、治疗技术的难易程度，以及在此基础上不同医疗机构资源消耗的比较。

3. 一级目录（相当于 DRG 的 MDC 组）

一级目录基于诊断学对疾病分类的解读，与疾病诊断分类及代码（ICD – 10

医保 V1.0 版）的类目（前三位）相吻合，是对二级目录疾病诊断与治疗方式的聚合，可用于建立宏观层面医保资金的预估模型、支撑医保基金全面预算管理，实现区域资源的总体调控。

五、DIP 辅助目录

在主目录病种分组共性特征的基础上，建立反映疾病严重程度与违规行为监管个性特征的辅助目录。包括疾病严重程度辅助目录、违规行为监管辅助目录，如图 4-3 所示：

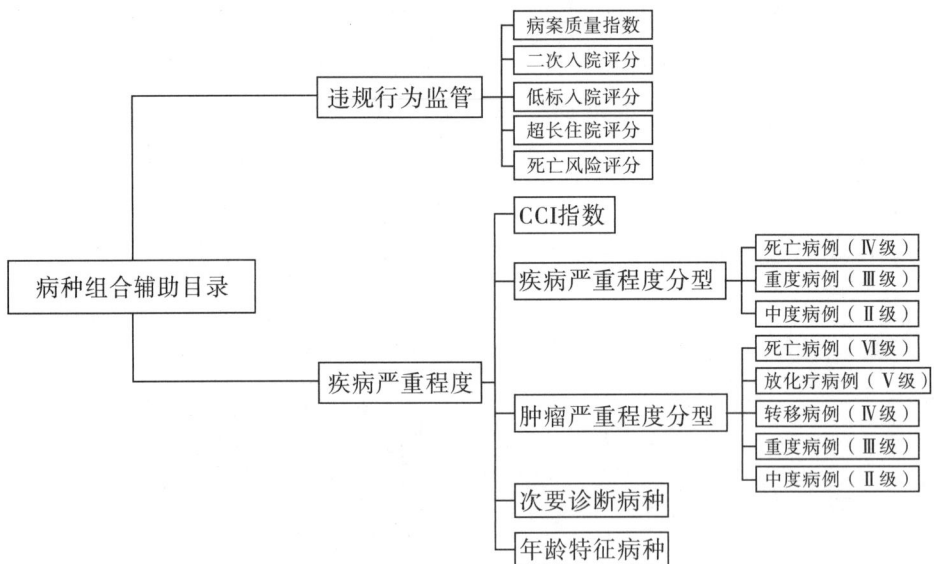

图 4-3 DIP 辅助目录

1. 疾病严重程度辅助目录

疾病严重程度辅助目录对应于收治患者复杂程度，基于疾病复杂性、多样性，在主目录的基础上结合次要诊断、年龄等相关因素，对病种分组内不同类型病例所反映出来的个性化规律进行挖掘，进而形成细化分类以更精准地还原成本，促进对医疗机构所收治每一例病例资源消耗的客观评价，从源头上降低医疗机构因利益驱动而选择患者的风险。疾病严重程度辅助目录包括 CCI 指数、疾病严重程度分型、肿瘤严重程度分型、次要诊断病种以及年龄特征病种 5 类辅助目录，具体如下：

（1）CCI指数。

在DIP的设计中，同一病案中有多个手术操作分类与编码时可将各编码叠加作为新的分类，但对同一个病案中有多个并发症/合并症的情况没有进行处理。CCI指数是为了解决当一个病例有多个严重程度较高的并发症/合并症时，如何更好地反映医疗成本，对病例进行精准支付的问题所构建的辅助目录。

CCI指数通过大数据建模技术，采用大量数据拟合不同分类下病例费用随诊断数量及诊断前4位编码的变化关系，测定每个诊断前4位编码的严重程度权重值。当一个病例有多个并发症时，可以通过严重程度权重值的数学组合对本次住院的并发症/合并症进行定量描述，从而使得原本大量的并发症/合并症编码转变为病例严重程度和资源消耗的数学度量，变不可比为可比。通过CCI指数，可以将病例的并发症/合并症严重程度分为极严重、严重、一般和无4个等级。

（2）疾病严重程度分型辅助目录。

疾病严重程度分型辅助目录可根据是否有并发症/合并症、并发症/合并症危及范围及死亡状态等疾病数据特征，将DIP内病例区的疾病严重程度分为中度、重度及死亡3级，客观反映疾病的复杂程度以及资源的消耗水平，进一步降低组合变异系数（CV），更好地契合成本，避免交叉互补。具体包括：

①死亡病例（Ⅳ级）。

死亡病例以住院天数3天为界分为两组，其中住院天数3天及3天以下的为Ⅳ－A级，住院天数3天以上的为Ⅳ－B级。

②重度病例（Ⅲ级）。

重度病例是病情较为严重，除主要诊断以外，同时具有"功能衰竭、休克、菌血症、脓毒血症"等全身系统性并发症/合并症的次要诊断，且住院天数3天以上的病例。

③中度病例（Ⅱ级）。

中度病例是除主要诊断以外，同时具有"重要器官病损＋重要脏器感染"等局灶性并发症/合并症的次要诊断，且住院天数3天以上的病例。

除根据以上规则已明确严重程度的病例外，将剩余病例作为Ⅰ级病例纳入次要诊断病种辅助目录进行评价与管理。

（3）肿瘤严重程度分型辅助目录。

肿瘤严重程度分型辅助目录是针对肿瘤DIP的特异化校正目录，其在疾病严重程度分型辅助目录的基础上叠加肿瘤转移、放化疗等将病例按照严重程度分为5级，以不同治疗方式对应疾病发展阶段，更加精准地反映疾病严重程度对资源消耗的影响，具体包括：

①死亡病例（Ⅵ级）。

死亡病例以住院天数 3 天为界分为两组，其中住院天数 3 天及 3 天以下的为Ⅵ - A 级，住院天数 3 天以上的为Ⅵ - B 级。

②放化疗病例（Ⅴ级）。

放化疗病例是肿瘤放化疗对资源消耗有显著影响，住院总费用明显高于同 DIP 其他病例的严重病例，其中Ⅴ - A 级为放疗严重病例，Ⅴ - B 级为化疗严重病例。

③转移病例（Ⅳ级）。

转移病例是肿瘤有转移或在其他部位有并发肿瘤（次要诊断中含有肿瘤的诊断，所属类目与主要诊断不同），且住院天数 3 天以上的病例。

④重度病例（Ⅲ级）。

重度病例是病情较为严重，除主要诊断以外，同时具有"功能衰竭、休克、菌血症、脓毒血症"等全身系统性并发症/合并症的次要诊断，且住院天数 3 天以上的病例。

⑤中度病例（Ⅱ级）。

中度病例是除主要诊断以外，同时具有"重要器官病损 + 重要脏器感染"等局灶性并发症/合并症的次要诊断，且住院天数 3 天以上的病例。

除根据以上规则已明确严重程度的病例外，将剩余病例作为Ⅰ级病例纳入次要诊断病种辅助目录进行评价与管理。

（4）次要诊断病种辅助目录。

将经综合评价确定为疾病严重程度较轻的病例纳入次要诊断病种辅助目录进行管理，合理评价次要诊断对病种分组内以住院天数、住院费用为表征的资源消耗的影响程度，对疾病个案进行校正以真实体现临床实际成本。

次要诊断病种辅助目录结合住院天数可划分为不同的级别：将住院天数 3 天及 3 天以下的病例作为Ⅰ - A 级；将仅有主诊断或次要诊断与主诊断无紧密关联、住院天数 3 天以上的病例作为Ⅰ - B 级。

（5）年龄特征病种辅助目录。

利用疾病与年龄之间的关系建立年龄特征病种目录，重点针对 18 岁以下及 65 岁以上的病种进行筛查，对个体差异、疾病严重程度等因素进行分析以确立合适的校正权重，实现基于数据特征的医保支付调节，引导医院针对患者的病情采取合理的治疗方案，从而避免推诿危重患者。

①18 岁以下病例。

大数据分析显示，儿科疾病资源消耗往往与年龄阶段有较高的关联度，按照新生儿期、婴幼儿期、学龄前期、学龄期、青春期等不同阶段的划分，对每阶段的特征病例进行识别，结合医疗资源消耗给定加权系数，客观拟合儿科疾病的成本消耗。

②65 岁以上病例。

老年疾病往往伴随并发症/合并症，且疾病严重程度差异性大，利用疾病严重程度分型辅助目录进行校正，对不同年龄段、不同严重程度的病例进行识别，结合医疗资源消耗给定加权系数，客观拟合老年疾病的成本消耗。

2. 违规行为监管辅助目录

违规行为监管辅助目录侧重于利用大数据所发现的医疗机构行为特征，建立针对违规行为的洞察发现与客观评价机制，以病案质量指数、二次入院评分、低标入院评分、超长住院评分以及死亡风险评分等指标引导医疗机构规范医疗行为，降低医疗机构组别高套、诱导住院、风险选择、分解住院的可能性，提高医疗质量。

第三节 DIP 实施细则

DIP 在各地具体实施过程中，除基本政策，还需要制定具体的实施细则，包括病种分值计算、费用偏差、年度清算等。

一、病种分值计算

病种分值：根据各病种及基准病种的次均医疗总费用，对照基准病种分值计算各病种分值。

病种分值的计算公式：

病种分值（RWi）=各病种的平均住院费用（mi）（不同诊疗方式组合）÷基准病种的平均住院费用（M）×基准病种分值（1000）。

基准病种的平均住院费用可以采用将区域内平均住院医疗费用或基准病种的次均医疗费用作为基准两种方法。基准病种通常是本地普遍开展、临床路径明确、并发症与合并症少、诊疗技术成熟且费用相对稳定的某一病种。M 指全部病例平均住院费用或某个基准病种的费用。mi 指第 i 类病种组合内病例的平均住院费用，为综合反映历年疾病及费用的发展趋势，以近三年的往期数据按照时间加权的形式计算该费用均值，如当前年度为 2019 年，则采用前三年历史数据，按照2016年：2017年：2018年 = 1：2：7的比例进行测算。

当病种的平均住院费用越大，说明消耗的医疗资源越多时，基准病种的平均住院费用不变，则病种分值越大，也就是说，某一病种分值越大，消耗的医疗资源越多，医保支付的费用也越多，即医保支付与临床消耗的医疗资源相一致。

表4-7　病种分值组合示例

诊断编码	诊断名称	操作编码	操作名称	分值	费用（元）
L08.9	皮肤和皮下组织的局部感染	83.0906	下肢软组织清创术	1031	13799.94
L08.9	皮肤和皮下组织的局部感染	83.4502	躯干部肌肉部分切除术	1440	19274.4
L08.9	皮肤和皮下组织的局部感染	86.0401	皮肤和皮下组织切开引流术	567	7589.295
L08.9	皮肤和皮下组织的局部感染	86.1101	保守治疗（含皮肤和皮下组织活组织检查）	815	10908.78
L08.9	皮肤和皮下组织的局部感染	86.2201	头、面、颈皮肤皮下组织伤口切除性清创术	1211	16209.24
L08.9	皮肤和皮下组织的局部感染	86.2202	躯干皮肤皮下组织伤口切除性清创术	1089	14576.27
L08.9	皮肤和皮下组织的局部感染	86.5901	皮肤裂伤清创缝合术（除外胸壁、腹壁）	658	8807.33
L08.9	皮肤和皮下组织的局部感染	86.6304	下肢全厚皮片游离移植术	2282	30544.57
L08.9	皮肤和皮下组织的局部感染	86.301	头皮病损切除术（伴松解）	283	3787.955
L08.9	皮肤和皮下组织的局部感染	86.401	皮肤病损根治性切除术	352	4711.52
L08.9	皮肤和皮下组织的局部感染	n（y）	保守治疗（含简单操作）	520	6960.2

（a）

诊断编码	诊断名称	诊断编码	诊断名称
L08.900	皮肤和皮下组织的局部感染	L08.906	颈部软组织感染
L08.901	头面颈部皮肤感染	L08.907	腹壁软组织感染
L08.902	躯干皮肤感染	L08.908	会阴部软组织感染
L08.903	上肢皮肤感染	L08.909	会阴炎性包块
L08.904	下肢皮肤感染	L08.910	足皮肤感染
L08.905	脐炎	L08.911	足软组织感染

（b）

从表4-7我们可以看到，取ICD-10前4位码与手术操作进行聚类，而ICD-10是6位码，以L08.9为例，6位码共有12个诊断，在聚类时，只要前4位码L08.9一致，均进入这个病种组合。相同的诊断（L08.9），不同的诊疗方式，消耗的医疗资源（费用）不一样，每一组的分值不一样，反映了消耗医疗资源与支付分值的关系。

二、基层病种

大部分的统筹区都会选择部分病种作为基层病种。基层病种主要选择权重系数（病种分值）低、适合在基层开展的病种。部分地区也根据历史数据测算三级、二级、一级医疗机构之间的次均费用数据作为权重系数的参考，大部分的地区采用同样分值，不再设置不同的权重系数，各地根据实际情况决定如何设置。表4-8以广州市为例。

表4-8 广州市社会医疗保险按病种分值付费病种分值表

序号	诊断编码	诊断名称	操作编码	操作名称	分值	备注
4	A08.0	轮状病毒性肠炎	n（y）	保守治疗（含简单操作）	225	基层病种
5	A09.0	传染性病因的胃肠炎和结肠炎，其他的	n（y）	保守治疗（含简单操作）	376	基层病种
6	A09.9	胃肠炎和结肠炎	n（y）	保守治疗（含简单操作）	349	基层病种

（续上表）

序号	诊断编码	诊断名称	操作编码	操作名称	分值	备注
59	A16.2	肺结核，未提及细菌学或组织学的证实	n（y）	保守治疗（含简单操作）	631	基层病种
63	A16.2	肺结核，未提及细菌学或组织学的证实	34.0401	保守治疗（含胸腔闭式引流术）	1314	基层病种
149	A75.3	恙虫病立克次体引起的斑疹伤寒	n（y）	保守治疗（含简单操作）	631	基层病种
163	B00.9	疱疹病毒感染	n（y）	保守治疗（含简单操作）	579	基层病种
166	B01.9	水痘不伴有并发症	n（y）	保守治疗（含简单操作）	274	基层病种
167	B02.2	带状疱疹累及其他神经系统	n（y）	保守治疗（含简单操作）	711	基层病种
171	B02.9	带状疱疹不伴有并发症	n（y）	保守治疗（含简单操作）	519	基层病种
173	B08.4	肠病毒性水疱性口炎伴有疹病	n（y）	保守治疗（含简单操作）	280	基层病种

三、DIP 入组原则

由于病人在住院诊疗过程中可能进行多个手术，在进行支付时，可能涉及多个病种组合，如何入组病种分值库，有相关的入组细则。下面以某地的病种入组规则为例，说明入组规则的理解正确与否，会影响以后的信息化、智能化规则和医保的过程管理。

规则一：医保结算清单的第一诊断（主要诊断）和手术操作编码与 DIP 病种目录库能完全匹配时，入组唯一匹配的病种。

规则二：医保结算清单的第一诊断（主要诊断）编码能匹配 DIP 病种目录库病种，但手术操作编码数量多于相关病种手术操作数量时，优先入组匹配手术操作数量最多的病种；如同时可匹配多个手术操作数量相同的病种时，优先入组手术类（含介入治疗，下同）病种，当均为手术类病种时，优先入组到手术级别为四级的病种（是否手术类按照 ICD-9-CM-3"foplb"项判断，手术级别按照"fopjb"项判断），当存在多个四级手术的病种时，优先入组该病例费用与 DIP 病种目录库中相关病种同级别次均费用（2018 年度取测算费用，从

2019 年度开始取上年度费用，当上年度某病种组次均费用缺失时仍取 2018 年度测算费用）最接近（病例的诊次费用—病种分值表中相关病种组同级别次均费用的绝对值最小）的病种；如费用最接近的病种出现两个以上不同分值时，取高分值的病种；如对应到的病种出现两个以上相同分值时，选其一。

规则三：医保结算清单的第一诊断（主要诊断）编码能匹配 DIP 病种目录库病种，但按上述规则仍未能入组，手术操作编码为空或全部为简单操作（ICD - 9 - CM - 3 "foplb" 项为 "治疗性手术操作" "诊断性手术操作" 归入简单操作，除外 00.4500、00.4600、00.4700、00.4800、00.4801、00.4802，除外手术操作编码根据 ICD - 9 - CM - 3 更新情况进行更新）的，入组到相应的 n（y）病种。

规则四：按上述规则均不能入组的病例归入综合病种。

上述入组规则的优先级为规则一 > 规则二 > 规则三 > 规则四。

归纳上述规则，可以总结如下：

表 4 - 9　DIP 入组原则

分值库对应诊断	手术操作是否对应到分值库组合	简单操作	入组
对上	是	有/无	对应组核心病种
对上	有手术、对应不上对应的分值库	有/无	综合病种
对上	无手术	有	保守治疗 n（y）
对上	无手术	无	保守治疗 n（y）
对不上	有/无	有/无	综合病种

例如，出院诊断如图 4 - 4 所示，手术操作如图 4 - 5 所示：

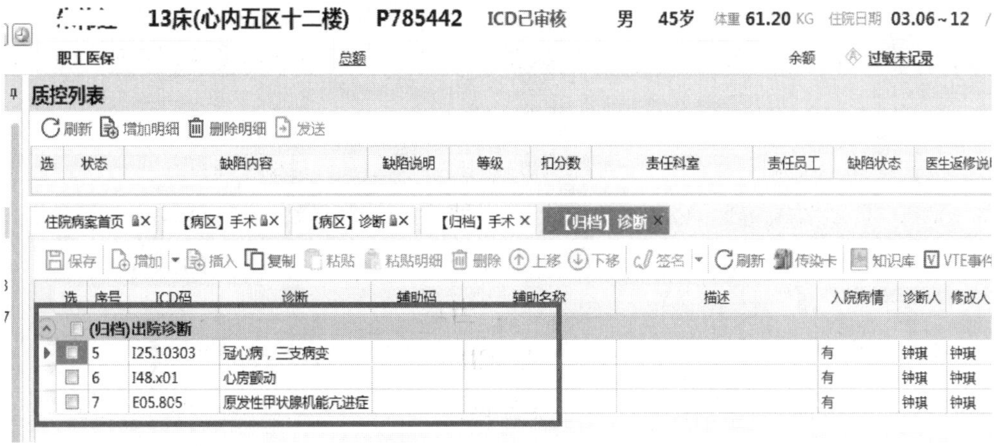

图 4 - 4　出院诊断

13床(心内五区十二楼)　P785442　ICD已审核　　男　45岁　体重 61.20 KG　住院日期 03.06~12

职工医保　　　　　　总额　　　　　　　　　　余额　　◇过敏未记录

质控列表

C 刷新　🖺增加明细　🗑删除明细　📄发送

选	状态	缺陷内容	缺陷说明	等级	扣分数	责任科室	责任员工	缺陷状态	医生返修说

住院病案首页 🖺×　【病区】手术 🖺×　【病区】诊断 ×　【归档】手术 ×　【归档】诊断 ×

🖺保存　🖺增加　🗑删除　🖺插入　📄复制　📋粘贴　↑上移　↓下移　C 刷新

选	类型	ICD码	手术名称	描述	级别	手术日期	术者	I助	II助
☐	手术记录	36.0701	药物洗脱冠状动脉支架植入术		四级	2018年03月09日 19时	刘媛	李捷	
☐	手术记录	00.6601	冠状动脉血管腔内成形术(PTCA)		四级	2018年03月09日 19时	刘媛	李捷	
☐	手术记录	00.4701	植入三根冠状血管支架		三级	2018年03月09日 19时	刘媛	李捷	
☐	手术记录	00.4001	一根冠状血管操作(扩张)		三级	2018年03月09日 19时	刘媛	李捷	
☐	手术记录	88.550101	冠状动脉造影术		二级	2018年03月09日 19时	刘媛	李捷	
☐	手术记录	37.610101	主动脉球囊反搏植入术--术中IABP置入		四级	2018年03月09日 19时	刘媛	李捷	

图 4 - 5　手术操作

病种分值库涉及出院诊断 I25.1 的病种分值组合如图 4 - 6、图 4 - 7 所示：

诊断码	诊断名称(2019)	操作码(2019)	操作名称	国临诊断	国临操作码	分值	次均费
I25.1	动脉硬化性心脏病	36.1201,36.1501	二根主动脉冠状动脉搭桥术/单乳房内(胸)动脉冠状动脉搭桥术	I25.1	36.1200,36.1500	7643	121611.7
I25.1	动脉硬化性心脏病	36.1201,36.1501,36.1901,39.6101	二根主动脉冠状动脉搭桥术/单乳房内(胸)动脉冠状动脉搭桥术	I25.1	36.1200,36.1500,36.1000x001,39 6100	9784	107759.7
I25.1	动脉硬化性心脏病	36.0001	非药物洗脱冠状动脉支架植入术	I25.1	36.0600	3033	77812.63
I25.1	动脉硬化性心脏病	36.1301,36.1501	三根主动脉冠状动脉搭桥术/单乳房内(胸)动脉冠状动脉搭桥术	I25.1	36.1300,36.1500	8871	184962.2
I25.1	动脉硬化性心脏病	36.1301,39.6101	三根主动脉冠状动脉搭桥术/体外循环辅助开放性心脏手术	I25.1	36.1300,39.6100	8871	128252.7
I25.1	动脉硬化性心脏病	36.1101,39.6101	一根主动脉冠状动脉搭桥术/体外循环辅助开放性心脏手术	I25.1	36.1100,39.6100	9356	200961.5
I25.1	动脉硬化性心脏病	37.8701	DDD永久心脏起搏器置换术	I25.1	37.8701	4962	66416
I25.1	动脉硬化性心脏病	88.4101	保守治疗(含脑血管造影)	I25.1	88.4101	2460	24324.6
I25.1	动脉硬化性心脏病	00.4101,00.4701,00.6601,36.0701,88.5501	二根冠状血管操作(扩张)/植入三根冠状血管支架/冠状动脉血	I25.1	36.0700,88.5500,00.4100,00.4700,00.6600	6377	88729.61
I25.1	动脉硬化性心脏病	36.1201	二根主动脉冠状动脉搭桥术	I25.1	36.1200	7643	134294.9
I25.1	动脉硬化性心脏病	00.6601,36.0701,88.5601	冠状动脉血管腔内成形术(PTCA)/药物洗脱冠状动脉支架植入	I25.1	36.0700,88.5600,00.6600	4427	60200.09
I25.1	动脉硬化性心脏病	37.7801	临时心脏起搏器置入术，经静脉	I25.1	37.7800	6418	85904
I25.1	动脉硬化性心脏病	36.1301	三根主动脉冠状动脉搭桥术	I25.1	36.1300	8871	118738
I25.1	动脉硬化性心脏病	36.1301,36.1501,36.1901,39.6101	三根主动脉冠状动脉搭桥术/单乳房内(胸)动脉冠状动脉搭桥术	I25.1	36.1300,36.1500,36.1000x001,39 6100	8871	220938.2
I25.1	动脉硬化性心脏病	36.1401,39.6101	四根或更多根主动脉冠状动脉搭桥术/体外循环辅助开放性	I25.1	36.1400,39.6100	8916	225510.3
I25.1	动脉硬化性心脏病	36.0701	药物洗脱冠状动脉支架植入术	I25.1	36.0700	3988	77040.15
I25.1	动脉硬化性心脏病	00.4501	植入一根冠状血管支架	I25.1	00.4500	4012	43490.23

图 4 - 6　诊断 I25.1 与手术操作对应病种组合

诊断码	诊断名称(2019)	操作码(2019)	操作名称	国临诊断	国临操作码	分值	次均费
I25.1	动脉硬化性心脏病	37.8301	DDD永久心脏起搏器置入术	I25.1	37.8301	5409	72399
I25.1	动脉硬化性心脏病	88.5701	保守治疗(含冠状动脉造影，多根血管)	I25.1	88.5701	1491	17544.89
I25.1	动脉硬化性心脏病	88.5601	保守治疗(含冠状动脉造影，两根血管)	I25.1	88.5600	1030	13122.02
I25.1	动脉硬化性心脏病	88.5501	保守治疗(含冠状动脉造影，一根血管)	I25.1	88.5500	921	12260.29
I25.1	动脉硬化性心脏病	37.2601	心电生理测定(EPS)	I25.1	37.2600x001	3191	42711
I25.1	动脉硬化性心脏病	37.8001	永久心脏起搏器置入术（装置类型未特指）	I25.1	37.8000x001	7095	94966
I25.1	动脉硬化性心脏病	36.1901,39.6101	主动脉冠状动脉用静脉搭桥术/体外循环辅助开放性心脏手术	I25.1	36.1000x001,39.6100	6907	117869.3
I25.1	动脉硬化性心脏病	37.6101	主动脉内球囊反搏术(IABP)（搏动性球囊置入术）	I25.1	37.6101	10182	164204.9
I25.1	动脉硬化性心脏病	37.9401	自动心脏复律器或除颤器切开置入术，全系统（AICD/ICD）	I25.1	37.9402	13013	139784.6
I25.1	动脉硬化性心脏病	37.8102	VVI永久心脏起搏器置入术	I25.1	37.8101	1546	20693
I25.1	动脉硬化性心脏病	n(y)	保守治疗(含简单操作)	I25.1	n(y)	638	9083.62
I25.1	动脉硬化性心脏病	36.1201,39.6101	二根主动脉冠状动脉搭桥术/体外循环辅助开放性心脏手术	I25.1	36.1200,39.6100	11039	238849.9
I25.1	动脉硬化性心脏病	89.5901	食道心房调搏	I25.1	89.5900x004	508	8133.85
I25.1	动脉硬化性心脏病	37.2601,37.3401	心电生理测定(EPS)/心脏病损腔内消融术	I25.1	37.2600x001,37.3401	5417	58768.65
I25.1	动脉硬化性心脏病	37.3401	心脏病损腔内消融术	I25.1	37.3401	5417	76963
I25.1	动脉硬化性心脏病	00.4001,00.6601	一根冠状血管操作(扩张)/冠状动脉血管腔内成形术(PTCA)	I25.1	00.4000,00.6600	2591	49445.81
I25.1	动脉硬化性心脏病	00.4001,00.6601,88.5501	一根冠状血管操作(扩张)/冠状动脉血管腔内成形术(PTCA)/冠	I25.1	88.5500,00.4000,00.6600	2372	48205.58
I25.1	动脉硬化性心脏病	00.4001,00.4601,00.6601,36.0701,88.5501	一根冠状血管操作(扩张)/植入二根冠状血管支架/冠状动脉血	I25.1	36.0700,88.5500,00.4000,00.4600,00.6600	4947	64443.14
I25.1	动脉硬化性心脏病	36.1101	一根主动脉冠状动脉搭桥术	I25.1	36.1100	5531	101924.8
I25.1	动脉硬化性心脏病	36.1101,36.1501	一根主动脉冠状动脉搭桥术/单乳房内(胸)动脉冠状动脉搭桥	I25.1	36.1100,36.1500	7145	175475.9
I25.1	动脉硬化性心脏病	00.4101,00.4601,00.6601,36.0701,88.5501	二根冠状血管操作(扩张)/植入二根冠状血管支架/冠状动脉血	I25.1	36.0700,88.5500,00.4100,00.4600,00.6600	4990	68089.31

图 4 - 7　诊断 I25.1 与手术操作对应病种组合

根据以上病种组合，本次住院可以入组的总共有 5 个组合（包括操作组合 36.0701；88.5501；37.6101；04.4001，00.6601；04.4001，00.6601，88.5501），按照入组原则，最终入组的是 I25.1，04.4001，00.6601，88.5501。

四、病种每分值费用（费率）确定

全市病种每分值费用（费率）＝全市年度按病种分值付费住院医疗总费用总额÷全市定点医疗机构年度分值总和。注意：年终才知道费率。

五、费用偏差病例分值确定

当医院收治的某一种病的病人住院后病情较轻，这时的住院费用可能较少；而病人住院后病情加重，出现并发症，住院费用可能超出正常水平较多，这时医保局采用费用异常病例的方式进行处理，即费用偏差。

定义：当病例医疗总费用在该病种上一年度同级别定点医疗机构次均医疗总费用的 50% 以下或 2 倍以上时，为费用偏差病例。其病种分值计算公式为：

费用在 50% 以下的病例病种分值＝该病例医疗总费用÷上一年度同级别定点医疗机构该病种次均医疗总费用×该病种分值（据实支付分值）。

费用在 2 倍以上的病例病种分值＝（该病例医疗总费用÷上一年度同级别定点医疗机构该病种次均医疗总费用－1）×该病种分值（超 2 倍部分补偿计算分值）。

费用偏差支付的设定是医疗机构治疗可能不足时，医保局即不按照标准分值支付（按照实际使用率支付分值），而当病人病情出现异常，病情较重，消耗的医疗资源（费用）较高时，超过 2 倍部分的费用折算成分值予以补偿，是补偿机制的体现，体现了合理适度的诊疗支付机制。

在整个支付的过程中，均体现的是分值支付，模糊了诊疗和支付的费用的直接关系。住院费用（使用率）与分值支付举例如图 4-8 所示。

诊断名称	操作名称	三级上年度次均费用	标准分值	本次住院费用	使用率46%(小于50%)支付分值	支付费用(14.5/分)	超额/结余	本次住院费用	使用率70%(50%-200%)支付分值	支付费用(14.5/分)	超额/结余	本次住院费用	使用率305%(大于200%)支付分值	支付(14.5/分)	超额/结余	标准分值支付
急性乙型肝炎，不伴有δ因子(共同感染)，也不伴有肝昏迷	保守治疗(含简单操作)	9494.86	783.00	4367.63	360.18	5222.61	854.98	6646.40	783.00	11353.50	4707.10	28959.31	1605.15	23274.68	-5684.64	11353.5
急性胃溃疡伴有出血	保守治疗(含简单操作)	10827.88	697.00	4980.83	320.62	4648.99	-331.84	7579.52	697.00	10106.50	2526.98	33025.05	1428.85	20718.33	-12306.72	10106.5
急性胃溃疡伴有出血	保守治疗(含胃镜检查)	14101.34	649.00	6486.61	298.54	4328.83	-2157.78	9870.94	649.00	9410.50	-460.44	43009.08	1330.45	19291.53	-23717.55	9410.5
急性胃溃疡伴有出血	保守治疗(含食管胃十二指肠镜检查(EGD))	9188.64	649.00	4226.78	298.54	4328.83	102.05	6432.05	649.00	9410.50	2978.45	28025.36	1330.45	19291.53	-8733.84	9410.5

图 4-8　住院使用率与分值支付（超额/结余）举例

举例说明：病种组合—急性乙型肝炎保守治疗，在不同住院费用情况下支付分值不一样，支付分值首先计算使用率。三级医院上年度次均费用9494.86元，病种组合标准分值783.00分。

（1）当本次住院费用为4367.63元时，使用率＝4367.63÷9494.86×100%＝46%，使用率小于50%，支付分值＝使用率×标准分值＝46%×783.00＝360.18分，预测分值单价14.5元，医保支付费用＝360.18×14.5＝5222.61元，本次住院结余＝5222.61－4367.63＝854.98元，略有结余。

（2）当本次住院费用为6646.40元时，使用率＝6646.40÷9494.86×100%＝70%，使用率在50%~200%，支付分值＝标准分值＝783.00分，预测分值单价14.5元，医保支付费用＝783×14.5＝11353.50元，本次住院结余＝11353.50－6646.40＝4707.10元，结余4707.10元。

（3）当本次住院费用为28959.31元时，使用率＝28959.31÷9494.86×100%＝305%，使用率超过200%，支付分值＝（305%－1）×标准分值＝1605.15分，预测分值单价14.5元，医保支付费用＝1605.15×14.5＝23274.68元，本次住院结余＝23274.68－28959.31＝－5684.64元，超额5684.64元。

六、特殊病例分值确定

对于部分病情比较复杂、疑难危重的住院病人，住院费用可能远远超出支付标准，费用偏离度较大，大部分地区设置了特殊病例申请。费用超过支付标准5倍的病例，可以考虑申请特殊病例，但必须符合一定的条件，各个地区的限制条件不同。下面是某一地区申请特殊病例的条件和其他相关规定：

1. 特殊病例分值

特殊病例分值（F6）等于该病例实际医疗费用（E1）与上年度病种每分值费用（C1）的比值，即：$F6 = E1 \div C1$。

从以上公式分析，特殊病例分值与上年度分值单价相关，如果本年度的分值单价高于上年度，则特殊病例支付的费用就不会超额，反之则出现超额。

2. 符合以下条件之一的病例，可申请纳入特殊病例范围

（1）该病例住院天数大于该医疗机构当年度平均住院天数5倍以上；

（2）该病例实际医疗费用（E1）超出该病例实际分值与上年度病种每分值费用的乘积，且超出金额为该医疗机构年度前10位；

（3）该病例的监护病房床位使用天数大于等于住院床位使用总天数的60%；

（4）运用创新医疗技术（指 3 年内获得国家、省自然科学奖、技术发明奖、科学技术进步奖的医疗技术或治疗手段）的病例；

（5）运用经市卫生健康行政部门评审认定、公布的临床高新技术、临床重大技术和临床特色技术的病例。

符合以上条件的病例由定点医疗机构向市医保经办机构提出按特殊病例结算的申请，申请病例数不超过各定点医疗机构当年度按病种分值付费人次的千分之一。市医保经办机构根据市医保支付制度评议组织评议结果，对评议通过、经审核后符合医保规定的特殊病例费用重新核定分值，不再纳入辅助分型病例、费用偏差病例计算。

各地对于申请特殊病例的例数，均有不同的规定，千分之一是最低的申请比例。

七、关于转科

各地对于患者住院期间出现转科的问题采取的方法很多，部分地区没有细分转科的问题，即不增加分值，因为在统计病种费用时，采取的历史数据包含了转科和没有转科的平均数；部分地区规定无论转科多少，只要从一个科室转另一个科室治疗，两次均完成全部治疗治愈出院者，则按两个病种的分值分别结算；部分地区按出院主要诊断疾病分值乘 1.8 倍计算。

优点：避免分解住院，方便患者。

缺点：医院可能为增加分值，将不必转科的病人进行转科。

八、全市年度住院统筹基金支出总额

以年度住院医保基金预算支出为基础，扣除区域调节金、异地就医费用、不纳入 DIP 付费等费用，确定年度 DIP 医保基金支出。

全市年度住院统筹基金支出总额 = 全市上年度住院统筹基金实际支出总额 ×（1 + 全市年度住院统筹基金支出增长率）+ 全市年度按病种分值付费调节金支出总额。

全市年度住院统筹基金支出增长率 =（全市上年度参保人员住院就医人数增长率 +1）×（本市上年度医疗保健消费价格同比增长率 +1）-1。

各地方根据实际情况设立统筹地区年度按病种分值付费调节金，主要用于年度清算时的合理超支分担。

全市年度按病种分值付费调节金支出总额＝全市上年度按病种分值付费调节金支出总额×（本市上年度医疗保健消费价格同比增长率＋1）。

九、权重系数确定

在病案首页聚类统计过程中，数据来源于所有医疗机构，每一个病种组合的分值是由所有医疗机构的病种组合平均住院费用折算而成，涵盖了各级医疗机构。应综合考虑定点医疗机构的级别、功能定位、医疗水平、专科特色、病种结构、医保管理水平、协议履行情况等相关因素，设定定点医疗机构等级系数，区分不同级别、不同管理服务水平的定点医疗机构分值并进行动态调整。

1. 基本权重系数

以不同级别医疗机构相同病种（不含综合病种）医疗费用比例关系作为基本权重系数，三级医院初始值设置为1。

例如，三级医院：二级医院：一级医院＝1：0.702：0.504，即如果某一病种组合标准分值100分，支付三级医疗机构即100分，支付二级医疗机构＝100×0.702＝70.2分，支付一级医疗机构＝100×0.504＝50.4分。

2. 加成权重系数

各地医保经办机构在基本权重系数的基础上，考虑医疗机构的功能定位、救治能力、医疗水平等，设置不同的加成权重系数。以某一地方加成权重系数为例：

（1）CMI加成系数。CMI≥1时，加成1个百分点；CMI每增加0.1，依次多加成1个百分点。最高加成10个百分点。

CMI即定点医疗机构病例组合指数，可综合反映定点医疗机构的收治病种结构及能力。计算公式为：某病种分值＝该病种次均总费用÷基准病种次均总费用（×1000）；某定点医疗机构CMI＝该院所有病例总分值÷该院总例数（÷1000）。

（2）老年人加成系数。定点医疗机构60岁（含）以上老年人住院人次占比大于等于全市平均水平时，加成1个百分点；平均水平上每增加0.1，依次多加成1个百分点。最高加成5个百分点。激励基层医院多收老年病患，引导分级诊疗。

（3）医保分级管理等级评定加成系数。定点医疗机构分级管理等级评定为AAA级的，加成1.5个百分点；分级管理等级评定为AA级的，加成0.5个百分点。

这是医保管理部门对医疗机构进行的等级评定，有利于加强医保管理部门的管理力度。

（4）"高水平医院建设"定点医疗机构加成系数。属于"高水平医院建设"定点医疗机构的，加成0.5个百分点。

部分地方政府为了提高当地的医疗水平，设立"高水平医院建设"，将少数当地的水平较高的医院纳入"高水平医院建设"，给予政策等方面支持，帮助医院提高医疗水平。

（5）重点专科加成系数。有国家、本省或本市卫生部门评定的重点专科的定点医疗机构加成0.5个百分点。重点专科只定性，不计数。同一证照的，则各院区均加成，否则只加成获得认证的院区。

不同的地区对国家、省市的重点专科有细化和不同的加权，具体由各地具体制定。

（6）区域医疗中心加成系数。为支持区域医疗中心（包括国家级、省级）开展新技术，收治区域内疑难危重病人，给以医保加权1%～2%。

（7）儿童患者比例加成系数。定点医疗机构6岁（含）以下儿童住院人次占比大于等于全市平均水平时，加成1个百分点；平均水平上每增加0.1，依次多加成1个百分点。最高加成5个百分点。

定点医疗机构级别、相关资质或评级指标，以年度结束时状态为准。

医疗机构最终的权重系数＝基本权重系数＋加成权重系数，每家医疗机构的权重系数都不一样，与医疗机构的医疗、管理水平相一致。

十、权重系数的扣减

有些医保经办机构在设置加成权重的同时，对于某些情形的出现也设置了扣减系数，以某地扣减权重系数为例：

1. 二次住院系数

定点医疗机构出院参保人在3天内（含3天）再入院（含本院和其他定点医疗机构，已办理转院备案或医疗机构自行办理住院费用合并计算的病例除外）的人次占比超过20%，扣减1个百分点；再入院人次占比每增加10个百分点，多扣减1个百分点，最高扣减5个百分点。本项扣减权重系数仅考核转出的定点医疗机构。

2. 次均费用增长率

部分医保经办机构设置了次均费用增长率，超过的也给以扣减系数。

十一、年度考核系数

各地医保经办机构均会对医疗机构进行年度考核，并将其作为 DIP 付费的考核目标。包括对定点医疗机构年度履行协议、执行医保政策情况进行考核，为确定 DIP 年度预清算支付金额、年度清算标准等提供依据。

建立 DIP 专项考核评价，可纳入定点医疗机构协议考核，采用日常考核与现场考核相结合的方式，协议考核指标应包括 DIP 运行相关指标。

考核指标与定点医疗机构绩效考核相结合，确定各项指标的考核方式、评分主体、评分标准，确保指标评价的客观性及可操作性。将各定点医疗机构考核结果应用于各定点医疗机构 DIP 年度预清算。

例如，广州市的年度考核内容包括：

（1）广州市医疗保障定点医疗机构落实医疗保险、生育保险政策，执行服务协议书情况。

（2）广州市医疗保障定点医疗机构开展家庭医生签约服务情况。

（3）市直医保定点医疗机构落实市直医保政策、执行医疗服务协议书情况。

考核包括考核自评、现场考核、综合评审。涵盖 6 个一级指标、34 个二级指标，共 1000 分。

广东省也于 2021 年开展全省三级医院的医保服务评价，共涵盖 5 个一级指标、13 个二级指标、50 个三级指标。广东省的医保服务评价与国家绩效考核评价方法相近，可能成为以后医保 DIP 付费的考核标准，与 DIP 付费挂钩。

十二、病例评审

有条件的地区可定期开展病例评审，组织专家对实施 DIP 的偏差病例、特殊病例等按比例抽检。病例评审结果与年度清算挂钩。广州市多年来均实施病例评审并且与医保支付挂钩。在实施 DIP 付费后，目前具体方法如下：

市医保经办机构组织病例评审，根据评审结果确定支付比例。病例医疗费用偏差系数（$R4$）＞2.5 的病例纳入评审范围。病例评审具体办法和标准由市医保经办机构制定，报市医疗保障行政部门审定后执行。

病例评审扣减金额（$D1$）＝纳入评审范围病例的记账费用总额 ×（1 − 病例评

审支付比例）。

病历是医疗行为的文书记载，病案首页是 DIP 付费的基础资料，所以，规范医疗行为，保证病案质量，是 DIP 付费最基础和最重要的关键环节。

由于各地的情况不同，各地医保经办机构可以根据实际情况制定相关政策。

十三、月度预结算

定点医疗机构申报月度结算费用可按照一定比例按月予以预结算，暂未拨付的部分纳入年度清算处理。也可根据地方实际按月结算。

以某一地区为例，其以各定点医疗机构当月申报的纳入 DIP 结算范围病例发生的统筹基金记账金额为基数，由医保经办机构按照 95% 的比例预拨付给各定点医疗机构。有条件的地区也可以按照每月医保局公布的预算点值计算医疗机构的支付费用×95% 进行支付，前提是每月有预算点值、医疗机构总分值。

十四、年度清算

根据基金收入、DIP 医保基金支出，结合协议管理、考核、监测评估等因素，开展年度清算，清算年度为每年 1 月 1 日至当年 12 月 31 日，每一病例以费用结算数据和医保结算清单均上传完成时间为准。

年度清算主要包括以下内容：

（1）计算统筹地区年度总分值，根据全市可支付 DIP 的基金计算点值。

（2）根据点值和各定点医疗机构的年度分值，确定各定点医疗机构的预清算总额。

（3）综合考虑定点医疗机构经审核扣减后的医保基金支付金额、DIP 年度预清算支付金额、协议管理情况、区域调节金等因素，计算结余留用或超额补偿金额，确定各定点医疗机构的年度医保基金支付金额。

（4）核定各定点医疗机构 DIP 年度医保基金支付金额和按月度预付金额之间的差额，向定点医疗机构拨付医保基金。

（5）定点医疗机构年度总分值：定点医疗机构年度分值（Fn）=［核心（综合）病种病例累计分值（$\sum F1$）+辅助分型病例累计分值（$\sum F4$）+费用偏差病例累计分值（$\sum F5$）］×定点医疗机构系数（$R1$）+基层病种病例累计分值（$\sum F2$）×基层病种系数（$R2$）+床日病种病例累计分值（$\sum F3$）×床日病种系数（$R3$）+特殊病例累计分值（$\sum F6$）。

（6）定点医疗机构年度统筹基金预决算支付金额。

根据各定点医疗机构年度总分值、分值单价、权重系数、年度考核计算各定点医疗机构年度统筹基金预决算支付金额：各定点医疗机构按病种分值付费年度统筹基金预决算支付总额（Tn）以其年度分值（Fn）与全市当年度病种每分值费用（$C2$），结合该医疗机构年度按病种分值付费医疗费用统筹基金支付率（$R6$）、年度考核系数（$R7$）和费用明细审核扣减金额（$D2$）等综合确定。定点医疗机构年度考核方法由市医保经办机构制订，并根据各医疗机构考核结果确定年度考核系数（$R7$）。

$Tn = Fn \times C2 \times R6 \times R7 - D2$。其中，各定点医疗机构年度按病种分值付费医疗费用统筹基金支付率（$R6$）等于该医疗机构按病种分值付费累计记账费用（$P\Sigma$）与其医疗费用的比值。

各定点医疗机构按病种分值付费年度统筹基金预决算支付总额 = 定点医疗机构年度总分值 × 全市当年度病种每分值费用（费率）× 当年度定点医疗机构住院实际医疗总费用统筹基金支付率 × 年度考核系数 − 审核扣减金额。

（7）定点医疗机构按病种分值付费支付系数（使用率）。

上文提到的是根据医疗机构的年度得分计算的可支付预决算支付金额，医疗机构收治患者还有实际产生的住院费用（统筹基金），医保经办机构是否全额支付按病种分值付费年度统筹基金预决算支付总额，还要考核实际产生的住院费用与按病种分值付费年度统筹基金预决算支付总额的系数，就是结余留用和合理超额分担的机制。具体如下：

各定点医疗机构按病种分值付费支付系数（$R8$）等于该医疗机构按病种分值付费扣减后累计记账费用（$P2$）与其统筹基金预决算支付总额（Tn）的比值，即：$R8 = P2 \div Tn \times 100\%$。

年度支付系数（使用率）= 实际产生的住院费用（统筹基金）÷ 按病种分值付费年度统筹基金预决算支付总额 × 100%。

（8）定点医疗机构按病种分值付费统筹基金决算支付总额。

不同的统筹区设置不同支付系统的结余留用标准，目前部分地区设置了60%～115%的结余留用和超额分担，并且分层计算。下面以某一地区为例：

①年度支付系数（使用率）$R8 < 85\%$ 时，各定点医疗机构按病种分值付费统筹基金决算支付总额（Jn）等于该医疗机构按病种分值付费扣减后累计记账费用（$P2$）减去病例评审扣减金额（$D1$），即：$Jn = P2 - D1$。据实支付，医疗机构没有超额也没有结余。

②$85\% \leqslant R8 \leqslant 100\%$ 时，年度内定点医疗机构未因违反医疗保险有关规定受到市医疗保障部门责令限期整改、暂停服务协议等处理的，Jn 等于该医疗机构按病种分值付费年度统筹基金预决算支付总额（Tn）减去病例评审扣减金额

（$D1$），即：$Jn = Tn - D1$；受到责令限期整改处理的，$Jn = P2 + (Tn - P2) \times 70\% - D1$；受到暂停服务协议等处理的，$Jn = P2 - D1$。医疗机构有15%的结余空间，为医疗机构诊疗服务最合理期间，是医疗机构的最佳控费目标。

③当 $100\% < R8 < 115\%$ 时，Jn 等于该医疗机构按病种分值付费年度统筹基金预决算支付总额（Tn）与调节金（An）之和减去病例评审扣减金额（$D1$），即：$Jn = Tn + An - D1$。

启用调节金补偿，其与医疗机构的医保分级管理等级相关，具体补偿办法如下：

年度内定点医疗机构未因违反医疗保险有关规定受到市医疗保障部门责令限期整改、暂停服务协议等处理的，An 等于定点医疗机构超预算金额（$D3$）乘以调节金支付系数（$R9$），即：$An = D3 \times R9$（AAA 级、AA 级及其他医疗机构的 $R9$ 分别为 80%、75%、70%）；受到责令限期整改处理的，$An = D3 \times R9 \times 70\%$；受到暂停服务协议等处理的，$An = 0$。$D3$ 等于各定点医疗机构扣减后累计记账费用总额（$P2$）与其预决算支付总额（Tn）的差额且在其预决算支付总额（Tn）15%（含15%）以内的部分，即：$D3 = Tn \times (R8 - 1)$，当 $R8 > 115\%$ 时，取 115%。

An 在全市年度按病种分值付费调节金支出总额（A）中支出。当全市各调节金累计金额（$\sum An$）大于全市年度按病种分值付费调节金支出总额（A）时，由全市年度按病种分值付费调节金支出总额（A）按比例（$A / \sum An$）支付。

④当 $R8 > 115\%$ 时，超额 100% ～ 115% 按照上述补偿，超过 115% 的部分不予支付。

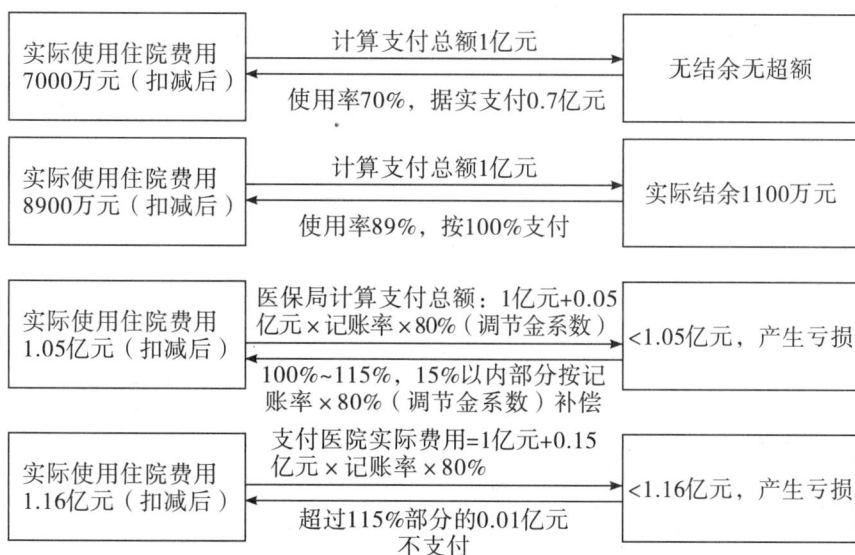

图 4-9　结余留用和合理超额负担示意图

十五、DIP 政策要点

1. DIP 分值组合

以病人出院诊断 + 住院期间诊疗方式（保守治疗、手术、治疗性操作、诊断性操作），组成病种组合，与病种分值库匹配入组，确定支付分值（点数），资料来源于病案首页。

2. 分值支付

对于每例出院医保病人，医保经办机构根据规则确定支付分值，如何支付与使用率相关，单例病人费用使用率 = 实际住院费用 ÷ 上年度同级别该病种组合次均费用 × 100%。表 4 - 10 以某一地区为例：

表 4 - 10　分值支付举例

使用率（实际住院费用 ÷ 上年度同级别住院次均费用）	支付分值	例子		
		标准分值	使用率	支付分值
使用率 < 50%	使用率 × 标准分值	100	40%	40% × 100 = 40
50% ≤ 使用率 < 100%	标准分值	100	70%	100
100% ≤ 使用率 ≤ 200%	标准分值	100	150%	100
使用率 > 200%	（使用率 - 1）× 标准分值	100	300%	（300% - 1）× 100 = 200

3. 费用控制目标

医保费用的控制目标，是在保证医疗质量安全的前提下合理诊疗，采用适宜技术为患者提供医疗服务，既不能治疗不足，也不能过度医疗。应科学合理地将费用控制在一定区间。

科室控制最佳目标：

（1）每例费用：某病种每例住院费用使用率在该病种基准费用的 50%～100%，按标准分值支付，是控费最佳目标。

（2）所有病例总的住院费用（费用使用率）：控制在医保局可支付费用的 85%～100%。由于收治病人可能会有或者没有并发症，或病情不同，有些病人可能结余，有些可能超额，总体保持在使用率 100%，尽量避免超额。

全院控制最佳目标：

所有病例总的住院费用（费用使用率）：控制在医保局可支付费用的85%～100%。

以上控费目标，必须结合当地政策制定。

十六、重点把握政策要点

（1）计算费用为总的住院费用，包括自费费用。

（2）把握个例和全院的支付费用计算，明确控费目标。

（3）分值支付与出院主要诊断和不同的治疗方式有关，关键是病案首页质量。

（4）更新观念，抛弃以往的次均费用和医院总额的思维。

十七、DIP 付费实施的特点

（1）数据驱动，标准先行：统计数据来源于历史数据、病案首页。

（2）尊重客观，科学测算：尊重历史存在的客观现实，以历史数据进行测算。采用区域总额控制，费用测算采用总住院费用打包付费（含自费）。

（3）DIP 付费，医保局定工分，医院挣工分；从过去的"分蛋糕"到 DIP 付费"抢蛋糕"方式，医疗质量、专科建设、医疗服务等方面的水平决定了"蛋糕"的份额。从医院与医保的博弈变成医院间的竞争，倒逼医院不断提升自身竞争力。

（4）病组分值高低与疾病复杂程度、消耗的医疗资源一致。

（5）入组与病案首页质量密切相关。

（6）费率年终才能明确，未知因素较多。

（7）合理超额分担、结余留用。

（本章撰写人：广东省人民医院陈维雄）

第五章

按病种分值付费（DIP）与医院医保精细化管理

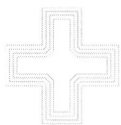

按病种分值付费（DIP）是一种全新的支付方式，医院面临新的挑战。面对挑战，医院只有加强按病种分值付费精细化管理，才能在按病种分值付费新政中不断发展，立于不败之地。

一、医院面临的挑战

（1）新结算方式的挑战。

按病种分值付费，是区域总额控制下，以疾病为基础，结合不同治疗方式的付费方式，与以往按次均费用和医院总额付费完全不同。医院收治疑难危重病人，分值高，医保支付的费用也多；同时，由于采用区域总额，收治患者多的医院，医保支付的费用也多。对于这种全新的结算模式，必须进行深入研究，读懂读透，才能正确把握政策方向。

（2）最大挑战：控费目标未知。

虽然按病种分值付费的病种分值库相对固定，但每一分费用在年终才能知道，全市病种每分值费用＝全市年度按病种分值付费住院医疗总费用总额÷全市定点医疗机构年度分值总和。所以医院在整个治疗过程中并不知道每一病种的费用支付标准，给控费的过程管理带来一定的挑战。

（3）结构调整的挑战：分级诊疗，不同级别收治不同的病人。

以往次均费用结算，当医院收治费用较高的疑难危重病人时，为了摊低次均费用，可能会收治一些相对病情轻的病人，特别是一些大型的医院。在实行按病种分值付费以后，医保局按疾病轻重及不同的诊疗方式赋予不同的分值（费用），大型医院收治疑难危重病人后不会因为次均和总额超额的问题而收治病情轻的病人，可推动分级诊疗。因此，不同的医院应该根据不同的级别收治与其功能定位一致的病人，调整收治结构。

（4）费用控制压力的挑战：与费用不明确相关。

二、医院应对管理策略

病种分值每一分的费用要在年终才能知道，意味着每一病种的费用也要年终才能知道。在诊治过程中，医院在保证医疗质量、安全的前提下，严格按照"四个合理"进行诊治，合理控制医疗费用，但由于费用不明确，控费压力也随之增大。面对政策，医院应该做什么？如何做？

按病种分值付费涉及医院的医保、医务（病案科）、财务、信息多个职能管理部门及所有临床科室，必须在医院统一领导下，各个部门各司其职，才能做好管理工作。由于费用的不确定性，医院要把握既治好病，又不出现医保超额的度，合理控制费用，必须有科学和可行的分析，做到可预测和有前瞻性。

（1）医院从顶层设计到医保、医疗、信息、财务、临床科室等全面参与。在保证医疗质量、安全的情况下做到"四个合理"，进行精细化管理，合理、科学控制医保费用。

（2）领导重视：建立院、职能处室、临床科室的三级管理体系。成立以主管领导为组长，各职能处室负责人为成员的按病种分值付费领导小组，统筹全院工作，开展管理、科研工作。召开全院中层干部会议专题解读新政策。

（3）积极参与：积极参与医保局的会议，提出合理化建议；按医保局要求及时上报相关数据。

（4）宣传：全员参与、宣传培训。

（5）费用管控：精读政策、精心测算结合政策，抓住重点指标制定病种费用管控目标、重点管控目标。

（6）信息化建设：费用监控系统、费用统计、智能提醒等。

（7）绩效考核。

第一节 体系建设

按病种分值付费（DIP）是一种全新的支付方式，涉及医疗各个部门，需要相互配合，落实主体责任。应实施主管院领导领导下的 DIP 管理委员会 + 行政 MDT 管理等创新性管理理念。

一、成立 DIP 管理委员会等管理机构

医院成立院长领导下的 DIP 管理委员会，下设 DIP 工作领导小组，由院长任组长，主管医保副院长任副组长，各分管副院长为小组成员；设立主管医保副院长任组长的 DIP 工作小组，负责日常 DIP 统筹、管理，政策具体落实，工作方案制定等，工作小组的职责如下（举例供参考）：

（1）在院长的领导下，贯彻落实医院有关按病种分值付费的决策，开展按病种分值付费的具体工作。

（2）负责收集、研究国家、省市的按病种分值付费政策，提出应对方案供

院领导参考，形成决策。

（3）负责制订按病种分值付费工作计划，督办、检查、指导、评估按病种分值付费工作。

（4）负责与医保经办机构、医院相关部门进行按病种分值付费的协调联系，根据医院关于按病种分值付费的决策，与医保经办机构相关部门沟通反映，争取获得上级及政策的支持。

（5）负责收集医保经办机构的政策并汇编成册，编写工作简报。

（6）开展按病种分值付费的培训工作。医保由医保处负责，病案由医务处负责，收费由财务处负责，信息上传由信息处负责。培训实行全项目培训，各部门各自准备，集中统一培训。

（7）负责医院领导交办的其他工作。

二、建立 DIP 管理委员会、职能处室、临床科室三级管理架构

医院成立院长领导下的 DIP 管理委员会，下设 DIP 工作领导小组，由院长任组长，主管医保副院长任副组长，各分管副院长任成员；设立主管医保副院长任组长的 DIP 工作小组，负责日常 DIP 统筹、管理，政策具体落实，工作方案制订等。

职能处室主要由医保处（科）牵头，负责具体的 DIP 管理。

临床科室是 DIP 的具体政策执行科室，实行科主任负责制，由科室医保质控员负责具体管理工作。

三、开展行政 MDT 管理

DIP 的实施，不仅是医保管理的工作，还涉及医务（医疗质量、医疗行为）、病案、财务、信息、药学、耗材等相关处室，只有各部门相互沟通协调，落实责任制，才能使 DIP 的工作开展得更好。

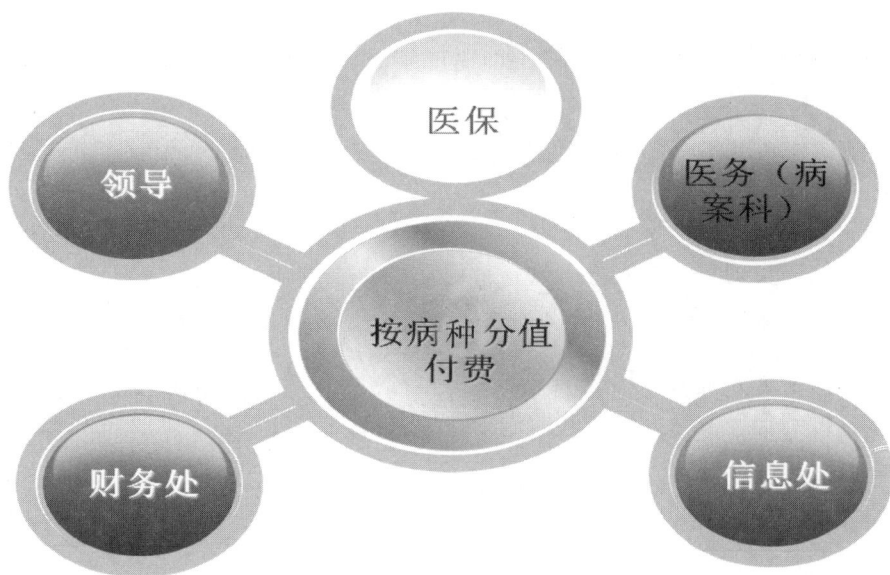

图 5-1 行政 MDT 管理示意图

1. 医务部门

医院的医疗质量管理、专科建设、医疗服务水平等均由医务部门管理。通俗来讲，医务部门是医院的"生产大队长"，管理医院产品质量的高低、好坏，在提升医疗质量、规范医疗行为、加快医疗运行效率、管控医疗成本、实施临床路径等方面发挥统筹、组织、实施、推进、考核等管理职能。医院医疗质量、医疗水平不仅是医院的基础，也是实施 DIP 最基本、最重要的条件。所以，只有不断提高医疗技术水平，按医院的功能定位收治病人，提高核心竞争力，规范医疗行为，才能在 DIP 政策下取得更好的成绩。

2. 病案科

DIP 支付的资料来源于病案首页，病案首页出院诊断填写的准确性、手术操作编码填写的完整性影响到入组的准确性，也影响到 DIP 支付。医师是病案首页填写的第一关，编码员是病案首页填写的审核者、守门员，只有医师、编码员充分认识病案首页的重要性，才能保证病案首页的质量。

病案科主要负责医院病案质量管理，培训医师按照病案填写指南准确完整填写病案首页，把好归档病案质量关，保证病案质量，及时、准确、完整上传病案首页和医保结算清单，既要严防高套分值等违规行为，也要准确编码，防止低套分值对医院造成不必要的损失。

由于病案首页与 DIP 密切相关，编码员不仅要具有病案填写编码的专业知识，也必须学习、熟悉 DIP 的政策，才能准确地填报病案首页和医保结算清单，保证 DIP 支付的合理性。

3. 财务部门

在 DIP 支付方式下，医院财务部门需加强医疗成本控制，将财务管理融入 DIP 管理全流程。通过管控成本，降低医疗费用，将费用控制在合理区间。在绩效方面，既要考虑成本考核，同时也要结合 DIP 的结余/超额，将成本率与医保结算盈亏综合管理，才能更准确地把握医院的真正效益。

在 DIP 具体操作方面，财务部门必须准确上传住院明细费用清单，及时准确提交医保申报表，协助医保管理部门进行医保预算管理，管控成本，开展收费内控，做到合理收费，严防多收费、乱收费等违规行为，保证基金安全。

4. 信息部门

除了医师、编码员准确填写编码外，还需要信息部门准确、完整、及时上传病案首页、医保结算清单，避免出现手术操作编码字段漏传等信息丢失的现象，才能保证 DIP 支付的准确性。

同时，信息部门需协助医保管理部门建立医院、科室、医师工作站的 DIP 分析监控系统，开展信息化、智能化 DIP 全程管理，保证 DIP 的精细化管理。

5. 药学部门

DIP 政策下，医院药学部门在保障医疗质量的前提下，通过对临床诊疗过程中合理用药的监管，规范合理用药行为，同时筛选质优价廉的药品，降低医疗成本，有效控制药品费用不合理增长。通过管控不合理用药，特别是辅助用药，降低药品费用，发挥药品合理控费作用，将 DIP 的费用控制在合理的水平。

6. 医用耗材管理部门

实施 DIP，通过"结余留用、超支分担"的激励机制，医用耗材管理部门应结合合理诊疗，按照医保基本原则，管控高值耗材、消耗性材料的使用，在保证医疗质量安全的前提下，降低耗材费用，合理控制医保费用，将 DIP 的费用控制在合理的水平，达到 DIP 支付盈余。

医用耗材管理部门在取消药品耗材加成后成为成本单位，只有通过管控药品、耗材的合理使用，降低医疗费用，才能充分发挥医用耗材管理部门在 DIP 合理费用管控中的作用，达到 DIP 支付的盈余。

7. 医保管理部门

医保管理部门是 DIP 的关键部门，是领头羊、协调者和组织者。在 DIP 支付政策下，要做好费用控制和基金监管两项工作。

8. 开展宣传培训

DIP 是一项全新的政策，需要全院医务人员知晓熟悉，掌握要点。可以通过全院培训、重点科室培训等方式，可以将文件、分值库、培训资料通过医院的OA、微信群进行宣传，也可以印制宣传手册。还应建立医保质控群，及时回答临床科室有关 DIP 政策的提问。

第二节 医保费用的科学控制

在费用控制方面，必须在保证医疗质量安全的情况下做好科学合理控费，包括事前、事中、事后控制，具体包括：

（1）明确按病种分值实施步骤。

图 5-2 按病种分值实施步骤示意图

（2）及时参与当地 DIP 政策的制定，提出合理性意见与建议。按医保局要求及时上报相关数据。

（3）精准研究解读医保政策，抓住政策精髓，准确把握政策规则，提出控费目标、工作计划、实施细则，提交医院领导。

（4）做好盈亏预测：根据当地的"结余留用、超支分担"政策，结合医院的结余率，测算医院超额的实际盈亏线，即超额补充后的亏损额超过结余时，医院即出现实际真正亏损。举例如下：

根据医保局发布的分值相关文件，对于超额的部分，结合医院的结构、结余率，测算超额部分的实际亏损情况。

假设超额10%以内，按照70%补偿，结合记账率，假如医院的结余率为3.5%，预测年医疗收入10000万元，那么测算的结果显示，当超额8%的时候，就已经出现真正亏损的情况，所以医院必须尽量避免超额8%以上的情况。

表5-1　盈亏预测

超额	未补偿超额（万元）	医疗总收入（万元）	2018年结余率	总结余（万元）	差额（总结余－超额）（万元）
不超额	0	10000.00	3.50%	350.00	350.00
超额2%	95.00	10200.00	3.50%	357.00	262.00
超额3%	142.50	10300.00	3.50%	360.50	218.00
超额4%	190.00	10400.00	3.50%	364.00	174.00
超额6%	285.00	10600.00	3.50%	371.00	86.00
超额7%	325.15	10700.00	3.50%	374.50	49.35
超额8%	380.00	10700.00	3.50%	374.50	－5.50
超额10%	475.00	11000.00	3.50%	385.00	－90.00

（5）制定控费目标（事前）：依据医保局DIP政策，结合本院历史数据进行费用控制目标测算。某一已经实施DIP的医院历史盈亏数据情况如下：

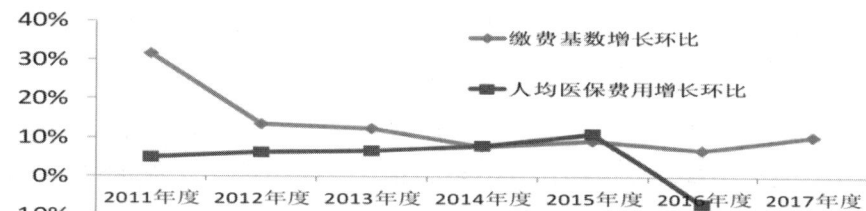

社保年度	缴费基数增长环比	人均医保费用增长环比
2011年度	31.45%	4.89%
2012年度	13.50%	6.14%
2013年度	12.43%	6.61%
2014年度	7.69%	8.03%
2015年度	9.38%	11.09%
2016年度	6.93%	-7.04%
2017年度	10.30%	

图5-3 缴费与人均医保费用增长示意图

表5-2 各年度医保结余/超额情况

社保年度	每分值金额（元）	亏盈
2010 年度	59.53	亏损 10.13 万元
2011 年度	60.64	盈利 1385.96 万元
2012 年度	65.32	盈利 229.39 万元
2013 年度	67.79	盈利 63.39 万元
2014 年度	75.95	亏损 125.64 万元
2015 年度	78.95	亏损 1635.23 万元
2016 年度	79.87	盈利 5450.95 万元

从以上资料可以发现，当人均医保费用增长率低于缴费基数增长率时，医院盈利。这告诉我们，在分值未知的情况下，按照历史数据，结合医保年度增长比例，以历史数据为基础进行测算，确定控制目标是可行的。

在当地未公布分值库和实施细则之前，可以参考国家医保局的 DIP 技术规范和病种分值库，提取医院实施 DIP 之前三年的病案首页历史数据进行聚类分析，组成本院的病种分值库，以每一病种组合的次均费用的 95% 作为控费目标，设置 50%~100% 次均费用作为使用率控费目标。原则上费用使用率控制在 50%~100% 最佳。

诊断编码	诊断名称	操作码	操作名称	例数	住院总费用	平均费用	控费目标	使用率50%费用	使用率100%费用	药占比	材料比
A46.X	丹毒	n(y)	保守治疗(含简单操作)	11	99,002	9,000	8,550.19	4,275	8,550.19	34.03%	6.77%
B02.2	带状疱疹累及其他神经系统	n(y)	保守治疗(含简单操作)	31	231,771	7,476	7,102.67	3,551	7,102.67	46.14%	5.91%
B02.9	带状疱疹不伴有并发症	n(y)	保守治疗(含简单操作)	15	104,661	6,977	6,628.52	3,314	6,628.52	38.67%	6.68%
D69.0	变应性过敏性紫癜	n(y)	保守治疗(含简单操作)	1	11,043	11,043	10,490.62	5,245	10,490.62	32.36%	3.09%
I77.6	动脉炎	86.1101	保守治疗(含皮肤和皮下组织活组织检查)	1	13,277	13,277	12,613.47	6,307	12,613.47	39.78%	2.49%
L08.9	皮肤和皮下组织的局部感染	n(y)	保守治疗(含简单操作)	3	22,125	7,375	7,006.16	3,503	7,006.16	36.14%	4.07%
L10.0	寻常型天疱疮	86.1101	保守治疗(含皮肤和皮下组织活组织检查)	1	10,703	10,703	10,167.78	5,084	10,167.78	26.94%	2.76%
L10.0	寻常型天疱疮	n(y)	保守治疗(含简单操作)	1	1,846	1,846	1,753.29	877	1,753.29	41.15%	9.09%
L10.9	天疱疮	86.1101	保守治疗(含皮肤和皮下组织活组织检查)	1	43,279	43,279	41,115.04	20,558	41,115.04	79.24%	2.63%
L10.9	天疱疮	n(y)	保守治疗(含简单操作)	1	1,766	1,766	1,678.11	839	1,678.11	39.87%	8.10%
L12.0	大疱性类天疱疮	86.1101	保守治疗(含皮肤和皮下组织活组织检查)	1	33,421	33,421	31,750.03	15,875	31,750.03	52.65%	4.64%
L12.0	大疱性类天疱疮	n(y)	保守治疗(含简单操作)	1	8,120	8,120	7,713.76	3,857	7,713.76	31.36%	5.03%
L27.0	药物和药剂引起的全身性皮疹	n(y)	保守治疗(含简单操作)	4	49,670	12,417	11,796.56	5,898	11,796.56	62.87%	2.75%
L30.9	皮炎	n(y)	保守治疗(含简单操作)	16	124,053	7,753	7,365.64	3,683	7,365.64	35.56%	4.15%
L40.0	寻常性银屑病	n(y)	保守治疗(含简单操作)	3	24,024	8,008	7,607.75	3,804	7,607.75	48.47%	6.58%
L40.1	全身脓疱性银屑病	86.1101	保守治疗(含皮肤和皮下组织活组织检查)	1	13,522	13,522	12,845.63	6,423	12,845.63	36.38%	6.91%
L40.5	关节病型银屑病	n(y)	保守治疗(含简单操作)	2	13,001	6,500	6,175.43	3,088	6,175.43	37.94%	5.37%
L40.9	银屑病	n(y)	保守治疗(含简单操作)	1	9,118	9,118	8,662.44	4,331	8,662.44	50.26%	2.32%
L50.8	荨麻疹, 其他的	n(y)	保守治疗(含简单操作)	7	30,893	4,413	4,192.68	2,096	4,192.68	17.69%	4.01%
L53.9	红斑性情况	n(y)	保守治疗(含简单操作)	1	3,990	3,990	3,790.95	1,895	3,790.95	35.12%	7.15%
L95.0	青斑血管炎	n(y)	保守治疗(含简单操作)	1	5,674	5,674	5,389.83	2,695	5,389.83	13.43%	8.58%
M10.0	特发性痛风	n(y)	保守治疗(含简单操作)	1	1,764	1,764	1,676.09	838	1,676.09	30.82%	3.31%

图5-4　某院历史数据费用控制目标

在当地公布病种分值库后，可以根据当地分值库，设置费用控制目标。费用控制目标 = 分值×预算点值，同时使用率50%～100%实行双控。使用率要根据当地的政策测算。

icd诊断码	诊断名称	操作码	操作名称	分值	支付费用（元）（预算点值14元）	上年度次均费用	使用率50%费用（元）
E10.9	1型糖尿病	n(y)	保守治疗(含简单操作)	559	7826	7440.74	3720.37
E11.2	2型糖尿病伴有肾的并发症	38.9501,39.2701	静脉插管术, 为肾透析/上肢动静脉造瘘术	1437	20118	19554.68	9777.34
E11.2	2型糖尿病伴有肾的并发症	39.2701,39.9501	上肢动静脉造瘘术, 为肾透析/血液透析	1437	20118	20694.4	10347.2
E11.1	2型糖尿病伴有酮症酸中毒	n(y)	保守治疗(含简单操作)	779	10906	10251.95	5125.975
E11.3	2型糖尿病伴有眼的并发症	14.2401,14.7401,14.9 09	视网膜病损激光治疗/玻璃体切除术, 后路法/视网膜前膜剥离术	1160	16240	16273.94	8136.97
E11.9	2型糖尿病不伴有并发症	n(y)	保守治疗(含简单操作)	655	9170	8126.89	4063.445
C85.1	B-细胞淋巴瘤	03.9201	保守治疗(含椎管内注射化疗药物治疗)	3057	42798	40917	20458.5
C84.5	T-细胞淋巴瘤, 其他的	41.3102	保守治疗(含骨髓穿刺活组织检查)	1677	23478	22446	11223
D56.0	α型地中海贫血	41.502	脾切除术, 经腹腔镜	3536	49504	47329	23664.5
D56.1	β型地中海贫血	n(y)	保守治疗(含简单操作)	219	3066	2791.53	1395.765
G30.9	阿尔茨海默病	n(y)	保守治疗(含简单操作)	1010	14140	12432.66	6216.33
G30.0	阿尔茨海默病伴有早期发病	n(y)	保守治疗(含简单操作)	1242	17388	17388	8694
K22.7	巴雷特食管	n(y)	保守治疗(含简单操作)	325	4550	4350	2175
H26.9	白内障	n(y)	保守治疗(含简单操作)	180	2520	2409	1204.5

图5-5　费用控制目标

分值单价预测（预算点值）：DIP的分值点值根据数据来源和适用场景分为预算点值和结算点值。DIP预算点值在每年年初确定，基于该支付方式覆盖的住院总费用，建立医保资金的预估模型，支撑医保基金全面预算管理，是定点医疗机构落实医保过程控制的重要指标；DIP结算点值在每年年终或第二年年初确定，以医保总额预算为前提，用于计算支付标准，与定点医疗机构进行年度清算。

部分城市目前每月公布分值单价，起到很好的分值预警机制的作用。以某一统筹区的政策为例，其计算方法如下：

月病种分值单价 = 当月可分配总额 ÷ 各定点医疗机构当月分值之和；

当月可分配总额 = 年度可分配总额 ÷ 12；

定点医疗机构当月分值 = ∑（各非基层病种分值 × 当月各病种病例数 × 医院系数）+ ∑（基层病种分值 × 当月各病种病例数）；

月预结算费用 = 月病种分值单价 × 月医疗机构分值 - 该医疗机构参保人月住院个人支付医疗费用总额 - 该医疗机构月重特大疾病补充医疗保险支付总额 - 该医疗机构月医疗救助支付总额。

医疗机构可以按照上年度的分值单价，结合医保局每月公布的分值单价设置医疗机构的预算点值，如果医保局没有每月公布月点值，医疗机构只能原则上按照上年度的单价，结合当地的政策、基金收支情况设置预算点值，作为控费目标。医疗机构运行过程中还要不断调整预算点值，即保本点动态预测，当保本点值高于医保局支付的点值时，会出现超额，反之就结余。保本点动态预测点值 = 本医疗机构总费用 ÷ 总分值。

表 5 - 3　保本点测算

人员类型	例数	CMI	综合病种占比（%）	测算结果一 按 2018 年费率 15.66 元/14.51	测算结果二 按 2019 年费率 14.05 元/13.94	测算结果三 按 2020 年费率 14.5 元/13.9	保本点（元）
居民	2360	2.07	17.27	170	-136	-170	14.21
职工	10487	1.96	14.52	4334	559	1614	13.81

综合以上政策，每一例患者使用率尽量控制在 50% ～ 100%，略有结余，医保局按照标准分值支付，是最佳控费目标。由于收治患者有可能结余或超额，整个科室总体达到平衡即可，最佳控费目标是 85% ～ 100%，全院最佳控费目标也是 85% ～ 100%。全院单个病例使用率的控费范围要结合当地具体政策制定。

（6）费用控制的过程管理。

制定费用控制目标后，要在系统及时提醒患者住院期间的费用控制目标、使用率，当诊断、操作变化时，通过信息化系统智能化入组及时提醒入组及费用情况变化，具体信息化智能化建设见第六章。举例如下：

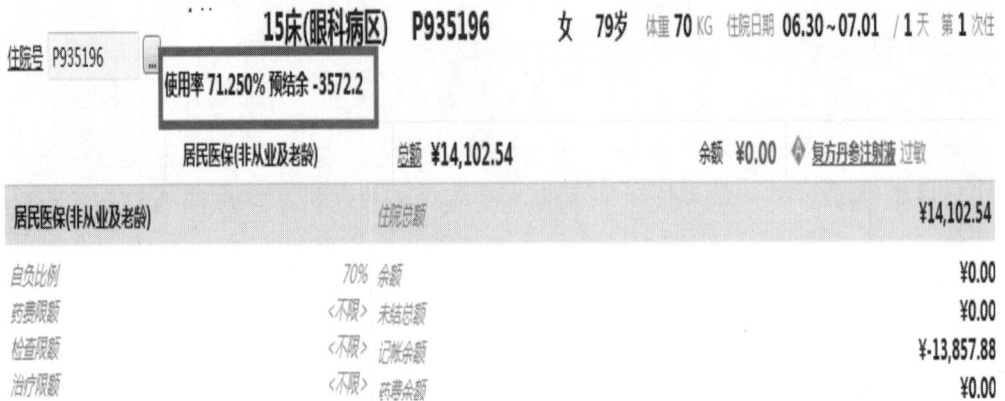

图 5-6　医师工作站使用率、结余情况提醒

通过医师工作站医保病种查询功能，可以查询目前诊断与手术操作匹配入组情况、使用率、支付费用、结余/超额。

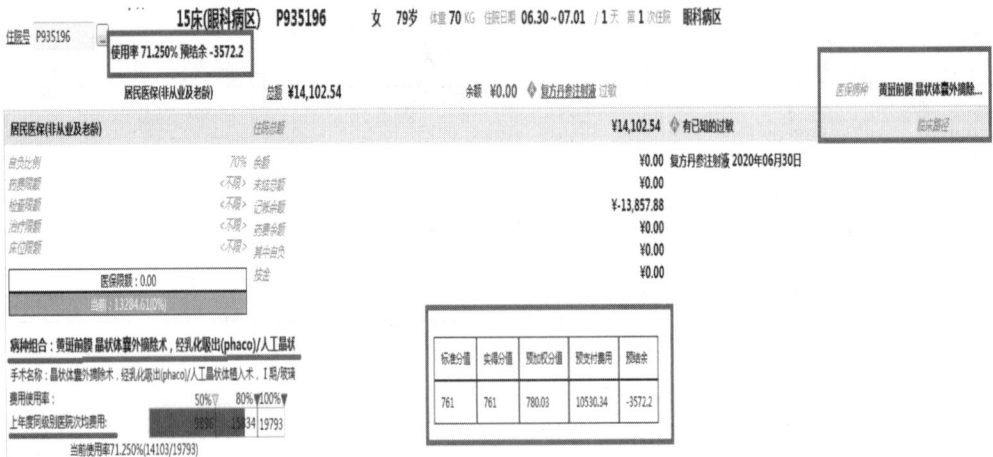

图 5-7　病种入组及支付费用提醒

（7）事后管理。

建立全院医保费用分析监控系统，及时监控全院医保运行情况、科室情况、

收治病种、费用偏差等，针对超额科室、病种分析原因，寻找改进措施，进行 PDCA，使医保费用控制在合理水平。具体见第六章信息化智能化建设。

（8）重点科室、重点病种与临床路径的重点管控。

①重点科室：每月应对全院 DIP 运行情况进行监控，对超额的科室进行重点监控分析，提出整改措施，每季度进行统计分析，提交医院领导。

②重点病种：每月应对全院 DIP 运行情况进行监控，对超额的病种进行重点监控分析，提出整改措施，每季度进行统计分析，提交医院领导。

（9）费用监控的分析及改进。

①季度：每季度对全院超额比较严重的科室、病种进行分析，提出解决方案，提交医院领导，同时与相关科室进行交流，包括约谈。

②半年度：每半年对全院超额比较严重的科室、病种进行分析，要求科室提出改进意见，明确全年度的费用控制目标。组织相关临床科室、药学部、设备耗材部、医务部、计财部门对超额严重、影响较大的病种进行临床路径分析，制定下半年度病种的控费目标、平均药费、材料费、主要使用的耗材品种及费用。尽量控制费用。

③年度：每年度对全院超额比较严重的科室、病种进行分析，要求科室提出改进意见，组织相关临床科室、药学部、设备耗材部、医务部、计财部门对超额严重、影响较大的病种进行临床路径分析，制定下年度病种的控费目标、平均药费、材料费、主要使用的耗材品种及费用。

超额重点科室和病种的管理数量，按照二八定理进行选择和分析。

第三节　DIP 政策下的医院临床科室管理

临床科室是 DIP 政策的具体执行者、落实者，其对政策的理解、落实好坏会影响整个政策的执行情况和效果。

一、科室总体工作思路

（1）改变观念：从次均向按病种分值付费转变，但必须按照医院目标进行管理。

（2）医疗质量是关键，病案首页影响分值，准确完整填写病案首页是基础，科室一定要按照病案首页填写指南认真填写。

（3）在保证医疗质量安全的情况下，遵循合理检查、合理诊疗、合理用药、合理收费的原则，控制成本（全成本），科学合理控制费用。

（4）合理利用规则，掌握控费目标：单个病例实行双控，合理将费用控制在使用率50%～100%、病种组合略有结余的合适区间。由于病情不同，部分患者结余，部分超额，但整个科室尽量控费在85%～100%。医院要根据各地政策制定不同的控费目标。

（5）掌握信息系统提醒功能：根据医师工作站的费用提醒，充分利用信息化智能化的功能，合理控制费用。

二、病案首页质量的重要性

病案首页是DIP的基础，病种组合的入组是由出院主要诊断、手术操作决定，病案首页填写的准确性、完整性会影响DIP的入组，即影响分值的支付。所以，临床科室在DIP中首先应该做好的工作是填写好病案首页。在病案首页填写过程中，要严禁高套分值，当然，也不要低套分值，影响医院效益。病案首页的质量，由医院的病案科管理。

病案首页首先由临床医师填写，再由编码员在病案系统质控编码，形成归档病案，将归档病案和医保结算清单上传医保局。

病案首页的关键为出院主要诊断、手术操作，填写应准确、完整。

1. 病案首页填写准确与否影响分值举例

（1）病案首页。

病案首页是医务人员使用文字、符号、代码、数字等方式，将患者的基本情况、住院医疗及诊断情况、住院医疗经费等信息精炼汇总在特定的表格中形成的病例数据摘要。

如图5-8所示，最新国家版病案首页共有116个项目，包括患者信息、住院过程信息、诊断信息、费用信息。

病案首页是医疗质量检测、DIP医保付费等应用的基础，其数据的准确性对应用的结果、DIP准确入组即分值支付有至关重要的作用。

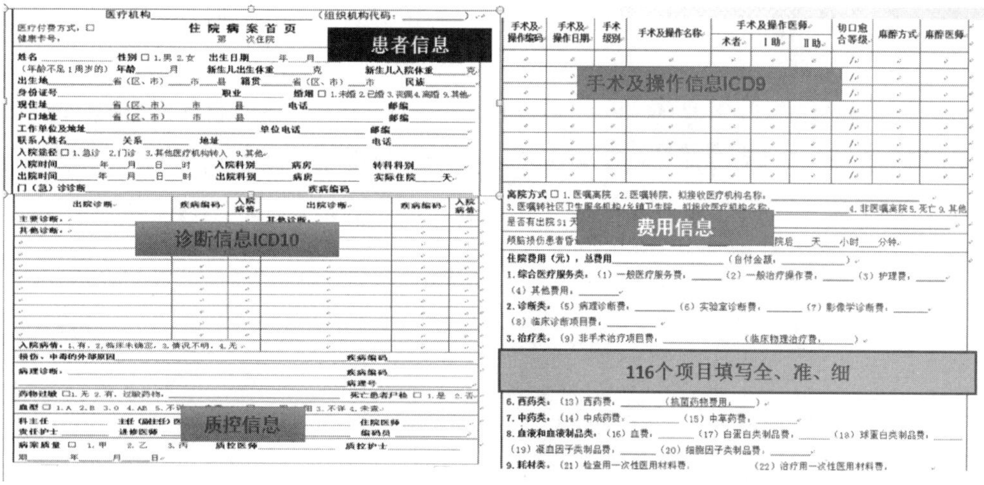

图 5-8　病案首页

（2）病案首页填写错误导致不同入组举例。

下图是医师填写的病案首页：

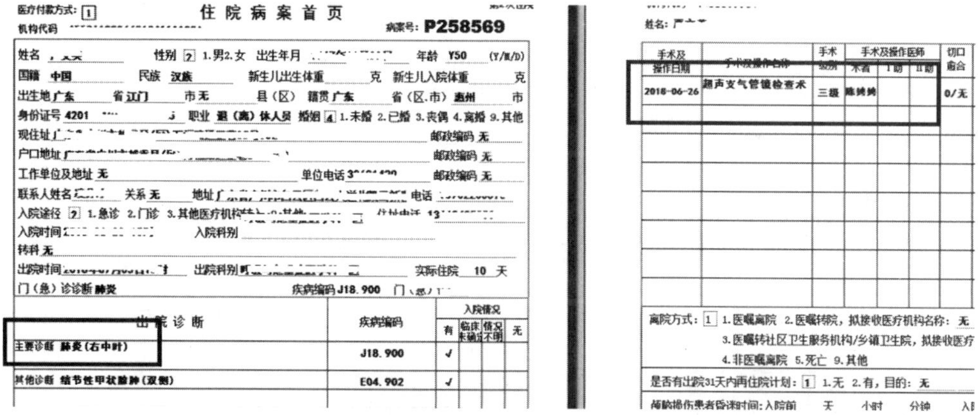

图 5-9　医师病案首页

下图是编码员病案质控后的病案：

图 5 - 10　归档病案（质控编码后）诊断手术操作

医师病案首页诊断是 J18.900，只填了一个手术操作编码，病案科编码员根据病历资料正确诊断是 J18.800，同时医师漏填了 3 个手术操作，最后导致入组不同，如图 5 - 11 所示：

医师诊断					
J18.9	肺炎	33.2402 33.2403	诊断性支气管肺泡灌洗，经内窥镜(BAL)/支气管采样刷检查，经内窥镜	1110	14857.35
J18.9	肺炎	38.9501 39.9501	静脉插管术，为肾透析/血液透析	3641	48734.79
J18.9	肺炎	n(y)	保守治疗(含简单操作)	1089	14576.27
编码员诊断和操作					
J18.8	肺炎，病原体其他的	33.2402	保守治疗(含诊断性支气管肺泡灌洗，经内窥镜(BAL))	3971	53151.84
J18.8	肺炎，病原体其他的	33.2701	保守治疗(含肺活组织检查，经支气管镜)	3971	53151.84

图 5 - 11　归档病案与医师病案首页入组不同支付情况

（注：医师诊断 J18.9，操作只有一个 33.2302，只能入组保守治疗，费用 14576.27 元。编码员纠正诊断 J18.8，补充了漏填的关键操作 33.2701，入组费用 53151.84 元）

以上例子说明，诊断错误、漏填手术操作编码，会导致入组不同，影响支付的分值（费用）。

2. 病案首页填写关键点

病案首页填写必须准确、全面、齐全，漏填手术操作会严重影响分值。病案首页填写关键点如图 5 - 12 所示：

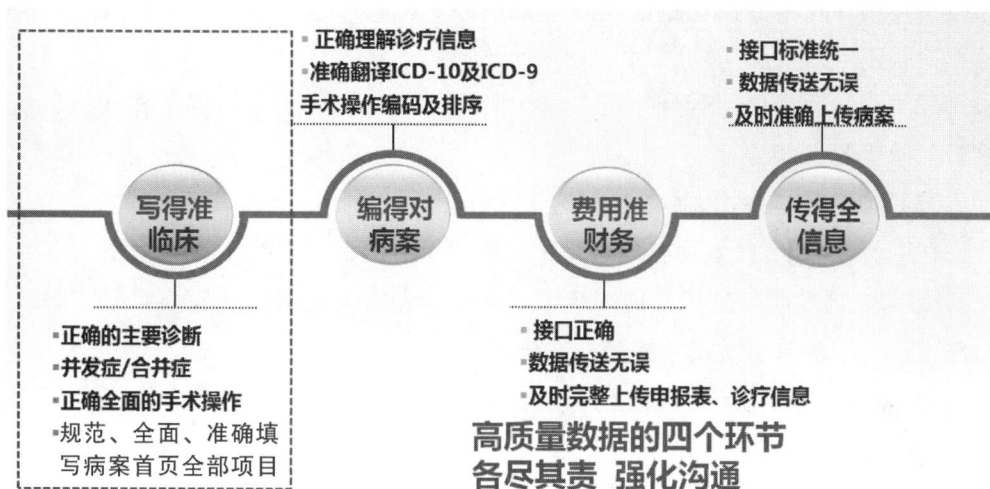

图 5 - 12　病案首页填写的关键点

三、科室合理管控药品、耗材、检验检查

科室在进行费用管控过程中，要严格执行医疗流程，以人民健康为中心，特别要在保证医疗质量安全的情况下科学合理管控费用。在药品方面，主要管控辅助用药使用合理性；在耗材方面，主要管控高值消耗性材料、高值耗材；还要管控不合理检验检查。

第四节　DIP 政策下的医院人员管理与绩效管理

按照 DIP 政策结余留用、合理超额分担机制，如果医院出现结余，在合理区间给以留用，出现超额则在一定合理区间给以补偿，但超过一定比例（如某一统筹区 115%）即不予支付。医院在进行科室绩效考核过程中，可以参考 DIP 政策实施绩效考核。

一、绩效考核

（1）根据科室结余、超额按照一定比例给以结余留用和超额分担，综合考虑结余留用和超额分担比例，同时考虑药品、耗材成本问题，与药品比、材料比相关联制定政策。

（2）结合科室医保管理质量，包括医保违规行为、配合医保工作指标、医保管理质量等。

（3）RBRVS与医保绩效。

在进行RBRVS绩效考核的过程中，还要综合考虑医保结余/超额。

RBRVS绩效计算公式：科室绩效＝科室总点数×点单价－科室绩效成本＋医保超额÷结余留用绩效考核数。

（4）绩效考核中的转科计算。

各医院可以按照医院实际情况制定，例如：支付各科分值＝各科各自发生的医疗费用÷住院总费用×病种组合分值。在系统做好转科报表，举例如下：

科室大类	科室	人次	科室费用	标准分值	标准费用	实际分值	实际支付费用	结余(职工15.6,居民14.68)	科室CMI	加权实际支付费用	加权结余	麻醉费	麻醉定额	麻醉差额	加权结余+麻醉差额
	综合二区（老年…	1.13	35,747	786	13,356	1,668	26,023	-9,724	1.02	26,704	-9,043	0.00	0.00	0	-9,043
	综合二区/老年…	4.92	177,222	13,008	176,971	13,008	202,344	25,122	6.38	226,690	49,468	0.00	0.00	0	49,468
	骨肿瘤病区	74.00	2,514,196	135,893	1,956,097	147,120	2,259,382	-254,815	3.75	2,438,126	-76,070	236,855.33	0.00	0	-76,070
	全科医学科病厅	17.24	188,545	13,394	210,087	12,960	199,556	11,011	1.09	204,696	16,151	0.00	0.00	0	16,151
	肿瘤治疗科病区	96.43	872,266	104,442	1,211,644	76,642	1,189,910	317,644	2.23	1,233,835	361,569	0.00	0.00	0	361,569
	合计	193.71	3,787,976	267,523	3,568,155	251,398	3,877,214	89,238	6.38	4,130,051	342,075	236,855.33	0.00	0	342,075
ICU		0.21	6,317	226	5,899	226	3,530	-2,787	0.23	3,618	-2,699	0.00	0.00	0	-2,699
		25.35	1,633,393	45,737	852,820	77,599	1,194,143	-439,250	3.69	1,343,411	-289,982	29,464.82	27,025.00	-2,440	-278,892
	危重病监护二科病区	44.84	5,886,164	182,913	2,688,391	339,007	5,207,796	-678,368	16.41	5,836,377	-49,787	27,986.42	48,510.00	20,524	-49,787
	危重病监护一科病区	65.87	9,194,483	184,396	2,868,296	475,430	7,343,983	-1,850,501	15.07	8,261,980	-932,503	91,715.33	62,088.00	-29,627	-891,927
ICU合计		136.26	16,720,357	413,273	6,415,406	892,262	13,749,452	-2,970,905	16.41	15,445,387	-1,274,971	149,166.57	137,623.00	-11,544	-1,223,305

图 5-13　转科报表

（5）具体绩效管理办法。

按照医保局的政策，实行结余留用，合理超额分担。绩效考核方式可以根据各地不同情况制定，一般可以采用两种方式，一种是纳入全院的绩效考核，另一种是医保管理部门单独制订绩效考核方案。在单独制订绩效考核方案时，应考虑医院与科室结余留用和合理超额分担的比例，结合考虑成本问题，主要注意药品和耗材是成本单位，必须严格管控。结余留用部分主要是医疗服务收入，留用和分担比例同时充分考虑合适诊疗，结余低于医保局规定的，同样不予留用，避免诊疗不足行为。具体以单独绩效考核举例：

结余留用：以季度进行绩效考核，然后分月分配。A档：如果季度实际医保费用使用率等于预算定额费用的92%～100%，按医疗服务收入结余部分的80%

乘以1减去药品比、材料比、检验检查比之和予以奖励，即结余留用绩效＝医保结余金额×80%×[1－（药品比＋材料比＋检验检查比）]。B档：如果季度实际医保费用使用率等于预算定额费用的85%～92%，按医疗服务收入结余部分的50%乘以1减去药品比、材料比、检验检查比之和予以奖励，即结余留用绩效＝医保结余金额×50%×[1－（药品比＋材料比＋检验检查比）]。

合理超额分担：如果季度实际医保费用超额，且非麻醉引起，按超额部分的10%乘以科室的药品比、材料比、50%检验检查比之和扣发绩效，即扣发绩效金额＝医保超额×10%×（药品比＋材料比＋50%检验检查比）。如果麻醉费用超定额，按同样方法进行绩效考核。

如果医院采用点数法计算绩效，可以按照同样方法计算成点数进行考核，医院和科室医保绩效就是执行结余留用和合理超额分担。

其他可进行的具体绩效考核如违反相关规定考核，年度医保优秀管理科室、优秀先进个人的评先等。

对于科室医保质控员同样可以实行绩效考核办法，制定医保质控员绩效管理方案、管理职责等进行管理。

二、DIP 管理人员配置

随着医保管理工作在医院管理中日趋重要，医保管理工作任务越来越多、越来越重，配置必要的管理人员是基本的和必要的。

医保管理包括以下方面：

（1）日常医保工作的管理：目录匹配、贯标工作、医保咨询、门特申请等医保服务。

（2）医保基金监管：这是医保管理的重点工作，包括医疗行为监管，收费行为监管，医保工作监管，低标准、分解住院监管等。

（3）控费管理：这是医保管理的另一项重点工作，只有将费用控制在合理的区间，才能体现控费的成效。

（4）医保审核：包括对医保审核数据的说明、智能监控的审核等。

医保管理涉及医疗、财务、统计等工作，最好能配备财务（收费）、药学、统计、医务（医师或护士）人员与病案编码员（病案质控员），最少必须配备医师，人数配备可以根据分工情况决定。医保管理分大医保和小医保两种模式：大医保是将医保服务、目录匹配等涉及医保管理的工作均纳入医保部门，人员配置可以按照床位数配置；小医保是医保部门只管医保政策的上传下达，具体工作分到各部门，医保部门配备人员较少。

第五节　DIP 政策下的相关问题思考

在 DIP 实施的实际过程中，有些问题值得大家思考并不断改进。

一、制度化、标准化

（1）分值库：国家版与地方版的问题。

（2）ICD 临床版与医保版比对；能否全国统一比对版本，或就使用临床版。

（3）权重设定：基本权重与加权权重如何设定的问题。

（4）指标的统一性：如费用偏差、结余留用与合理超额分担比例等。

（5）不确定名称的解释：极严重？严重？重要器官？需给统一的解释。

（6）信息公开：哪些信息必须公开、可以公开？

（7）如何计算费用偏差病例更合理？

二、对费用偏差病例计算公式的思考

1. 举例

下面以实际出现情况为例：

诊断编码	诊断名称	操作码	操作名称	住院总费用	分值库标准分值	上年度同级别医院次均费用	使用率(对比上年同级别医院)	支付分值	医保实际支付费用	超额	按照分值标准计算应得分值(次均/基准病种费用13395)	支付分值差
I08.1	风湿性二尖瓣和三尖瓣的疾患	88.5501	保守治疗(含冠状动脉造影，一根导管)	225,046	890	139,134	161.75%	890	12,315.38	-212,730.35	10,395	9,505
I35.1	主动脉(瓣)关闭不全	88.5501	冠状动脉造影，一根导管	177,742	890	139,134	127.75%	890	13,227.63	-164,514.86	10,395	9,505
I05.2	风湿性二尖瓣狭窄伴有关闭不全	35.2401,3 9.6101	二尖瓣机械瓣置换术/体外循环辅助开放性心脏手术	157,323	890	139,134	113.07%	890	13,227.63	-144,095.80	10,395	9,505
I05.2	风湿性二尖瓣狭窄伴有关闭不全	88.5501	保守治疗(含冠状动脉造影，一根导管)	133,890	890	128,104	104.52%	890	12,315.38	-121,574.51	9,571	8,681
I05.2	风湿性二尖瓣狭窄伴有关闭不全	88.5501	保守治疗(含冠状动脉造影，一根导管)	123,674	890	128,104	96.54%	890	12,315.38	-111,358.85	9,571	8,681
I34.0	二尖(瓣)关闭不全	88.5501	保守治疗(含冠状动脉造影，一根导管)	121,525	890	139,134	87.34%	890	13,227.63	-108,297.32	10,395	9,505
I34.0	二尖(瓣)关闭不全	35.2301,3 9.6101	二尖瓣生物瓣置换术/体外循环辅助开放性心脏手术	176,442	7,655	202,470	87.14%	7,655	124,872.19	-51,569.51	15,127	7,472
I34.0	二尖(瓣)关闭不全	88.5501	保守治疗(含冠状动脉造影，一根导管)	117,081	890	139,134	84.15%	890	13,227.63	-103,853.33	10,395	9,505
I34.0	二尖(瓣)关闭不全	88.5501	保守治疗(含冠状动脉造影，一根导管)	98,687	890	128,104	77.04%	890	13,227.63	-85,459.64	9,571	8,681
I34.0	二尖(瓣)关闭不全	88.5501	保守治疗(含冠状动脉造影，一根导管)	99,020	890	139,134	71.17%	890	12,315.38	-86,705.07	10,395	9,505
I34.0	二尖(瓣)关闭不全	88.5501	保守治疗(含冠状动脉造影，一根导管)	99,233	890	142,371	69.70%	890	13,227.63	-86,005.29	10,637	9,747

图 5-14　费用偏差病例举例

由于费用偏差使用率＝本次住院费用÷上年度同级别次均费用，分值库计算分值是根据实施年前三年的历史数据测算的，随着时间的推移，可能费用会发生变化，当上年度相比以前的费用发生明显变化时，分值支付就会出现以上明显不合理的支付情况，导致病种组合出现严重超额。像以上的例子，上年度次均费用达到 139134 元，但分值库分值只有 890 分，分值支付＝次均费用÷基准病种费用（13385）×1000＝10395 分，相差 9505 分。

2. 费用偏差计算公式的完善

部分地区目前对于费用偏差已经进行改进，某地区计算方法如下：

某一病种次均医疗总费用＝全市上一年度该病种病例医疗总费用÷全市上一年度该病种病例总例数。该病种费用最低和最高各 2.5% 范围内的病例（病例数量按四舍五入取整数）不纳入次均医疗总费用计算范围。

某一病种次均医疗总费用大于等于该病种分值与上一年度每分值费用乘积的 2 倍或小于等于该病种分值与上一年度每分值费用乘积的 0.5 倍时，该病种次均医疗总费用＝该病种分值×上一年度每分值费用。

按照以上的新方法计算，结果如下：

诊断编码	诊断名称	操作码	操作名称	住院总费用	分值库标准分值	上年度同级别医院次均费用	使用率(对比上年同级别医院)	支付分值	医保实际支付费用	超额	按照分值单价计算本组的费用	上年度费用/L	新方法支付分值	新方法支付费用	新方法支付超额	新方法超额减少
I08.1	风湿性二尖瓣和三尖瓣的疾患主动脉（瓣）关闭不全	88.5501	保守治疗(含冠状动脉造影,一根导管)冠状动脉造影,一	225,046	890	139,134	161.75%	890	12,315.38	-212,730.35	12,647	1100% 8901.27	123171.38	-101,874	-110,856
I35.1		88.5501	根管	177,742	890	139,134	127.75%	890	13,227.63	-164,514.86	12,647	1100% 8901.27	132295.18	-45,447	-119,068

图 5 - 15　费用偏差病例计算

按以上新方法来计算，支付的分值比原来分值大幅提高，超额情况大幅减少。

另一地区的计算方法如下：

当次发生的住院基本医疗费用等于或低于该病种上年度住院结算费用 40% 的病例，按以下公式确定其病种分值：

分值＝该病例当次住院基本医疗费用÷上年度同一权重系数定点医疗机构该病种的结算费用×原该病种分值。

结算费用＝病种分值×权重系数×上年度每分基本医疗费用单价（全市上年度按病种分值结算的基本医疗费用总额÷全市上年度定点医疗机构总分值之和）。

对于费用偏差问题，现有的住院费用应该与分值库分值支付的费用挂钩，即现有实际住院费用与分值×分值单价对比，超过一定幅度即为费用偏差，才能体现现有住院费用偏差的实际情况。

三、综合病种问题

目前部分地区没有按照国家医保局技术规范设置综合病种，导致手术支付分值不合理。建议按照国家技术规范制定，以下为某地区按照国家医保局技术规范制定的综合病种组合情况。

表 5-4　某地区综合病种组合情况

序号	DIP 分组编码	DIP 名称	病种性质	平均住院费用（元）	平均住院天数	病种分值	病例数	CV
144	K74S	肝纤维化和肝硬变—相关手术组	综合病种	21382.5623	17.5333	317.0162	15	0.3695
145	K74T	肝纤维化和肝硬变—治疗性操作组	综合病种	14949.4948	12.2	221.64	20	0.4955
146	K80D	胆石症—诊断性操作组	综合病种	3040.2447	1.7407	45.0744	27	1.2105
147	K80S	胆石症—相关手术组	综合病种	25004.7787	14.3379	370.7189	145	0.4768
148	K80T	胆石症—治疗性操作组	综合病种	21646.4366	9.4722	320.9283	36	0.4895
149	K82S	胆囊的其他疾病—相关手术组	综合病种	10189.6257	8.0789	151.0706	38	0.2732

（续上表）

序号	DIP 分组编码	DIP 名称	病种性质	平均住院费用（元）	平均住院天数	病种分值	病例数	CV
150	K83T	胆道的其他疾病—治疗性操作组	综合病种	19608.5874	15.6	290.7154	20	0.51
151	K92D	消化系统的其他疾病—诊断性操作组	综合病种	9934.4916	6.7308	147.288	26	0.63
152	L	L内科组	综合病种	4829.8148	8.4923	71.6064	130	0.7468

按照以上组合，保守治疗、手术、治疗性操作、诊断性操作分别入组，避免手术等手术操作与保守治疗混合支付造成的不合理支付问题。

四、费率等 KPI 预警机制建立问题

分值费率的预警，有利于医院预算分值的准确性制定。目前部分地区每月公布分值单价。

医院预算点值可以与医保局每月公布的分值进行对比并及时调整，进行精准的过程管理，合理控制费用。

五、关于信息公开

公开各级医院每一病组的次均费用、费用增长率、次均药品、次均耗材、CMI、时间消耗指数、费用消耗指数、上年度次均费用等指标，明确必须公开、可以公开的指标，有利于树立标杆，促进各级医院相互学习。

六、超额严重病例：特例病种问题

目前虽然费用偏差设置了补充机制，但由于各种原因，仍然有小部分病例出现超额严重的情况。部分地区实施了特例病种单议的方式，但比例不一致，有些地区比例偏低，无法解决此问题。

七、次均费用作为监管指标问题

单独设定次均与总费用增长率，可能与 DIP 原则不相符，没有解决以前次均总额付费的弊端，可能影响分级诊疗。

建议次均费用与 CMI 值挂钩，CMI 值一定程度上反映医院收治难度，当 CMI 变化时，次均费用同步变化，说明次均费用增长或下降存在合理性。次均费用增长率/CMI 增长率大于 1 说明次均费用增长超过 CMI 增长，可能存在不合理因素，参照医保基金增长率，大于基金增长率则适当缩减系数。

（本章撰写人：广东省人民医院陈维雄、陈家昊）

第六章

按病种分值付费（DIP）与医院信息化智能化建设

信息化智能化建设在按病种分值付费（DIP）中起着重要作用。首先，医疗机构需做好 DIP 相关业务的信息系统对接，对各项医保业务的模块进行规范支持，保证医院 HIS 与医保局系统的接口准确对接，从而保证信息传递的及时性和准确性。其次，信息部门需要准确完整上传病案首页、医保结算清单，才能保证 DIP 支付的准确性，避免医院由于病案首页上传问题造成的损失。再次，医院 DIP 信息化智能化建设中，DIP 的全过程管理也需要信息部门的支持才能实现。最后，医院基金监管也需要信息化的支持才能实现。

一、准确传输病案首页和医保结算清单

病案首页、医保结算清单是 DIP 的基本数据来源，只有准确完整地上传病案首页、医保结算清单，才能保证医保支付的准确性。

二、建立 DIP 信息化智能化系统

建立全院、科室、医师工作站 DIP 费用分析监管系统，可以从时间、待遇类型、病种类型（核心病种、综合病种、基层病种等）、全院、科室、病人、具体病种、结余、超额、药费、材料费、医疗服务费用、三级四级手术、CMI 值、使用率、费用偏差、排序等多维度进行统计、分析，随时了解全院、科室的 DIP 运行情况，实现费用控制的事前、事中、事后全程管理。

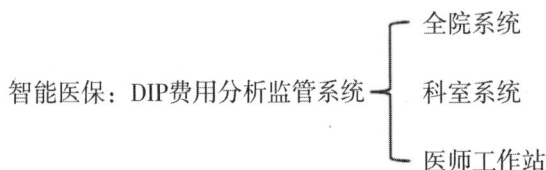

智能医保：DIP费用分析监管系统 ┫ 全院系统 / 科室系统 / 医师工作站

图 6 - 1　DIP 费用分析监管系统示意图

（一）全院 DIP 费用分析监管系统

1. 全院（包括病种、科室、费用偏差）

（1）可了解全院医保结余/超额总运行情况、收治病种情况、科室运行情况等全院情况，供院领导、医保处管理使用。

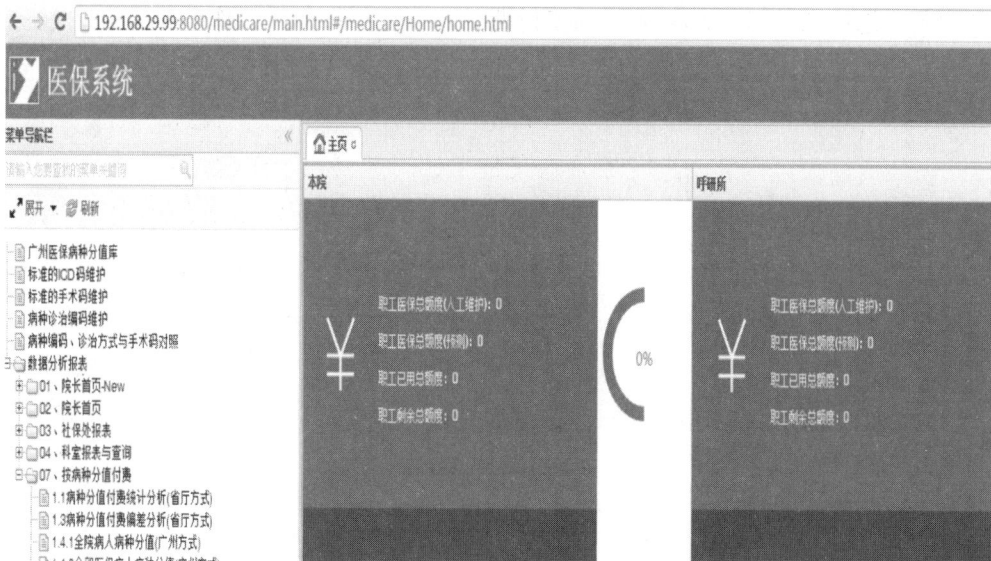

图 6-2 DIP 费用分析监管系统

（2）全院收治病种情况：可以了解全院具体收治病种、收治病种排名、收治病种结余排名、收治病种超额排名、各病种住院天数、次均药费、次均材料费、次均检验检查费用、次均医疗服务费用、病种 CMI、药比、耗占比、医疗服务占比等指标。

诊断编码	诊断名称	操作码	操作名称	例数	住院总费用	平均住院日	记账金额	分值库标准分值
I	综合病种			224	22,732,528	14	13,010,074.31	554,190
C	综合病种			238	10,659,652	11	6,075,725.31	635,936
I34.1	二尖（瓣）脱垂	88.5501	保守治疗（含冠状动脉造影，一根导管）	11	1,754,151	20	1,072,125.57	11,088
Q	综合病种			103	6,863,873	13	3,855,564.54	192,726
I25.1	动脉硬化性心脏病	00.4001,00.6601,88.5501	一根冠状血管操作（扩张）/冠状动脉血管腔内成形术(PTCA)/冠状动脉造影，一根导管	176	7,681,857	4	4,935,285.39	417,472
I47.1	室上性心动过速	37.2601	心电生理测定（EPS）	101	3,241,039	3	2,008,915.22	147,335
I33.0	急性和亚急性感染性心内膜炎	35.2201,37.3303,39.6101	主动脉瓣机械瓣膜置换术/心脏瓣膜病损（赘生物）切除术/体外循环辅助开放性心脏手术	7	2,149,226	49	1,236,868.32	63,532
J18.8	肺炎，病原体其他的	39.9502,96.0401	插管	4	1,758,986	36	1,182,084.27	23,576
I08.0	风湿性二尖瓣和主动脉瓣的疾患	88.5501	保守治疗（含冠状动脉造影，一根导管）	9	972,946	16	612,850.85	8,010
I25.1	动脉硬化性心脏病	36.0701	药物洗脱冠状动脉支架植入术	41	3,489,375	6	2,179,717.38	163,508

图 6-3 全院收治病种汇总

诊断编码	诊断名称	操作码	操作名称	例数	住院总费用	标准分值	标准费用	平均费用	使用率	使用率2	实际分值	实际支付费用	结余	结余率	手术级别(最高)	3级手术数	4级手术数
I25.1	动脉硬化性	00.4501	植入一根冠	229	10,273,940	918,748	12,297,442	44,864	83.55%	83.25%	921,973	12,340,606	2,066,667	16.81%	4	0	229
I42.0	扩张型心肌	00.5101	心脏再同步	1	194,907	14,350	192,075	194,907	101.47%	101.47%	14,350	192,075	-2,832	-1.47%	3	1	0
I63.0	入脑前动脉	00.6201	颅内血管腔	1	122,395	8,721	116,731	122,395	104.85%	104.85%	8,721	116,731	-5,664	-4.85%	4	0	1
I63.9	脑梗死	00.6201	颅内血管腔	2	164,859	17,956	240,341	82,429	68.59%	68.59%	17,956	240,341	75,482	31.41%	4	0	2
I67.1	脑动脉瘤	00.6501	颅内血管腔	1	89,832	9,295	124,414	89,832	72.20%	72.20%	9,295	124,414	34,581	27.80%	4	0	1
T84.0	内部关节假	00.7001	髋关节置换	1	81,602	6,881	92,102	81,602	88.60%	88.60%	6,881	92,102	10,500	11.40%	4	0	1
I62.1	非创伤性硬	01.2405	硬脑膜外血	1	95,346	2,327	31,147	95,346	306.12%	148.52%	4,796	64,199	-31,147	-100.00%	2	0	0
D32.0	脑膜良性肿	01.5103	脑膜病损切	1	544,242	55,030	736,577	54,424	73.89%	73.89%	55,030	736,577	192,334	26.11%	3	10	0
C71.0	额叶恶性肿	01.5901	脑病损切除	12	829,314	75,252	1,007,248	69,110	82.33%	85.20%	72,724	973,408	144,093	14.31%	4	0	12
T86.0	骨髓移植排	n(y)	保守治疗(含	19	931,376	13,186	176,495	49,020	527.71%	112.02%	62,115	831,407	-99,969	-56.64%	2	0	0
T86.1	肾移植失败	n(y)	保守治疗(含	2	31,095	1,604	21,470	15,548	144.83%	144.83%	1,604	21,470	-9,625	-44.83%	0	0	0
T91.1	脊柱骨折后	n(y)	保守治疗(含	1	19,772	1,020	13,653	19,772	144.82%	144.82%	1,020	13,653	-6,119	-44.82%	0	0	1
T93.1	股骨骨折后	n(y)	保守治疗(含	1	24,348	615	8,232	24,348	295.78%	151.08%	1,204	16,116	-8,232	-100.00%	0	0	0
Z22.5	病毒性肝炎	n(y)	保守治疗(含	15	55,170	7,395	98,982	3,678	55.74%	55.74%	7,395	98,982	43,812	44.26%	2	0	0
Z40.0	与恶性肿瘤	n(y)	保守治疗(含	1	4,083	47	629	4,083	649.07%	118.21%	258	3,454	-629	-100.00%	1	0	0
Z43.3	结肠造口状	n(y)	保守治疗(含	2	79,940	874	11,698	39,970	683.34%	117.14%	5,098	68,242	-11,698	-100.00%	2	0	0
Z45.0	心脏起搏器	n(y)	保守治疗(含	4	237,011	4,208	56,324	59,253	420.80%	113.46%	15,606	208,892	-28,119	-49.92%	3	2	0
Z51.0	放射治疗疗	n(y)	保守治疗(含	39	566,874	117,312	1,570,221	14,535	36.10%	82.80%	51,148	684,613	117,739	7.50%	2	0	0
Z51.1	为肿瘤化学	n(y)	保守治疗(含	1,149	16,441,591	1,140,957	15,271,709	14,310	107.66%	121.31%	1,012,576	13,553,337	-2,888,254	-18.91%	3	1	0
Z54.0	手术后恢复	n(y)	保守治疗(含	3	107,452	2,709	36,260	35,817	296.34%	150.93%	5,319	71,192	-36,260	-100.00%	3	1	0
Z54.8	恢复期，	n(y)	保守治疗(含	1	2,791	903	12,087	2,791	23.09%	100.00%	209	2,791	0	-0.00%	2	0	0
Z93.2	回肠造口状	n(y)	保守治疗(含	1	5,558	767	10,266	5,558	54.14%	54.14%	767	10,266	4,708	45.86%	1	0	0
				16,086	452,721,449	28,232,509	377,892,133	28,144	119.80%	106.11%	31,875,183	426,649,365	-26,072,084	-6.90%	4	3,760	4,287

图 6-4　全院收治病种汇总

可以根据需要查询病种收治明细，包括具体收治病人住院天数、使用率、结余/超额、次均药费、次均材料费、次均检验检查费用、次均医疗服务费用、药比、耗占比、医疗服务占比等指标。

诊断编码	诊断名称	操作码	操作名称	病种类别	ICD码	诊断名称	住院号	住院次年龄	性别	入院日期	出院日期	住院总费用	标准费用	平均费用	使用率2	实际分值	实际支付费用	结余
I11.9	不伴有(充血性)心力衰竭	n(y)	保守治疗(含简单操作)	核心病种	I11.901	高血压性心脏病	786891	1 70Y	男	2018.03.12	2018.03.18	7,734	10,909	7,734	70.90%	815	10,909	3,175
I11.9	不伴有(充血性)心力衰竭	n(y)	保守治疗(含简单操作)	核心病种	I11.901	高血压性心脏病	274694	3 66Y	女	2018.03.29	2018.04.03	7,400	10,909	7,400	67.83%	815	10,909	3,509
I11.9	不伴有(充血性)心力衰竭	n(y)	保守治疗(含简单操作)	核心病种	I11.901	高血压性心脏病	815544	1 36Y	男	2018.08.08	2018.08.20	14,280	10,909	14,280	130.90%	815	10,909	-3,371
I20.0	不稳定性心绞痛	00.4101,00.4601,00.6601,36.070 1,88.5501	(一根冠状血管操作(扩张) or 二根冠状血管操作(扩张))植入二根冠状血管支架/冠状动脉血管腔内成形术(PTCA)/药物洗脱冠状动脉支架植入术/冠状动脉造影) 一根导管	核心病种	I20.000	不稳定性心绞痛	779483	1 75Y	女	2018.01.21	2018.01.24	62,094	66,577	62,094	93.27%	4,974	66,577	4,483
I20.0	不稳定性心绞痛	00.4101,00.4601,00.6601,36.070 1,88.5501	(一根冠状血管操作(扩张) or 二根冠状血管操作(扩张))植入二根冠状血管支架/冠状动脉血管腔内成形术(PTCA)/药物洗脱冠状动脉支架植入术/冠状动脉造影) 一根导管	核心病种	I20.000	不稳定性心绞痛	783870	1 62Y	男	2018.02.24	2018.02.27	77,626	66,577	77,626	116.60%	4,974	66,577	-11,049
I20.0	不稳定性心绞痛	00.4101,00.4701,00.6601,36.070 1,88.5501	(一根冠状血管操作(扩张) or 二根冠状血管操作(扩张))植入三根冠状血管支架/冠状动脉血管腔内成形术(PTCA)/药物洗脱冠状动脉支架植入术/冠状动脉造影) 一根导管	核心病种	I20.000	不稳定性心绞痛	819081	1 70Y	女	2018.08.27	2018.08.31	54,680	66,577	54,680	82.13%	4,974	66,577	11,897
I20.0	不稳定性心绞痛	00.4101,00.4701,00.6601,36.070 1,88.5501	(一根冠状血管操作(扩张) or 二根冠状血管操作(扩张))植入三根冠状血管支架/冠状动脉血管腔内成形术(PTCA)/药物洗脱冠状动脉支架植入术/冠状动脉造影) 一根导管	核心病种	I20.000	不稳定性心绞痛	820376	1 55Y	男	2018.09.01	2018.09.04	57,262	66,577	57,262	86.01%	4,974	66,577	9,315
I20.0	不稳定性心绞痛	88.5501	保守治疗（含冠状动脉造影，一根导管 or 冠状动脉造影，两根导管 or 冠状动脉造影，多根导管）	核心病种	I20.000	不稳定性心绞痛	781307	1 68Y	男	2018.01.30	2018.02.04	12,581	12,676	12,581	99.26%	947	12,676	94

图 6-5　全院收治病种明细

（3）全院各科室 DIP 运行情况：可以查询全院各科室 DIP 运行情况、科室结余/超额排名、收治病人住院天数、使用率、结余/超额、次均药费、次均材料费、次均检验检查费用、次均医疗服务费用、科室 CMI、费用偏差情况、三级四级手术、药比、耗占比、医疗服务占比等指标。

科室	医保人次	人均住院总费用	标准费用	实际支付费用	使用率	使用率2	结余	结余率	西药费
心内五区十	29	68,607.75	1,246,964	1,871,443	159.56%	106.32%	-118,182	-9.48%	94,890.71
心内一区	101	46,426.79	4,726,775	4,709,200	99.20%	99.57%	20,095	0.43%	129,695.66
心外成人科	8	146,006.92	964,939	1,260,578	121.05%	92.66%	92,523	9.59%	236,555.08
心外成人科	23	90,443.82	2,163,846	2,126,006	96.13%	97.85%	46,798	2.12%	272,155.60
心外监护室	2	468,600.80	917,202	917,202	100.00%	100.00%	0	0.00%	323,718.71
心外监察合	2	4,338.75	45,510	8,677	19.07%	100.00%	0	0.00%	413.68
心外小儿区	14	37,882.74	651,191	633,454	81.44%	83.72%	103,096	15.83%	38,010.22
新生儿科	35	21,483.57	713,790	644,415	105.34%	116.68%	-107,510	-15.06%	96,629.85
肿瘤中西科	29	16,178.63	537,246	424,869	87.33%	110.43%	-44,311	-8.25%	247,818.18
肿瘤科病区	22	39,780.33	657,211	762,972	133.16%	114.71%	-112,195	-17.07%	187,042.01
血液病区	49	32,070.05	1,473,742	1,535,635	106.63%	102.33%	-35,797	-2.43%	758,858.24
眼科病区	120	8,478.08	1,057,194	1,044,077	96.23%	97.44%	26,707	2.53%	51,035.03
骨科病区	49	14,515.37	599,308	586,236	118.68%	121.33%	-125,018	-20.86%	72,488.13
中医内科病	24	19,090.48	387,482	430,790	118.24%	106.36%	-27,381	-7.07%	73,957.65
综合二科 G	18	14,380.24	263,774	263,774	98.13%	98.13%	4,929	1.87%	56,709.40
综合二区	14	112,484.99	1,562,895	1,562,895	100.72%	100.72%	-11,195	-0.72%	345,372.46
综合一科组	22	12,984.41	297,006	279,881	96.18%	102.06%	-5,776	-1.94%	44,406.52
综合一区	1	24,032.68	25,270	25,270	95.10%	95.10%	1,237	4.90%	9,708.29
总计	2,171	27,190.69	57,665,794	57,068,794	102.37%	103.44%	-1,962,199	-3.40%	10,710,207.37

图6-6　全院各科室 DIP 运行情况

可以根据需要查询全院各科室收治病人的明细，包括具体收治病人住院天数、使用率、结余/超额、次均药费、次均材料费、次均检验检查费用、次均医疗服务费用、病人入组 CMI、费用偏差情况、三级四级手术、药比、耗占比、医疗服务占比等指标。

科室大类 大内科	科室 风湿免疫科	诊断编码	诊断名称	操作码	操作名称	病种类别	ICD码	诊断名称	住院号	例数	住院总费用	标准分值	标准费用	使用率	使用率2	实际分值	实际支付费用	结余	结余率	西药费
		C22.0	肝细胞癌	54.9101	保守治疗(含核心病种	核心病种	C22.000	肝细胞癌	20681	1	60,194	1,955	26,168	230.03%	176.90%	2,542	34,027	-26,168	-100.00%	35,178.03
		D18.0	血管瘤，任	n(y)	保守治疗(含核心病种	核心病种	D18.009	肌内血管瘤	810931	1	9,801	485	6,492	150.97%	150.97%	485	6,492	-3,309	-50.97%	78.42
		D61.1	药物性再生不	n(y)	保守治疗(含核心病种	核心病种	D61.162	化疗(放疗)后贫血	92135	1	13,401	938	12,555	106.73%	106.73%	938	12,555	-845	-6.73%	6,867.37
		D69.3	特发性血小	41.3102	保守治疗(含核心病种	核心病种	D69.303	出血性紫癜	818906	1	18,669	1,492	19,970	93.49%	93.49%	1,492	19,970	1,301	6.51%	3,692.76
		D69.6	血小板减少	41.3101,41	保守治疗(含核心病种	核心病种	D69.600	血小板减少	287593	1	81,112	2,150	28,778	281.86%	154.99%	3,910	52,335	-28,778	-100.00%	42,810.26
		E04.1	非毒性单个	n(y)	保守治疗(含核心病种	核心病种	E04.101	甲状腺结节	809573	1	23,535	329	4,404	534.45%	123.92%	1,429	19,132	-4,404	-100.00%	6,353.48
		E11.5	非胰岛素依	n(y)	保守治疗(含核心病种	核心病种	E11.503	2型糖尿病足病	806999	1	13,121	881	11,792	111.27%	111.27%	881	11,792	-1,329	-11.27%	2,707.35
		F45.9	躯体形式障	n(y)	保守治疗(含核心病种	核心病种	F45.900	躯体形式障碍	780090	1	6,668	704	9,423	70.13%	70.13%	704	9,423	2,815	29.87%	656.81
		I40.0	急性心肌炎	n(y)	保守治疗(含核心病种	核心病种	I40.001	病毒性心肌炎	787590	1	52,658	1,249	16,718	314.98%	146.52%	2,685	35,940	-16,718	-100.00%	22,677.73
		I63.9	脑梗死	n(y)	保守治疗(含核心病种	核心病种	I63.905	多发性、腔隙性脑梗	473178	1	58,694	934	12,502	469.49%	127.96%	3,451	46,192	-12,502	-100.00%	20,440.25
		I71.2	胸主动脉瘤	n(y)	保守治疗(含核心病种	核心病种	I71.204	主动脉弓动脉瘤	775375	1	11,683	478	6,398	182.60%	182.60%	478	6,398	-5,285	-82.60%	1,107.80
		I72.0	颈动脉瘤	n(y)	保守治疗(含核心病种	核心病种	I72.00001	颈动脉夹层形成	816961	1	13,481	715	9,570	140.87%	140.87%	715	9,570	-3,911	-40.87%	3,299.26
		I77.6	动脉炎	86.1101	保守治疗(含核心病种	核心病种	I77.606	系统性血管炎	725949	1	19,500	1,281	17,146	113.73%	113.73%	1,281	17,146	-2,354	-13.73%	1,729.56
		I77.6	动脉炎	n(y)	保守治疗(含核心病种	核心病种	I77.600	动脉炎	777589	1	20,958	803	10,748	194.99%	194.99%	803	10,748	-10,210	-94.99%	4,282.76
									762339	1	10,198	803	10,748	94.88%	94.88%	803	10,748	550	5.12%	1,757.98

图6-7　各科室收治病种明细

2. 综合病种收治情况分析

综合病种对部分医院的结余/超额影响比较大，需要具体分析综合病种的原因，通过统计了解综合病种住院天数、使用率、结余/超额、次均药费、次均材料费、次均检验检查费用、次均医疗服务费用、费用偏差情况、三级四级手术、药比、耗占比、医疗服务占比等指标。

诊断编码	诊断名称	例数	住院总费用	分值库标准分值	上年度同级别医院对应费用	平均费用	使用率(职工14.2,居民14)	实际分值	加权分值	加权金额	加权差余
C	综合病种	1	149,214	2,672	42,050	149,214	154.31%	6,810	6,980	99,113.58	-50,100.80
D	综合病种	3	61,322	5,145	23,649	20,441	83.93%	5,145	5,274	74,885.48	13,563.43
I	综合病种	2	415,233	4,940	43,757	207,617	158.72%	18,499	18,962	268,708.76	-146,524.61
J	综合病种	1	9,578	1,276	21,150	9,578	116.73%	578	592	8,410.75	-1,167.40
K	综合病种	2	18,017	2,656	23,442	9,009	79.65%	1,597	1,637	23,212.86	5,195.76
L	综合病种	2	12,864	1,468	14,862	6,432	95.61%	947	971	13,790.28	926.44
M	综合病种	2	30,840	3,308	22,196	15,420	65.65%	3,308	3,391	48,147.94	17,307.56
N	综合病种	1	18,840	804	15,127	18,840	165.02%	804	824	11,702.22	-7,138.06
P	综合病种	15	216,039	9,165	22,068	14,403	264.37%	5,837	5,983	84,359.82	-131,679.41
Q	综合病种	7	669,717	12,978	32,093	95,674	163.04%	29,132	29,861	422,536.30	-247,180.50
A	综合病种	27	1,253,312	33,669	15,261	46,419	101.72%	86,807	88,977	1,263,171.06	9,859.23
B	综合病种	19	398,644	22,420	11,495	20,981	88.54%	31,758	32,552	461,872.81	63,228.48
C	综合病种	386	18,323,116	1,031,392	38,435	47,469	125.83%	1,026,963	1,052,637	14,936,647.32	-3,386,469.06
D	综合病种	374	11,461,456	641,410	20,858	30,646	102.15%	792,052	811,853	11,514,644.14	53,188.61
E	综合病种	97	1,814,850	90,598	14,243	18,710	133.80%	95,701	98,093	1,391,607.28	-423,242.22
F	综合病种	63	692,192	56,385	12,155	10,987	96.07%	51,116	52,394	741,260.30	49,068.13
G	综合病种	60	1,543,945	77,160	14,332	25,732	88.60%	123,020	126,096	1,788,386.16	244,441.13

图6-8　全院收治综合病种情况

可以根据需要查询每个进入综合病种病人的诊断、手术操作编码、住院天数、使用率、结余/超额、次均药费、次均材料费、次均检验检查费用、次均医疗服务费用、费用偏差情况、三级四级手术、药比、耗占比、医疗服务占比等指标。

诊断编码	诊断名称	ICD码	诊断名称	科室	例数	住院总费用	平均住院日	记账金额	分值库标准分值	上年度同级别医院对应费用	使用率占比上年同级别医院对比	实际支付用职工14.2,居民14	加权分值	加权差余
C	综合病种	C73.x00	甲状腺恶性肿瘤	重症监护科一科病区	1	149,214	12	96,827.47	2,672	42,050	354.85%	96,696	6,980	-50,100.80
D	综合病种	D12.400	降结肠良性肿瘤	肛肠科	1	13,071	4	7,928.02	1,715	23,649	55.27%	24,353	1,758	11,890.56
		D18.009	肌内血管瘤	血管与整形外科病区	1	12,341	3	8,302.49	1,715	23,649	52.18%	24,353	1,758	12,621.19
		D35.200	垂体良性肿瘤	神经外科病区	1	35,910	7	25,680.99	1,715	23,649	151.89%	24,353	1,758	-10,948.32
I	综合病种	I65.002	椎动脉闭塞	神经一科(神经变性病)	1	277,071	25	200,037.66	2,470	43,757	633.20%	187,016	13,499	-85,379.74
		I77.113	主动脉狭窄	新生儿科	1	138,162	21	58,394.98	2,470	43,757	315.75%	74,606	5,462	-61,144.87
J	综合病种	J39.220	咽喉间隙感染	口腔颌面外科病区	1	9,578	9	5,589.66	1,276	21,150	45.29%	8,206	592	-1,167.40
K	综合病种	K52.203	过敏性肠炎	新生儿科	1	4,744	3	2,779.40	1,328	23,442	20.24%	3,762	215	-859.88
		K72.905	肝功能不全	感染科病区	1	13,273	7	7,842.18	1,328	23,442	56.62%	18,858	1,361	6,055.64
L	综合病种	L29.900	瘙痒症	皮肤性病科病区	1	8,542	4	5,854.07	734	14,862	57.47%	10,423	752	2,141.61
		L95.901	寻麻疹性血管炎	皮肤性病科病区	1	4,322	3	2,109.04	734	14,862	29.09%	3,031	219	-1,215.17

图6-9　全院收治综合病种明细

3. 全院住院人次人头比

人次人头比反映重复收治病人的指标，有些统筹区将其作为监管和考核指标。

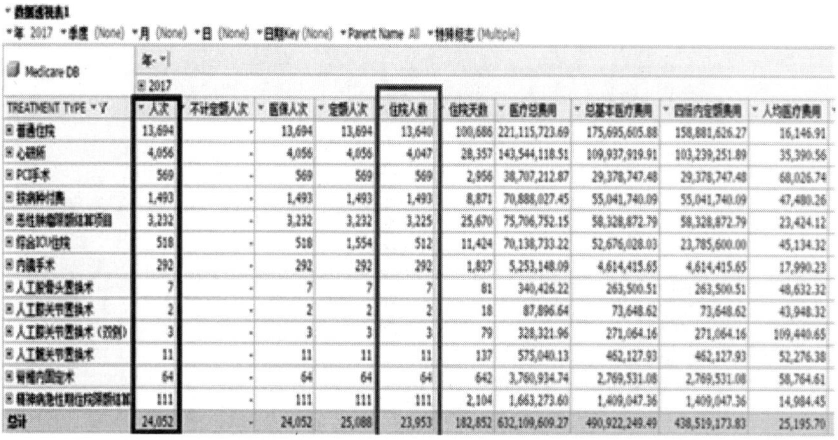

图 6 - 10　全院住院人次人头比

4. 费用偏差指标

在 DIP 中，每例病人住院费用的高低与分值的支付相关。大部分医保局均设置了使用率支付办法。具体见费用偏差部分。低使用率按照政策打折支付，但同时也是低标准住院监控的对象。而合理的使用率能得到满分支付，所以要随时了解费用偏差的情况。使用率包括低于 50%、50%～100%、100%～200%、大于 200%（实际按照各地政策）的比例，应尽量提高使用率 50%～100% 的入组病人比例，这是相对治疗合理区间和支付最佳比例。

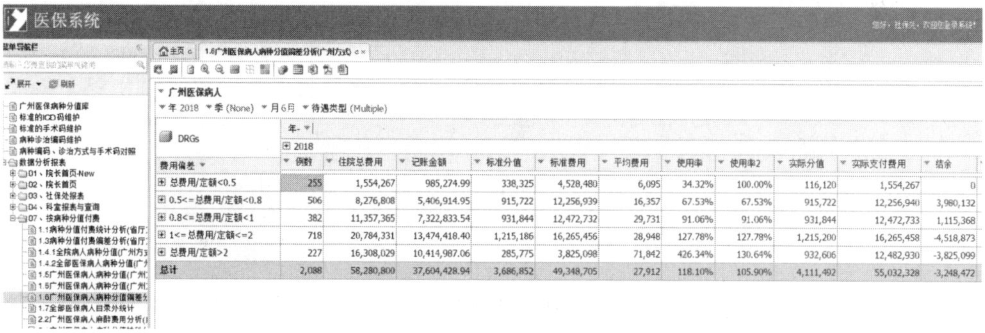

图 6 - 11　全院费用偏差报表

（二）科室 DIP 费用分析监管系统：科室报表、费用偏差

科室本身需要实时了解 DIP 的运行情况，将科室 DIP 报表上传 HIS 的医师工作站，让科室医师、护士长能及时了解本科室 DIP 运行情况，及时采取措施

进行管控。

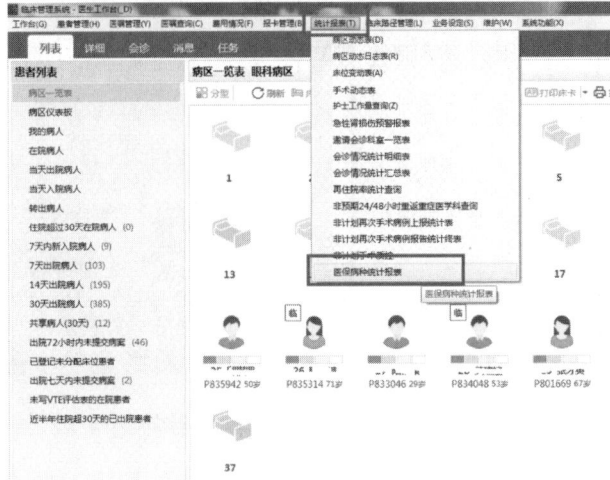

图 6 - 12　科室报表查询

1. 本科室 DIP 运行情况查询

科室可以通过系统实时查阅科室 DIP 运行情况、科室收治病种情况、各病种住院天数、使用率、结余/超额、次均药费、次均材料费、次均检验检查费用、次均医疗服务费用、科室 CMI、费用偏差情况、三级四级手术、药比、耗占比、医疗服务占比等指标。

科室	例数	住院总费用	记账金额	标准分值	标准费用	平均费用	使用率	使用率2	实际分值	实际支付费用	结余	结余率	西
神经科四区（老年医学科三区）	100	3,381,128	2,260,353.28	202,153	2,705,870	33,811	124.96%	112.98%	223,580	2,992,614	-388,514	-14.36%	578,1

图 6 - 13　本科室 DIP 运行情况查询

科室	诊断编	诊断名称	操作码	操作名称	例数	住院总费用	记账金额	标准分值	别医院次均费用	平均费用	上年同级别医院)
神经一科（	A52.3	神经梅毒	03.3101	保守治疗（含腰椎穿刺术）	1	9,124	5,336.64	731	9,784	9,124	93.26%
	A86.X	病毒性脑脊髓炎	n(y)	保守治疗（含简单操作）	1	10,747	0.00	978	31,870	10,747	33.72%
	E11.1	2型糖尿病伴有酮症酸中毒	n(y)	保守治疗（含简单操作）	1	26,979	17,910.29	779	10,251	26,979	263.18%
	F01.9	血管性痴呆	n(y)	保守治疗（含简单操作）	1	14,474	9,327.67	1,071	13,911	14,474	104.05%
	G00.9	细菌性脑膜炎	03.3101	保守治疗（含腰椎穿刺术）	1	32,830	8,054.63	1,774	30,286	32,830	108.40%
	G04.9	脑炎、脊髓炎和脑脊髓炎	03.3101	保守治疗（含腰椎穿刺术）	1	46,984	15,828.43	1,909	26,015	46,984	180.60%
	G20.0	帕金森病	n(y)	保守治疗（含简单操作）	9	80,876	47,658.47	11,277	112,743	8,986	71.73%
	G20.X	帕金森病	03.3101	保守治疗（含腰椎穿刺术）	1	13,104	1,834.09	1,208	27,641	13,104	47.41%
	G35.X	多发性硬化	n(y)	保守治疗（含简单操作）	1	13,458	7,317.69	867	11,604	13,458	115.98%
	G35.X	多发性硬化	03.3101	保守治疗（含腰椎穿刺术）	1	15,515	9,755.36	1,524	17,042	15,515	91.04%
	G40.9	癫痫	n(y)	保守治疗（含简单操作）	1	9,803	6,810.37	310	6,771	9,803	144.77%
	G44.2	紧张型头痛	n(y)	保守治疗（含简单操作）	1	8,832	5,979.98	627	8,916	8,832	99.06%
	G45.0	椎基底动脉综合征	n(y)	保守治疗（含简单操作）	2	20,006	11,455.30	1,198	17,406	10,003	114.94%

图 6 - 14　临床科室病种统计

可以根据需要查询收治病种的具体情况，具体包括每个病人的病种住院天数、使用率、结余/超额、次均药费、次均材料费、次均检验检查费用、次均医疗服务费用、CMI、费用偏差情况、三级四级手术、药比、耗占比、医疗服务占比等指标。

科室	诊断编	诊断名称	操作码	操作名称	Parent Patient Ty	Patient Type List ID	例数	住院总费用	记账金额	标准分值	别医院次均费用
神经一科（	A52.3	神经梅毒	03.3101	保守治疗(含腰椎穿刺术)	广州市医保	职工医保	1	9,124	5,336.64	731	9,784
	A86.X	病毒性脑脊髓炎	n(y)	保守治疗(含简单操作)	广州市医保	职工医保	1	10,747	0.00	978	31,870
	E11.1	2型糖尿病伴有酮症酸中毒	n(y)	保守治疗(含简单操作)	广州市医保	职工医保	1	26,979	17,910.29	779	10,251
	F01.9	血管性痴呆	n(y)	保守治疗(含简单操作)	广州市医保	职工医保	1	14,474	9,327.67	1,071	13,911
	G00.9	细菌性脑膜炎	03.3101	保守治疗(含腰椎穿刺术)	广州市医保	居民医保(非从业及	1	32,830	8,054.63	1,774	30,286
	G04.9	脑炎、脊髓炎和脑脊髓炎	03.3101	保守治疗(含腰椎穿刺术)	广州市医保	职工医保	1	46,984	15,828.43	1,909	26,015

图 6 – 15　科室收治病种明细

2. 收治病人的门诊医师、主治医师、手术医师查询

可以根据需要查询收治病人的门诊医师、主治医师、手术医师，使责任落实到人。

科室	诊断编	诊断名称	操作码	操作名称	ICD码	诊断名称	主治医生	门急诊医生	术者	例数	住院总费用	记账金额	分值库标准分值	上年度同级别医院次均费用	平均费用
神经一科（	A52.3	神经梅毒	03.3101	保守治疗(含腰椎穿刺术)	A52.300	神经梅毒				1	9,124	5,336.64	731	9,784	9,124
	E11.1	2型糖尿病伴有酮症酸中毒	n(y)	保守治疗(含简单操作)	E11.103	2型糖尿病性酸中毒				1	26,979	17,910.29	779	10,251	26,979
	F01.9	血管性痴呆	n(y)	保守治疗(含简单操作)	F01.900	血管性痴呆				1	14,474	9,327.67	1,071	13,911	14,474
	G00.9	细菌性脑膜炎	03.3101	保守治疗(含腰椎穿刺术)	G00.900	细菌性脑膜炎				1	32,830	8,054.63	1,774	30,286	32,830
	G04.9	脑炎、脊髓炎和脑脊髓炎	03.3101	保守治疗(含腰椎穿刺术)	G04.904	急性脊髓炎				1	46,984	15,828.43	1,909	26,015	46,984
	G20.X	帕金森病	n(y)	保守治疗(含简单操作)	G20.x00	帕金森病				1	9,481	5,042.78	1,253	12,527	9,481

图 6 – 16　科室收治手术医师

（三）医师工作站 DIP 费用分析监管系统：使用率、分值、诊断

1. 使用率、结余/超额提醒

合理控费，过程管理，可以在医师工作站根据当前患者的诊断和操作，按照病种分值库的病种组合，预算点值，入组规则智能匹配目前医疗状态下可入组情况、使用率、预结余/超额，随着诊疗过程的变化，病种组合、使用率和预支付费用会同步变化，及时提醒医师合理控费。

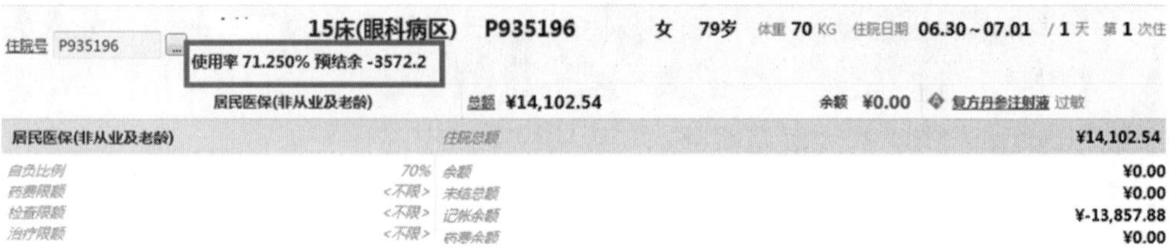

图 6－17　医师工作站使用率结余/超额情况提醒

2. 入组情况分析

医师可以根据需要具体查询目前入组病种组合、标准分值、加权分值、预支付费用、结余/超额情况，如果第一诊断和操作发生变化，系统会同步调整按照新的诊断和操作组合入组。

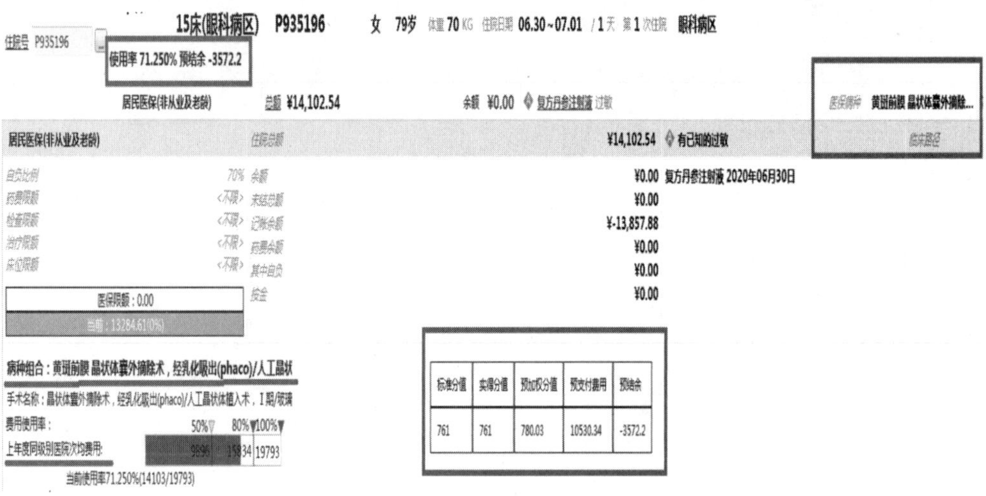

标准分值	实得分值	预加权分值	预支付费用	预结余
761	761	780.03	10530.34	-3572.2

图 6－18　医师工作站病种组合入组情况

3. 使用率超 80% 提醒功能

当使用率超 80%，会提醒医师注意控制费用。

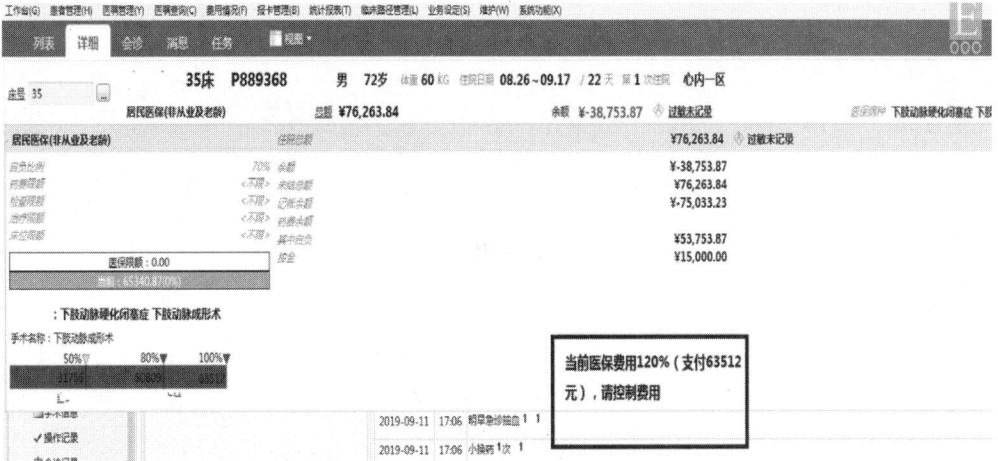

图 6 - 19 使用率超 80% 提醒

4. 诊断对应其他诊疗方式提醒

通过点击诊断，会显示诊断对应各种操作的病种组合上年度同级别次均费用及使用率的目标值。

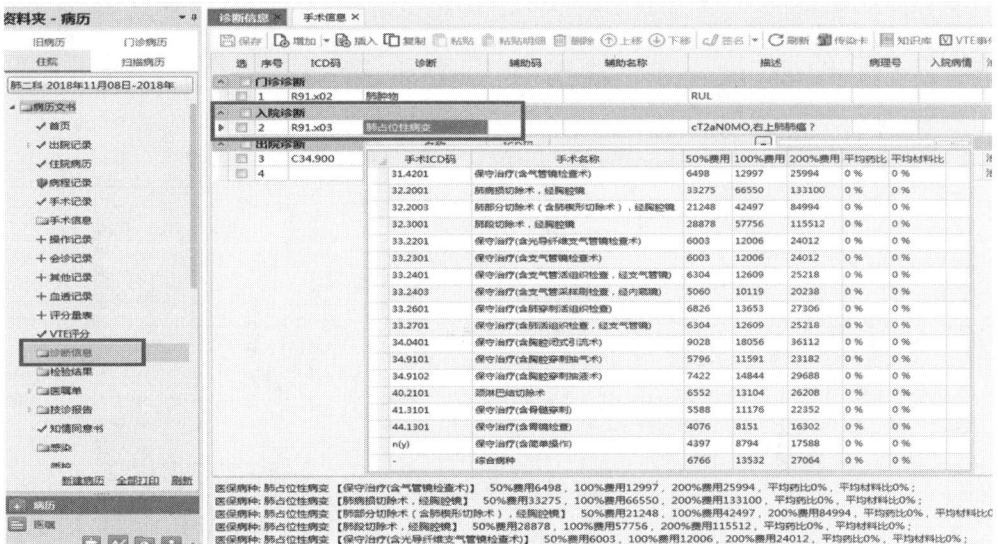

图 6 - 20 诊断对应病种组合诊疗方式费用控制目标

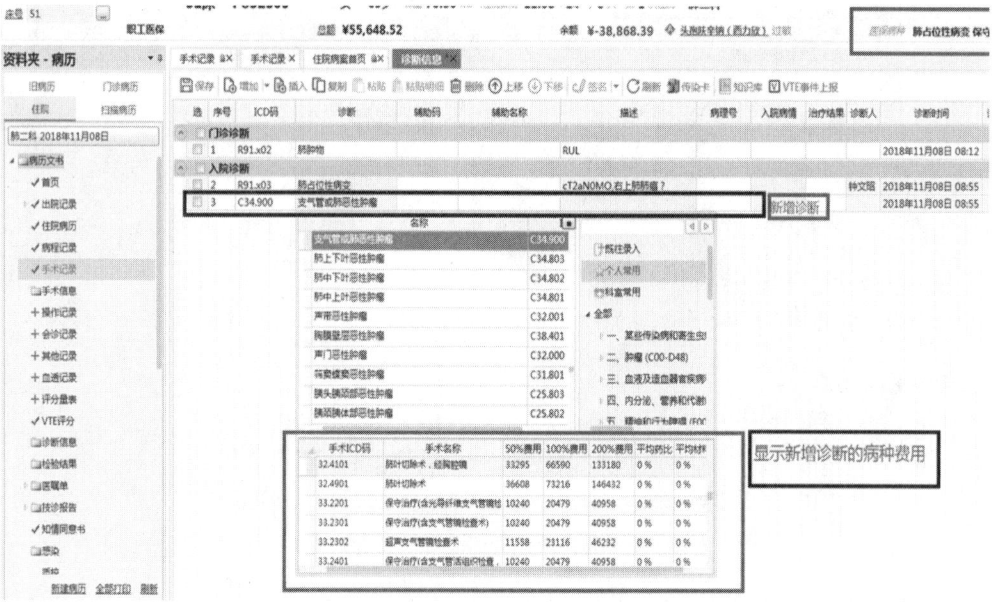

图 6 – 21   新增诊断对应病种组合诊疗方式费用控制目标

（四）医保病种麻醉费用统计报表

目标为加强麻醉费用的合理使用，给麻醉科室进行定额管理，考核绩效。根据统计分析麻醉的费用，包括整体运行情况、各科室麻醉费用、病种麻醉费用、麻醉结余/超额情况、收治病人具体明细情况等。

诊断名称	操作码	例数	手术费	麻醉费	麻醉定额	人均麻醉费	麻醉项目	麻醉材料	麻醉药品	麻醉时间	手术时长	麻醉费占比	麻醉药占麻醉费
综合病种		7	46,856.87	37,407.99	33,463	5,344.00	19,737.44	2,406.13	15,264.42	1,470	975	14.74%	40.81%
直肠恶性肿瘤	48.3501	1	1,690.00	4,056.69	4,786	4,056.69	2,348.00	0.00	1,708.69	150	115	21.09%	42.12%
上叶，支气管或肺的恶性肿瘤	32.2003	4	26,354.42	28,076.90	29,652	7,019.23	12,809.86	5,382.95	9,884.09	840	540	15.00%	35.20%
乳房上外象限恶性肿瘤	85.4301	1	7,317.41	5,058.48	4,598	5,058.48	2,451.00	0.00	2,607.48	180	95	17.05%	51.55%
前列腺恶性肿瘤	60.1101	3	717.76	2,921.85	16,862	973.95	855.00	0.00	2,066.85	150	75	5.94%	70.74%
睾丸下降部的恶性肿瘤	62.3 06	1	3,276.46	3,383.51	4,196	3,383.51	2,247.62	6.05	1,129.84	120	50	22.71%	33.39%
睾丸恶性肿瘤	62.3 06	1	3,254.40	4,869.04	4,196	4,869.04	2,556.62	6.05	2,306.37	210	150	25.58%	47.37%
肾(除外肾盂)恶性肿瘤	55.5102	1	9,361.46	11,288.40	4,196	11,288.40	3,770.31	871.70	6,646.39	270	180	30.58%	58.88%
膀胱恶性肿瘤	57.4901	2	9,289.12	7,086.88	8,392	3,543.44	4,468.24	12.10	2,606.54	270	115	20.57%	36.78%
甲状腺恶性肿瘤	06.4 01	1	6,948.00	4,786.40	4,235	4,786.40	2,657.00	0.00	2,129.40	240	185	22.08%	44.49%
甲状腺恶性肿瘤	06.2 04	4	31,249.48	19,750.86	16,940	4,937.72	10,513.48	269.00	8,968.38	810	520	20.97%	45.41%
肝部继发性恶性肿瘤	50.2205	1	8,834.96	5,343.49	5,171	5,343.49	2,843.62	256.05	2,243.82	180	105	16.90%	41.99%
综合病种		9	44,506.63	41,262.75	36,983	4,584.75	23,027.94	2,481.30	15,753.51	1,500	825	24.00%	38.18%
宫颈的原位癌	67.2 01	1	1,300.00	5,016.05	4,624	5,016.05	2,590.62	6.05	2,419.38	150	60	49.17%	48.23%
宫颈的原位癌	67.3301	1	1,300.00	4,135.41	4,624	4,135.41	2,590.62	6.05	1,538.74	150	90	41.11%	37.21%
降结肠良性肿瘤	45.4203	1	1,950.00	153.28	4,048	153.28	23.28	130.00	0.00	0	0	1.17%	0.00%
中耳、鼻腔和鼻旁窦良性肿瘤	21.3102	1	3,528.50	2,817.59	4,235	2,817.59	2,222.62	6.05	588.92	90	10	27.86%	20.90%
头、面和颈部皮肤和皮下组织良	83.3902	1	3,896.00	4,247.57	4,235	4,247.57	2,453.62	6.05	1,787.90	180	75	39.01%	42.09%
躯干皮肤和皮下组织良性脂肪瘤	83.3903	2	6,017.00	6,999.04	9,269	3,499.52	4,907.24	12.10	2,079.70	360	105	32.43%	29.71%

图 6 – 22   医保病种麻醉费用统计

诊断名称	操作码	住院号	科室	麻醉方式	例数	手术费	麻醉费	麻醉定额	人均麻醉费	结余	麻醉材料	麻醉药品	麻醉时间	手术时长	麻醉费占比	麻醉药占麻醉费
综合病种		P879969	普通外科一	全身麻醉	1	2,570.75	1,642.08	4,786	1,642.08	3,143.92	185.00	552.08	120	45	9.47%	33.62%
综合病种		P915067	耳鼻喉病区	全身麻醉	1	3,528.50	3,159.87	4,235	3,159.87	1,075.13	6.05	906.20	120	25	29.51%	28.68%
综合病种		P917907	耳鼻喉病区	全身麻醉	1	3,082.00	3,350.54	4,235	3,350.54	884.46	6.05	787.87	210	140	23.39%	23.51%
综合病种		P916489	肺二科	全身麻醉	1	5,983.50	5,809.95	7,413	5,809.95	1,603.05	871.05	1,909.28	150	90	13.52%	32.86%
综合病种		P910147	泌尿外科病	全身麻醉	1	10,248.26	9,365.54	4,196	9,365.54	-5,169.54	825.88	3,914.32	420	345	22.32%	41.79%
综合病种		P908395	普通外科三	全身麻醉	1	14,485.66	6,316.08	5,171	6,316.08	-1,145.08	256.05	2,297.41	300	240	5.98%	36.37%
综合病种		P225588	整形外科病	全身麻醉	1	6,958.20	7,763.93	3,427	7,763.93	-4,336.93	256.05	4,897.26	150	90	37.34%	63.08%
直肠恶性肿	48.3501	P889522	普通外科一	全身麻醉	1	1,690.00	4,056.69	4,786	4,056.69	729.31	0.00	1,708.69	150	115	21.09%	42.12%
上叶,支气	32.2003	P663740	肺二科	全身麻醉	1	5,983.50	6,189.37	7,413	6,189.37	1,223.63	1,235.00	2,160.37	120	60	15.98%	34.90%
上叶,支气	32.2003	P800134	肺二科	插管全麻	1	6,054.71	7,454.43	7,413	7,454.43	-41.43	1,241.05	3,080.76	180	145	16.18%	41.33%
上叶,支气	32.2003	P890611	肺二科	全身麻醉	1	6,074.21	7,873.14	7,413	7,873.14	-460.14	1,956.05	2,372.47	300	185	16.59%	30.13%
上叶,支气	32.2003	P922113	肺二科	全身麻醉	1	8,242.00	6,559.96	7,413	6,559.96	853.04	950.85	2,270.49	240	150	11.93%	34.61%
乳房上外象	85.4301	P919828	乳腺二科	全身麻醉	1	7,317.41	5,058.48	4,598	5,058.48	-460.48	0.00	2,607.48	180	95	17.05%	51.55%
前列腺恶性	60.1101	P916607	泌尿外科病	静脉麻醉	1	224.28	1,190.44	4,196	1,190.44	3,005.56	0.00	900.44	60	15	5.74%	75.64%
前列腺恶性	60.1101	P918530	泌尿外科病	静脉麻醉	1	246.74	938.23	4,196	938.23	3,257.77	0.00	663.23	30	10	5.83%	70.69%
前列腺恶性	60.1101	P922411	肾移植综合	全身麻醉	1	246.74	793.18	8,470	793.18	7,676.82	0.00	503.18	60	50	6.43%	63.44%

图6-23　医保病种麻醉费用统计（明细）

科室	例数	住院人数	手术费	麻醉费	麻醉定额	人均麻醉费	差额	科室CMI	麻醉时间	手术时长	麻醉项目	麻醉材料	麻醉药品	麻醉费占比	麻醉药占麻醉费
葡膜及微创心脏	40	40	1,209,131.09	462,108.42	423,440.00	11,552.71	-38,668.42	117.08	12,630	10,269	224,254.99	86,823.85	151,029.58	7.26%	32.68%
产科病区	6	6	6,554.67	10,101.87	10,794.00	1,683.65	692.13	0.91	1,020	465	6,891.00	1,414.60	1,796.27	13.72%	17.78%
大血管及冠心病	25	25	925,175.49	313,224.75	275,050.00	12,528.99	-38,174.75	126.81	11,695	10,127	163,670.94	46,706.05	102,847.76	5.68%	32.84%
东综合二区（老	1	1	8,346.25	10,874.86	3,952.00	10,874.86	-6,922.86	0.00	180	130	3,697.62	950.85	6,226.39	18.36%	57.25%
东综合一区（老	1	1	19,044.96	10,531.48	0.00	10,531.48	-10,531.48	0.00	630	1,060	6,113.90	1,183.15	3,234.45	10.62%	30.71%
儿科重症监护室	2	2	46,372.89	12,733.54	11,406.00	6,366.77	-1,327.54	1.24	450	270	4,352.50	1,692.85	1,590.52	8.59%	12.49%
耳鼻喉病区	128	128	765,779.49	501,754.28	542,080.00	3,919.96	40,325.72	104.39	21,960	12,745	318,959.49	2,772.53	180,022.26	19.73%	35.88%
肺二科	38	38	335,959.34	284,848.16	281,694.00	7,496.00	-3,154.16	132.69	9,990	6,105	131,716.45	47,433.32	105,698.39	12.03%	37.11%
肺四科	1	1	1,950.00	153.28	4,048.00	153.28	3,894.72	0.89			23.28	130.00	0.00	1.17%	0.00%
肺一科	1	1	396.50	3,914.24	6,391.00	3,914.24	2,476.76	0.00	150	75	2,350.62	6.05	1,557.57	32.16%	39.79%
妇科病区	125	125	815,444.94	651,237.41	578,000.00	5,209.90	-73,237.41	125.51	26,880	18,085	350,606.28	17,342.45	283,288.68	24.62%	43.50%
感染病三区	1	1	6,497.56	5,888.04	0.00	5,888.04	-5,888.04	0.00	120	80	2,635.00	250.00	3,003.04	18.56%	51.00%
骨科肿瘤病区	8	8	55,339.45	43,601.26	0.00	5,450.16	-43,601.26	11.82	1,830	1,215	23,015.81	3,443.56	17,141.89	10.61%	39.32%
关节骨病及创伤	54	54	374,050.17	187,985.68	197,262.00	3,481.22	9,276.32	118.88	9,690	6,999	107,256.99	21,372.38	59,356.31	8.86%	31.57%
冠心病一科（原	2	2	61,404.42	21,306.88	17,600.00	10,653.44	-3,706.88	6.11	600	482	9,779.51	3,296.50	8,230.87	7.29%	38.63%
脊柱外科病区	59	59	1,010,943.13	348,031.39	297,000.00	5,898.84	-51,025.39	99.41	16,110	11,101	178,755.83	10,839.52	158,436.04	9.35%	45.52%
口腔病区	21	21	144,995.73	105,851.01	96,558.00	5,040.52	-9,293.01	14.95	4,980	3,259	59,107.48	2,152.08	44,591.45	18.42%	42.13%
泌尿外科病区	56	56	352,110.26	242,478.24	234,976.00	4,329.97	-7,502.24	63.19	10,140	5,854	137,201.90	5,688.30	99,588.04	18.77%	41.07%
普通外科二区	129	129	941,134.47	537,961.10	546,315.00	4,170.24	8,353.90	189.24	26,430	17,176	314,066.12	9,460.68	214,434.30	15.65%	39.86%
普通外科三区	23	23	228,615.00	143,783.93	118,933.00	6,251.48	-24,850.93	0.00	6,540	5,032	78,151.78	8,059.77	57,572.38	8.09%	40.04%

图6-24　医保科室麻醉费用统计

科室	诊断名称	操作码	住院号	麻醉方式	例数	手术费	麻醉费	麻醉定额	人均麻醉费	差额	加权	加权结余	科室CMI	麻醉时间	手术时长	麻醉项目	麻醉材料	麻醉药品	麻醉费占比	麻醉药占麻醉费
葡膜及微创心脏	纵隔肿瘤病	34.3 02	P913486	全身复合全	1	5,641.96	8,610.98	10,586.00	8,610.98	1,975.02	11,909.25	3,298.27	5.06	180	60	1,601.35	2,620.20	25.32%	30.43%
葡膜及微创心脏	风湿性二尖	35.2401,39.6	P915214	全身复合全	1	31,560.34	9,431.24	10,586.00	9,431.24	1,154.76	11,909.25	2,478.01	5.06	270	199	1,098.20	3,323.28	9.03%	35.24%
葡膜及微创心脏	风湿性二尖	35.2401,39.6	P918677	全身复合全	1	31,457.71	14,877.14	10,586.00	14,877.14	-4,291.14	11,909.25	-2,967.89	6.02	480	407	1,841.05	5,986.10	8.89%	40.24%
葡膜及微创心脏	风湿性二尖	35.2201,38.6	P901128	全身麻醉,全	1	46,532.53	12,426.59	10,586.00	12,426.59	-1,840.59	11,909.25	-517.34	5.06	300	260	1,094.75	5,660.57	1.97%	45.55%
葡膜及微创心脏	风湿性二尖	35.2201,35.2	P672226	全身麻醉,全	1	54,021.56	15,153.20	10,586.00	15,153.20	-3,243.95	11,909.25	-2,061.98	6.02	480	365	3,790.10	4,051.82	3.73%	26.74%
葡膜及微创心脏	风湿性二尖	35.2201,35.2	P919555	全身麻醉,全	1	26,414.21	10,602.57	10,586.00	10,602.57	-16.57	11,909.25	1,306.68	5.06	210	220	1,562.15	3,780.95	9.01%	35.66%
葡膜及微创心脏	风湿性二尖	35.2201,35.2	P920241	全身麻醉,全	1	26,143.46	10,500.71	10,586.00	10,500.71	85.29	11,909.25	1,408.54	5.06	390	300	1,000.90	3,719.61	9.11%	35.42%
葡膜及微创心脏	风湿性二尖	35.2201,35.2	P913760	全身麻醉,全	1	20,856.96	10,024.23	10,586.00	10,024.23	561.77	11,909.25	1,885.02	5.06	270	215	1,084.75	3,929.72	10.74%	39.20%
葡膜及微创心脏	风湿性二尖	88.5501	P919475	局部麻醉,全	1	20,875.46	11,603.13	10,586.00	11,603.13	-1,017.13	11,909.25	306.12	5.06	300	315	2,213.20	3,608.01	10.53%	31.10%
葡膜及微创心脏	风湿性二尖	88.5501	P922684	局部麻醉,复	1	40,446.96	13,921.14	10,586.00	13,921.14	-3,335.14	11,909.25	-2,011.89	6.02	390	360	3,572.25	4,826.06	6.96%	34.67%
葡膜及微创心脏	风湿性二尖	35.2401,39.6	P919408	局部麻醉,全	1	20,823.46	11,536.51	10,586.00	11,536.51	-950.51	11,909.25	372.74	5.06	300	296	2,231.05	3,605.62	9.12%	31.25%
葡膜及微创心脏	风湿性二尖	35.2401,39.6	P918868	局部麻醉,全	1	32,855.21	10,187.88	10,586.00	10,187.88	398.12	11,909.25	1,721.37	5.06	270	265	1,091.35	3,881.35	6.94%	38.10%
葡膜及微创心脏	风湿性二尖	88.5501	P921184	局部麻醉,全	1	33,836.71	9,008.97	10,586.00	9,008.97	1,577.03	11,909.25	2,900.28	6.02	300	265	1,078.45	2,671.05	4.97%	29.65%
葡膜及微创心脏	二尖(瓣)膜	88.5501	P916420	局部麻醉,全	1	43,313.71	13,139.87	10,586.00	13,139.87	-2,553.87	11,909.25	-1,230.62	5.06	480	441	3,303.25	4,218.17	7.15%	32.10%
葡膜及微创心脏	二尖(瓣)膜	35.1201,39.6	P919805	局部麻醉,全	1	32,324.46	9,743.25	10,586.00	9,743.25	842.75	11,909.25	2,150.26	5.06	300	221	1,090.35	3,053.05	8.91%	38.73%
葡膜及微创心脏	二尖(瓣)膜	35.1201,39.6	P921041	全身复合全	1	38,820.96	9,710.63	10,586.00	9,710.63	875.37	11,909.25	2,198.62	5.06	300	225	1,076.20	3,430.16	10.78%	35.32%
葡膜及微创心脏	主动脉(瓣)办	88.5501	P874818	局部麻醉,复	1	31,504.55	11,549.91	10,586.00	11,549.91	-963.91	11,909.25	359.34	5.06	240	270	1,736.70	4,223.27	3.26%	36.57%

图6-25　医保科室麻醉费用统计（明细）

（五）核对系统

将病案首页准确、完整地上传医保局，是 DIP 支付的重要环节，需要建立归档病历、医保局端、申报表核对系统，保证病案首页上传的准确性、完整性。

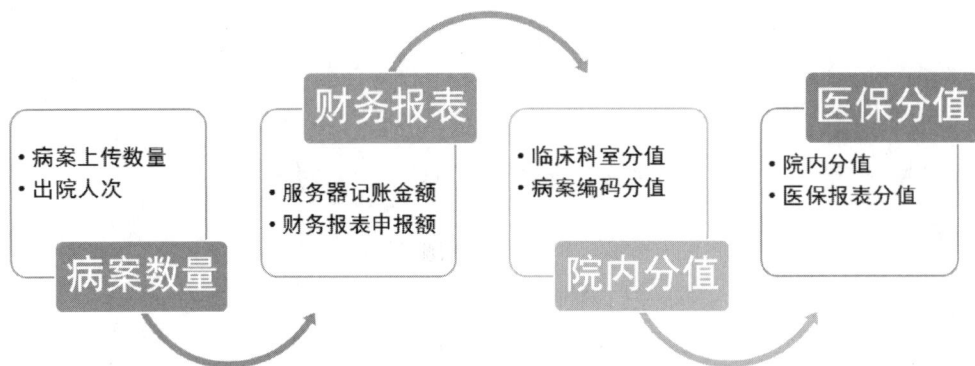

图 6-26　多维度、实时分值复核

诊断编码(归档病历)	操作码(归档病历)	诊断编码(PJ3上传)	操作码(PJ3上传)	诊断编码(三级表)	操作码(三级表)	住院号	住院次	姓名	例数	病种分值(归档病历)	病种分值(PJ3上传)	病种分值(三级表)
N39.0	n(y)	N39.0	n(y)	N39.0	n(y)	p901203	0	1	1	575	575	575
P59.9	n(y)	P59.9	n(y)	P59.9	n(y)	p896890	0	2	1	255	313	313
						908116	1	3	1	255	313	313
A16.2	n(y)	A16.2	n(y)	A16.2	n(y)	931949	1	4	1	631	631	631
A16.5	34.9102	A16.5	34.9102	A16.5	34.9102	935148	1	5	1	833	833	833
A41.5	n(y)	A41.5	n(y)	A41.5	n(y)	514613	4	6	1	840	840	840
A41.5	96.0401	A41.5	96.0401	A41.5	96.0401	350471	2	7	1	1,507	1,507	1,507
A41.5	39.9501	A41.5	39.9501	A41.5	39.9501	326970	6	8	1	840	840	840
						639582	9	9	1	840	840	840
A49.3	n(y)	A49.3	n(y)	A49.3	n(y)	934120	1	10	1	312	312	312
B18.1	n(y)	B18.1	n(y)	B18.1	n(y)	929773	1	11	1	686	686	686
B44.1	n(y)	B44.1	n(y)	B44.1	n(y)	608667	8	12	1	1,291	1,291	1,291
B45.0	33.2601	B45.0	33.2601	B45.0	33.2601	932359	1	13	1	1,434	1,434	1,434
B49.X	n(y)	B49.X	n(y)	B49.X	n(y)	885267	3	14	1	1,281	1,281	1,281

图 6-27　核对系统

当医院归档病历、上传医保局端（PJ3 上传）的病历及申报表（三级表）的诊断、操作一致和入组一致时，系统显示三者分值一致。

（六）分值预测系统

通过预算点值，计算医院 DIP 运行情况，及时了解医保结余/超额情况，以便采取措施控费。

通过系统将不同预算点值输入系统，即可了解医院 DIP 运行情况。

图 6-28　分值预测系统

人员类型	例数	实际分值	CMI	加权分值	加权金额1	加权结余1	结余率1
职工汇总	20796	39599888.23	1.7670	42976964.25	627463678.05	46244648.10	0.08
居民汇总	4662	9349825.17	1.7982	10136436.72	146978332.44	1219706.11	-0.04
总计	25458	48949713.40	1.7726	53113091.15	774442010.49	47464354.21	0.03

图 6-29　分值预测系统

当填入预测点值后，系统会自动测算结余/超额分析统计情况。

年	人员类型	例数	住院总费用	初始分值	CMI	加权分值	核心病种实际分值	实际分值占比	综合病种实际分值	综合病种实际分值占比	工14.05，居民13.96	结算/超额1	测算方案二：职工14.2，居民14	结算/超额2
2018	居民	5,349	149,832,087	9,546,449	1.90	10,386,574	8,030,533	84.12%	1,515,916	15.88%	144,996,578	-4,835,509.56	144,373,383	-5,458,704.00
	职工	19,649	534,287,122	35,208,226	1.79	38,213,295	30,355,093	86.22%	4,853,133	13.78%	536,896,788	2,609,665.90	554,092,771	19,805,648.24
2018合计		24,998	684,119,210	44,754,675	1.82	48,599,869	38,385,626	85.77%	6,369,049	14.23%	681,893,366	-2,225,843.66	698,466,154	14,346,944.24
2019	居民	5,159	156,786,868	9,424,813	1.95	10,257,364	7,899,083	83.81%	1,525,730	16.19%	143,192,802	-13,594,066.24	142,577,360	-14,209,508.06
	职工	19,805	552,169,343	35,153,184	1.77	38,083,875	29,667,758	84.40%	5,485,427	15.60%	535,078,439	-17,090,903.97	552,216,182	46,839.40
2019合计		24,964	708,956,211	44,577,997	1.80	48,341,239	37,566,840	84.27%	7,011,157	15.73%	678,271,241	-30,684,970.22	694,793,542	-14,162,668.67
2020	居民	4,002	124,730,244	7,968,005	2.03	8,656,478	6,439,302	80.81%	1,528,702	19.19%	120,844,427	-3,885,817.15	120,325,038	-4,405,205.79
	职工	16,786	527,324,124	34,978,743	1.94	37,908,959	28,662,340	81.94%	6,316,404	18.06%	532,620,870	5,296,754.44	549,679,910	22,355,785.98
2020合计		20,788	652,054,368	42,946,748	1.96	46,565,437	35,101,642	81.73%	7,845,106	18.27%	653,465,306	1,410,937.29	670,004,949	17,950,580.20
2021	居民	4,953	147,011,514	9,343,244	1.80	10,078,834	6,927,286	74.14%	2,415,959	25.86%	140,700,527	-6,310,987.34	140,095,797	-6,915,717.37
	职工	20,860	585,452,750	39,542,241	1.77	42,671,984	31,126,769	78.72%	8,415,472	21.28%	599,541,370	14,088,620.04	618,743,763	33,291,012.50
2021合计		25,813	732,464,264	48,885,485	1.77	52,750,818	38,054,054	77.84%	10,831,431	22.16%	740,241,897	7,777,632.70	758,839,559	26,375,295.13
总计		96,563	2,777,594,054	181,164,905	1.83	196,257,362	149,108,163	82.31%	32,056,742	17.69%	2,753,871,810	-23,722,243.89	2,822,104,205	44,510,150.91

图 6-30　分值预测系统

（七）成本系统

医院的成本核算必须结合 DIP 的结余/超额情况，才能准确计算医院真正的效益。

成本系统包括医院的成本、医保结余/超额两部分。可以统计分析病种、科室、具体的每一位病人、医师。

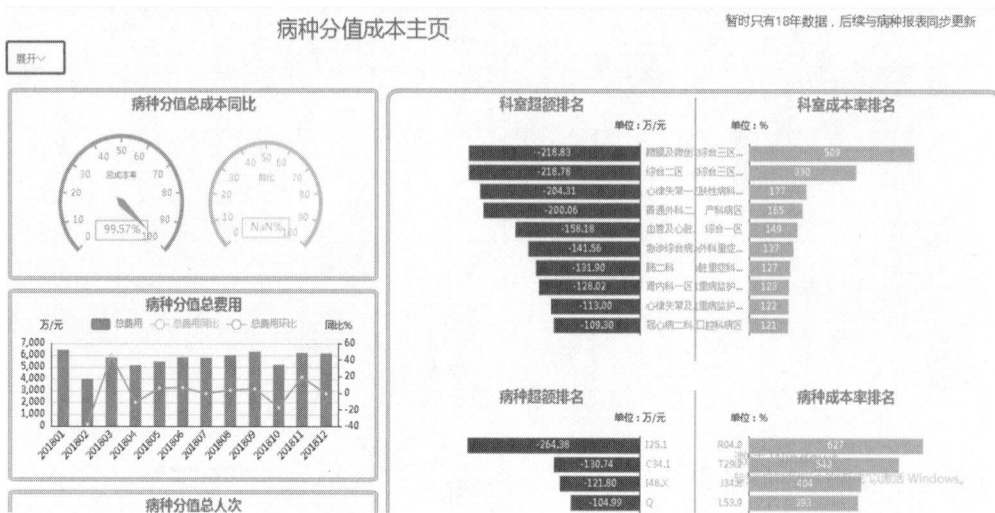

图 6-31　全成本分析系统

科室	人次	总费用	总盈亏	加权结余率	科室-加权结余率-占比	成本率	科室-成本率-占比	总成本	分值盈亏	成本盈亏	药品成本
(禁)胃肠肿瘤内科	725	11936090.36	-549440.18	-0.098446	0.024818	0.947586	0.012060	11310474.84	-1175055.70	625615.52	6600812.57
血管及心脏瓣膜科12楼(原心	819	38740143.17	6953972.50	0.057115	-0.014399	0.877612	0.011170	33998808.17	2212637.50	4741335.00	1299940.08
(禁用)骨科病区	7	386296.37	-981706.70	0.131926	-0.033259	3.673257	0.046751	1418965.74	50962.67	-1032669.37	39334.17
/	33	6357160.77	118.20	0.062680	-0.015802	1.062661	0.013525	6755506.60	398464.03	-398345.83	6537947.67
东川急诊留观	1	4613.55	0.00	-1.000000	0.252102	0.000000	0.000000	0.00	-4613.55	4613.55	0.00
中医内科病区	872	13371187.24	-810654.76	-0.126363	0.031856	0.934264	0.011891	12492218.19	-1689623.81	878969.05	3691318.90
乳腺科	2290	38170165.85	16350746.62	0.166399	-0.041949	0.738035	0.009393	28170904.76	6351485.53	9999261.09	4948703.01
乳腺肿瘤科	2449	41683616.73	19903435.75	0.169831	-0.042815	0.692342	0.008812	28859331.32	7079150.34	12824285.41	6111782.72
产科病区	3735	14167218.13	-8675576.18	-0.249003	0.062774	1.363366	0.017352	19315109.01	-3527685.30	-5147890.88	1087834.35

图 6-32　科室成本测算

科室	诊断编码/诊断名称	操作码/操作名称	住院号/住院次/姓名	人次	总费用	总盈亏	加权结余率	科室-加权结余率-占比	成本率	科室-成本率-占	总成本	分值盈亏	成本盈亏	药品成本
中医内科病区	C11.9/鼻咽恶性肿瘤	n(y)/保守治疗(含简单操作)	a	1	11387.11	8250.06	0.732116	0.109506	1.007608	0.017318	11473.74	8336.69	-86.63	2926.74
中医内科病区	C18.2/升结肠恶性肿	n(y)/保守治疗(含简单操作)	b	1	7430.97	6866.47	1.038498	0.155333	1.114464	0.019155	8281.55	7717.05	-850.58	1692.43
中医内科病区	C34.1/上叶, 支气管或肺的恶性肿瘤	n(y)/保守治疗(含简单操作)	c	1	11181.29	5447.98	0.331787	0.049627	0.844547	0.014515	9443.12	3709.81	1738.17	1469.39
中医内科病区	C76.2/腹部恶性肿瘤	n(y)/保守治疗(含简单操作)	a	1	19550.54	-182.51	-0.217779	-0.032574	0.791557	0.013605	15475.36	-4257.69	4075.18	1783.33
中医内科病区	D50.9/缺铁性贫血	n(y)/保守治疗(含简单操作)	b	1	13472.00	-3909.10	-0.523575	-0.078313	0.766590	0.013176	10327.50	-7053.60	3144.50	904.27
中医内科病区	D86.0/肺结节病	n(y)/保守治疗(含简单操作)	c	1	10217.92	-1188.11	-0.101166	-0.015132	1.015111	0.017447	10372.32	-1033.71	-154.40	2147.52
中医内科病区	D86.0/肺结节病	n(y)/保守治疗(含简单操作)	a	1	5095.74	-2559.26	-0.173413	-0.025938	1.328822	0.022839	6771.33	-883.67	-1675.59	1009.28
中医内科病区	E11.8/2型糖尿病伴有并发症	n(y)/保守治疗(含简单操作)	b	1	7720.88	-500.84	0.257394	0.038500	1.322262	0.022726	10209.03	1987.31	-2488.15	1367.21
中医内科病区	E11.9/2型糖尿病不伴有并发症	n(y)/保守治疗(含简单操作)	c	1	11356.47	-5107.48	-0.180996	-0.027072	1.268746	0.021806	14408.48	-2055.47	-3052.01	1742.57

图 6-33　科室成本测算（明细）

诊断编码/诊断名称	人次	总费用	总盈亏	加权结余率	诊断编码/诊断名称-加权结余率-占比	成本率	总成本	分值盈亏	成本盈亏	药品成本
A/综合病种	121	4280875.67	1146557.45	-0.040162	0.000505	0.692006	2962391.28	-171926.94	1318484.39	904363.53
A02.0/沙门菌肠炎	1	5100.25	6416.91	0.258156	-0.003248	0.000000	0.00	1316.66	5100.25	0.00
A04.9/细菌性肠道感染	1	425479.11	510333.04	0.199431	-0.002509	0.000000	0.00	84853.93	425479.11	231226.30
A08.0/轮状病毒性肠炎	4	25211.63	-12298.33	-0.260377	0.003276	1.227427	30945.44	-6564.52	-5733.81	2794.04
A09.0/传染性病因的胃肠炎和结肠炎，其他的	2	31790.81	-9671.84	-0.332202	0.004180	0.972032	30901.67	-10560.98	889.14	9844.13
A09.9/胃肠炎和结肠炎	3	18029.04	-6206.55	-0.294200	0.003701	1.050053	18931.45	-5304.14	-902.41	1978.61
A15.0/肺结核，经显微镜下痰检查证实，伴有或不伴有痰培养	13	321929.36	-11578.72	-0.073738	0.000928	0.962229	309769.78	-23738.30	12159.58	144363.01
A15.2/肺结核，经组织学所证实	14	418669.88	-61928.35	-0.247977	0.003120	0.899939	376777.54	-103820.69	41892.34	31669.02
A15.3/肺结核，经证实的	1	4977.66	5428.94	1.067315	-0.013428	0.976654	4861.45	5312.73	116.21	89.17

图 6 – 34　病种成本测算

诊断编码/诊断名称	科室	操作码/操作名称	住院号/住院次/姓名	人次	总费用	总盈亏	成本率	总成本	分值盈亏	成本盈亏	药品成本
A08.0/轮状病毒性肠炎	普通儿科	n(y)/保守治疗(含简单操作)		1	1720.00	-1554.21	1.788552	3076.31	-197.90	-1356.31	112.29
A08.0/轮状病毒性肠炎	#	#		1	1720.00	-1554.21	1.788552	3076.31	-197.90	-1356.31	112.29
A09.9/胃肠炎和结肠炎	普通儿科	n(y)/保守治疗(含简单操作)		1	1495.54	-1319.81	1.706507	2552.15	-263.20	-1056.61	190.88
A09.9/胃肠炎和结肠炎	#	#		1	1495.54	-1319.81	1.706507	2552.15	-263.20	-1056.61	190.88
A15.0/肺结核，经显微镜下痰检查证实，伴有或不伴有痰培养	肺四科	n(y)/保守治疗(含简单操作)		1	9938.40	5528.02	0.734016	7294.94	2884.56	2643.46	5249.92
A15.0/肺结核，经显微镜下痰检查证实，伴有或不伴有痰培养	#	#		1	9938.40	5528.02	0.734016	7294.94	2884.56	2643.46	5249.92
A15.2/肺结核，经组织学所证实	放射治疗科病区	n(y)/保守治疗(含简单操作)		1	7865.71	5647.59	0.616164	4846.57	2628.45	3019.14	179.03
A15.2/肺结核，经组织学所证实	肺二科B区	33.3902/肺(胸膜)粘连松解术，经胸腔镜		1	48881.39	8566.72	0.624779	30540.08	-9774.59	18341.31	2480.98

图 6 – 35　病种成本测算（明细）

（本章撰写人：广东省人民医院陈维雄）

第七章

医保结算清单与病案首页

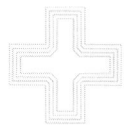

第一节　医保结算清单填写规范

医疗保障基金结算清单（简称"医保结算清单"）是指医保定点医疗机构在开展住院、门诊慢特病等医疗服务后，向医保部门申请费用结算时提交的数据清单。为统一医保结算清单数据采集标准，提高医保结算清单数据质量，促进医保结算管理行为规范，提升医保管理绩效，根据《国家医疗保障局关于印发医疗保障定点医疗机构等信息业务编码规则和方法的通知》（医保发〔2019〕55号）有关要求，制定医保结算清单填写规范。

一、基本要求

（1）医保结算清单是各级各类医保定点医疗机构开展住院、门诊慢特病、日间手术等医疗服务后，向医保部门申请费用结算时提交的数据清单。

（2）医保结算清单数据指标共有193项，其中基本信息部分31项、门诊慢特病诊疗信息部分6项、住院诊疗信息部分58项、医疗收费信息部分98项。

（3）医保结算清单填写应当客观、真实、及时、规范，项目填写完整，准确反映患者诊疗、医疗收费等信息。

（4）医保结算清单中常用的标量、称量等数据项应当使用国家和医保、卫生行业等相关标准。其中，住院诊疗信息数据指标填报主要来自住院病案首页数据，医疗收费信息数据指标填报口径应与财政部、国家卫生健康委员会、国家医疗保障局统一的"医疗住院收费票据"和"医疗门诊收费票据"信息一致。

（5）西医疾病诊断代码统一使用《医疗保障疾病诊断分类与代码》，手术和操作代码统一使用《医疗保障手术操作分类与代码》，中医疾病诊断代码统一使用《医疗保障中医诊断分类与代码》，门诊慢特病病种代码统一使用《医疗保障门诊慢特病病种代码》，日间手术病种代码统一使用《医保日间手术病种分类与代码》。填写疾病诊断、手术及操作项目时应当同时填写名称及代码。

（6）凡栏目中有"□"的，应当在"□"内填写相对应项的序号。

（7）所有项目均为必填数据指标，有则必填，无则空项。

（8）凡栏目中有"……"的，由各统筹地区根据本地实际情况增添数据指标。原则上，增添数据指标前应向国家医疗保障局报备。

（9）门诊慢特病患者无需填报"住院诊疗信息"，住院患者无需填报"门诊慢特病诊疗信息"。

（10）清单存储及保管要求。医保部门及医疗机构应妥善保管结算清单。为保证清单的客观真实及法律效力，依据《中华人民共和国电子签名法》、《财政部　国家档案局关于规范电子会计凭证报销入账归档的通知》（财会〔2020〕6号）及《财政部关于修改〈财政票据管理办法〉的决定》（财政部令第104号）等文件的相关规定，清单经可靠的电子签名并归档后可以电子结算清单的形式存储保管，也可以打印后加盖经办人签章，以纸质结算清单的形式存储保管。

二、数据采集标准

（一）基本信息数据指标

基本信息部分：31项数据指标，主要用于定点医疗机构和患者的身份识别。

（1）清单流水号：医保部门接到某定点医疗机构结算清单时自动生成的流水号码。流水号码的设置为每家定点医疗机构单独生成顺序码。清单流水号为9位，由医保结算清单年度编码和顺序号编码两部分组成。第一部分：医保结算清单年度编码（2位）。用于区分医保结算清单赋码年度，使用数字表示。如"21"表示2021年度。第二部分：顺序号编码（7位）。用于反映某年度某定点医疗机构上传医保结算清单的流水码，使用数字表示。如"0000001"表示该年度每家定点医疗机构向医保部门上传的第一份医保结算清单。

（2）定点医疗机构名称：患者就诊所在的定点医疗机构名称，按照《医疗机构执业许可证》登记的机构名称填写。

（3）定点医疗机构代码：为定点医疗机构在国家医保局"医保业务编码标准动态维护"平台上获取的本机构代码。

（4）医保结算等级：定点医疗机构医保管理信息数据子集中的"定点医疗机构收费等级"，分为一级、二级和三级。

（5）医保编号：参保人在医保系统中的唯一身份代码。

（6）病案号：定点医疗机构为每一位患者病案设置的唯一编码。原则上，同一患者在同一医疗机构多次住院应使用同一病案号。

（7）申报时间：定点医疗机构上报医保结算清单的时间。

（8）姓名：患者本人在公安户籍管理部门正式登记注册的姓氏和名称。

（9）性别：患者生理性别，按照《个人基本信息分类与代码　第1部分：人的性别代码》（GB/T 2261.1－2003）标准，分为：⓪未知的性别、①男、

②女、⑨未说明性别。

（10）出生日期：患者出生当日的公元纪年日期的完整描述。

（11）年龄（岁）：患者年龄1周岁的实足年龄，为患者出生后按照日历计算的历法年龄，以实足年龄的相应整数填写。

（12）（年龄不足1周岁）年龄（天）：患者实足年龄不足1周岁的，按照实足天龄的相应整数填写。

（13）国籍：患者所属国籍，按照《世界各国和地区名称代码表》（GB/T 2659－2000）标准填写。

（14）民族：患者所属民族，按照《中国各民族名称的罗马字母拼写法和代码》（GB/T 3304－1991）标准填写。

（15）患者证件类别：患者身份证件所属类别，按照《卫生信息数据元值域代码　第3部分：人口学及社会经济学特征　CV02.01.101身份证件类别代码》（WS 364.3—2011）标准填写。

（16）患者证件号码：患者身份证件上的唯一法定标识符。

（17）职业：患者当前从事的职业类别，按照《个人基本信息分类与代码第4部分：从业状况（个人身份）代码》（GB/T 2261.4－2003）标准填写。

（18）现住址：患者近期的常住地址。

（19）工作单位及地址：患者在就诊前的工作单位名称和地址。

（20）单位电话：患者当前所在工作单位的电话号码，包括国际、国内区号和分机号。

（21）工作单位邮编：患者当前所在工作单位地址的邮政编码。

（22）联系人姓名：联系人在公安户籍管理部门正式登记注册的姓氏和名称。

（23）联系人与患者关系：联系人与患者之间的关系，参照《家庭关系代码》国家标准（GB/T 4761－2008）二位数字代码填写。

（24）联系人地址：联系人当前常住地址或工作单位地址。

（25）联系人电话：联系人的电话号码，包括国际、国内区号和分机号。

（26）医保类型：根据国家医保政策规定，医保类型包括：①职工基本医疗保险、②城乡居民基本医疗保险、③其他医疗保障〔根据国家或地方相关保障政策列明，如《国务院关于建立城镇职工基本医疗保险制度的决定》（国发〔1998〕44号）规定的离休人员、老红军、二等乙级以上革命伤残军人〕。

（27）特殊人员类型：为医疗救助资助的参保人员，包括：①特困人员、②低保对象、③返贫致贫人口、④其他困难群众（各地根据本地保障政策规定的其他困难群众类型自行添加）。

（28）参保地：患者参加基本医疗保险并缴纳参保费的统筹地区。

（29）新生儿入院类型：指与新生儿入院相关的影响因素，根据新生儿出生时的情况分为：①正常新生儿、②早产儿、③有疾病新生儿、④非无菌分娩、⑨其他。如果有两种或两种以上情况，该项目可以多选。

（30）新生儿出生体重（克）：是指新生儿出生后第 1 小时内称得的重量，要求精确到 10 克，产妇和新生儿期住院的患儿病历都应填写。若多胞胎，以半角逗号隔开，依次填写。

（31）新生儿入院体重（克）：是指患儿入院时称得的重量，要求精确到 10 克，新生儿期住院的患儿应填写。上述新生儿指从出生到 28 天的婴儿，出生日为第 0 天。

（二）门诊慢特病诊疗信息数据指标

门诊慢特病诊疗信息部分：6 项数据指标，主要反映门诊慢特病患者的实际诊疗信息。

（1）诊断科别：患者就诊时所在的具体科室名称，按照《医疗卫生机构业务科室分类与代码》（CT 08.00.002）标准填写。

（2）就诊日期：患者在门（急）诊就诊时的公元纪年日期和时间的完整描述。

（3）病种名称：为地方医保部门通过国家医保局"医保业务编码标准动态维护"平台维护地方门诊慢特病病种获得的统一病种名称。

（4）病种代码：为地方医保部门通过国家医保局"医保业务编码标准动态维护"平台维护地方门诊慢特病病种获得的统一病种代码。

（5）手术及操作名称：门诊慢特病患者就诊期间被实施的与此次就诊门诊慢特病相关的手术或操作名称。

（6）手术及操作代码：为"医疗保障手术操作分类与代码"。

（三）住院诊疗信息数据指标

住院诊疗信息部分：58 项数据指标，主要反映患者入院、诊断、治疗、出院等全诊疗过程的信息。

（1）住院医疗类型：患者收治入院治疗的医疗服务类型，分为：①住院、②日间手术。

（2）入院途径：患者收治入院治疗的来源，经由本院急诊、门诊诊疗后入院，或经由其他医疗机构诊治后转诊入院，或其他途径入院。

（3）治疗类别：对患者采用的主要医学治疗方法类别，分为：①西医、②中医（2.1中医、2.2民族医）、③中西医。

（4）入院时间：患者办理入院手续后实际入住病房的公元纪年日期和时间的完整描述。

（5）入院科别：患者入院时，入住的科室名称，按照《医疗卫生机构业务科室分类与代码》（CT 08.00.002）标准填写。

（6）转科科别：患者住院期间转科的转入科室名称，按照《医疗卫生机构业务科室分类与代码》（CT 08.00.002）标准填写。如果是超过一次的转科，用"→"转接表示。

（7）出院时间：患者实际办理出院手续时（死亡患者是指其死亡时间）的公元纪年日期和时间的完整描述。

（8）出院科别：患者出院时的科室名称，按照《医疗卫生机构业务科室分类与代码》（CT 08.00.002）标准填写。

（9）实际住院天数：患者实际的住院天数，入院日与出院日只计算1天。

（10）门（急）诊诊断：根据患者在住院前，由门（急）诊接诊医师在住院证上填写的门（急）诊西医或中医诊断，进而填写在病案首页中的门（急）诊西医或中医诊断。

（11）出院诊断：患者出院时，临床医师根据患者所做的各项检查、治疗、转归以及门（急）诊诊断、手术情况等综合分析得出的西医或中医最终诊断。

①主要诊断：经医疗机构诊治确定的导致患者本次住院就医主要原因的疾病（或健康状况），详见"三、填写说明"。

②其他诊断：患者住院时并存的、后来发生的或是影响所接受的治疗和/或住院时间的疾病，详见"三、填写说明"。

③主病：患者在住院期间确诊的主要中医病名。

④主症：患者所患主病的主要中医证候。

（12）入院病情：对患者入院时病情评估情况。将出院诊断与入院病情进行比较，按照出院诊断在患者入院时是否已具有病情，分为：

①有：对应本出院诊断在入院时就已明确。例如，患者因"乳腺癌"入院治疗，入院前已经钼靶、针吸细胞学检查明确诊断为"乳腺癌"，术后经病理亦诊断为乳腺癌。

②临床未确定：对应本出院诊断在入院时临床未确定，或入院时该诊断为可疑诊断。例如，患者因"乳腺恶性肿瘤不除外""乳腺癌"或"乳腺肿物"

入院治疗，因缺少病理结果，肿物性质未确定，出院时有病理诊断明确为乳腺癌或乳腺纤维瘤。

③情况不明：对应本出院诊断在入院时情况不明。例如，乙型病毒性肝炎的窗口期、社区获得性肺炎的潜伏期，因患者入院时处于窗口期或潜伏期，故入院时未能考虑此诊断或主观上未能明确此诊断。患者合并的慢性疾病，经入院后检查新发现的应选择"3"（情况不明），例如：高血压、高脂血症、胆囊结石等，不能选择"4"（无）。

④无：在住院期间新发生的，入院时明确无对应本出院诊断的诊断条目。例如，患者出现围手术期心肌梗死，住院期间发生的医院感染等。只有在住院期间新发生的情况，才能选择此项；住院期间新发现的慢性合并疾病，应选择"3"（情况不明）。

（13）诊断代码计数：包括主要诊断和其他诊断的代码总数。

（14）手术及操作：患者住院期间被实施的手术及非手术操作（包括诊断及治疗性操作，如介入操作），详见"三、填写说明"。①主要手术及操作：患者本次住院期间，针对临床医师为患者作出主要诊断的病症所施行的手术或操作。②其他手术及操作：患者在本次住院被实施的其他手术或操作。

（15）麻醉方式：为患者进行手术、操作时使用的麻醉方法，按照《麻醉方法代码表》（CV06.00.103）标准填写。

（16）术者医师姓名：为患者实施手术的主要执行人员在公安户籍管理部门正式登记注册的姓氏和名称。

（17）术者医师代码：为定点医疗机构在国家医保局"医保业务编码标准动态维护"平台上获取的医保医师代码。

（18）麻醉医师姓名：对患者实施麻醉的医师在公安户籍管理部门正式登记注册的姓氏和名称。

（19）麻醉医师代码：为定点医疗机构在国家医保局"医保业务编码标准动态维护"平台上获取的医保医师代码。

（20）手术及操作起止时间：手术开始时间指手术医师正式开始手术（即"刀碰皮"）的时间；手术结束时间指手术医师完成全部手术操作的时间。

（21）麻醉起止时间：麻醉开始时间指麻醉医师正式实施麻醉（全麻指开始麻醉诱导、局麻指开始注射药物）的时间；麻醉结束时间指手术结束离开手术室的时间。

（22）手术及操作代码计数：包括主要手术和操作及其他手术和操作的代码总数。

（23）呼吸机使用时间：住院期间患者使用有创呼吸机时间的总和。间断使用有创呼吸机的患者按照时间总和填写。

（24）颅脑损伤患者昏迷时间：外伤所致的颅脑损伤患者昏迷时间按照入院前、入院后分别计算，间断昏迷患者按照昏迷时间的总和填写。

（25）重症监护病房类型：患者住院期间入住的重症监护病房的名称类别，可分为：①心脏重症监护病房（CCU）、②新生儿重症监护病房（NICU）、③急诊重症监护病房（ECU）、④外科重症监护病房（SICU）、⑤儿科重症监护病房（PICU）、⑥呼吸重症监护病房（RICU）、⑦ICU（综合）、⑧其他。

（26）进重症监护病房时间：患者进入重症监护病房的具体日期和时间。

（27）出重症监护病房时间：患者退出重症监护病房的具体日期和时间。

（28）合计（__时__分）：患者住在重症监护病房的时长总和。

（29）输血品种：给予患者输入体内的各成分血的名称，参照《输血品种代码表》（CV04.50.021）填写。

（30）输血量：给予患者输入体内的各成分血的数量。

（31）输血计量单位：给予患者输入体内的各成分血的计量单位，参照《输血品种代码表》（CV04.50.021）填写。

（32）护理天数：患者住院期间接受护理的天数，分为：特级护理天数、一级护理天数、二级护理天数、三级护理天数。

①特级护理天数：患者住院期间接受特级护理的天数。符合以下情况之一，可确定为特级护理：A. 维持生命，实施抢救性治疗的重症监护患者；B. 病情危重，随时可能发生病情变化需要进行监护、抢救的患者；C. 各种复杂或大手术后、严重创伤或大面积烧伤的患者。

②一级护理天数：患者住院期间接受一级护理的天数。符合以下情况之一，可确定为一级护理：A. 病情趋向稳定的重症患者；B. 病情不稳定或随时可能发生变化的患者；C. 手术后或者治疗期间需要严格卧床的患者；D. 自理能力重度依赖的患者。

③二级护理天数：患者住院期间接受二级护理的天数。符合以下情况之一，可确定为二级护理：A. 病情趋于稳定或未明确诊断前，仍需观察，且自理能力轻度依赖的患者；B. 病情稳定，仍需卧床，且自理能力轻度依赖的患者；C. 病情稳定或处于康复期，且自理能力中度依赖的患者。

④三级护理天数：患者住院期间接受三级护理的天数。病情稳定或处于康复期，且自理能力轻度依赖或无需依赖的患者，可确定为三级护理。

（33）离院方式：患者本次住院离开医院的方式，主要包括：①医嘱离院

（代码1）：患者本次治疗结束后，按照医嘱要求出院，回到住地进一步康复等情况。②医嘱转院（代码2）：指医疗机构根据诊疗需要，将患者转往相应医疗机构进一步诊治，用于统计"双向转诊"开展情况。如果接收患者的医疗机构明确，需要填写转入医疗机构的名称。③医嘱转社区卫生服务机构/乡镇卫生院（代码3）：指医疗机构根据患者诊疗情况，将患者转往相应社区卫生服务机构进一步诊疗、康复，用于统计"双向转诊"开展情况。如果接收患者的社区卫生服务机构明确，需要填写社区卫生服务机构/乡镇卫生院名称。④非医嘱离院（代码4）：患者未按照医嘱要求而自动离院，如：患者疾病需要住院治疗，但患者出于个人原因要求出院，此种出院并非由医务人员根据患者病情决定，属于非医嘱离院。⑤死亡（代码5）：患者在住院期间死亡。⑥其他（代码9）：除上述5种出院去向之外的其他情况。

（34）是否有31天内再住院计划：患者本次住院出院后31天内是否有诊疗需要的再住院安排。若有再住院计划，则需填写目的。

（35）主诊医师姓名：对于某一参保患者直接负责并且实施具体医疗行为的最高级别医师。

（36）主诊医师代码：为定点医疗机构在国家医保局"医保业务编码标准动态维护"平台上获取的医保医师代码。

（37）责任护士姓名：在已开展责任制护理的科室，负责本患者整体护理的责任护士。

（38）责任护士代码：为定点医疗机构在国家医保局"医保业务编码标准动态维护"平台上获取的医保护士代码。

（四）医疗收费信息数据指标

医疗收费信息部分：98项数据指标，主要反映定点医疗机构与患者结账时的实际医疗费用。医疗收费信息与"医疗住院收费票据"和"医疗门诊收费票据"信息一致。

（1）业务流水号：医疗卫生机构收费系统自动生成的流水号码。

（2）票据代码：为定点医疗机构按照财政部门票据管理相关规定出具的医疗收费电子票据上的票据代码。

（3）票据号码：为定点医疗机构按照财政部门票据管理相关规定出具的医疗收费电子票据上的票据流水号。

（4）结算期间：定点医疗机构与患者当次结算费用的起止时间。

（5）金额合计：定点医疗机构与患者当次结算费用的总和。甲类、乙类、自费、其他按相关政策填写。金额合计含床位费、诊察费、检查费、化验费、治疗费、手术费、护理费、卫生材料费、西药费、中药饮片费、中成药费、一般诊疗费、挂号费、其他费和按日间手术、单病种的收费。填报口径按照《医疗服务项目分类与代码》映射归集填写。

（6）"XX（按病种收费名称＋代码）"：指按病种（如：单病种、日间手术）向患者收费。原则上按病种付费的患者，无需填写"床位费、诊察费、检查费、化验费、治疗费、手术费、护理费、卫生材料费、西药费、中药饮片费、中成药费、一般诊疗费、挂号费、其他费"14项收费项目。

（7）医保统筹基金支付：患者本次就医所发生的按规定由基本医疗保险统筹基金支付的医疗费用。

（8）补充医疗保险支付：保障患者基本医疗保险之外个人负担的符合社会保险相关规定的医疗费用。①职工大额补助（含部分省份的职工大病保险）：对参保职工发生的符合规定的高额医疗费用给予进一步保障。②居民大病保险：对居民医保参保患者发生的符合规定的高额医疗费用给予进一步保障。③公务员医疗补助：患者本次就医所发生的医疗费用中按规定由公务员医疗补助基金支付的金额。

（9）医疗救助支付：患者本次就医所发生的医疗费用中按规定由医疗救助基金支付的金额。

（10）个人负担：参加职工医保和城乡居民医保的参保人员在门诊、住院就医和药店购药时，按照有关规定由个人负担的费用，可分为个人自付和个人自费。①个人自付：患者本次就医所发生的医疗费用中由个人负担的属于基本医疗保险目录范围内自付部分的金额（个人自付＝起付线＋先行自付＋按比例自付＋封顶线以上，含目录范围内超限价部分、待遇过渡期内二次报销统筹基金补偿部分），以及开展按病种、病组、床日等打包付费方式且由患者定额付费的费用。②个人自费：患者本次就医所发生的医疗费用中按照有关规定不属于基本医疗保险目录范围而全部由个人支付的费用。

（11）其他支付（仅含一单制结算的基金或资金）：患者本次就医所发生的医疗费用中除基本医疗保障支付外由企业补充、商业保险等基金或资金支付的费用。

（12）个人支付：患者本次就医所发生的医疗费用中实际由个人支付的费用，分为个人账户支付和个人现金支付。①个人账户支付：用于支付参保人员在定点医疗机构发生的政策范围内自付费用。②个人现金支付：个人通过现金、银行卡、电子支付等渠道支付的金额。上述部分项目钩稽关系：金额合计＝医保统筹基金支付＋补充医疗保险支付＋医疗救助支付＋个人负担；个人负担＝

其他支付 + 个人支付。

（13）医保支付方式：医保经办机构与定点医疗机构根据不同医疗服务的性质和特征，将医疗服务划分为不同的付费单元并确定付费标准的措施，分为：①按项目付费、②按单病种付费、③按病种分值付费、④按疾病诊断相关分组（DRG）付费、⑤按床日付费、⑥按人头付费、⑦按定额付费。

三、填写说明

（一）主要诊断选择要求

（1）主要诊断定义：经医疗机构诊治确定的导致患者本次住院就医主要原因的疾病（或健康状况）。

（2）主要诊断一般应该是：

①消耗医疗资源最多。

②对患者健康危害最大。

③影响住院时间最长。

（3）除下列规则中特殊约定的要求外，原则上"入院病情"为"4"的诊断不应作为主要诊断。

（4）一般情况下，有手术治疗的患者的主要诊断要与主要手术治疗的疾病相一致。

（5）急诊手术术后出现的并发症，应视具体情况根据原则2正确选择主要诊断。

（6）择期手术后出现的并发症，应作为其他诊断填写，而不应作为主要诊断。

（7）择期手术前出现的并发症，应视具体情况根据原则2正确选择主要诊断。

（8）当住院是为了治疗手术和其他治疗的并发症时，该并发症作为主要诊断。当该并发症被编在 T80 – T88 系列时，由于编码在描述并发症方面缺少必要的特性，需要另编码对该并发症进行说明。

（9）当诊断不清时，主要诊断可以是疾病、损伤、中毒、体征、症状、异常发现，或者其他影响健康状态的因素。

（10）当症状、体征和不确定情况有相关的明确诊断时，该诊断应作为主要诊断。而 ICD – 10 第十八章中的症状、体征和不确定情况则不能作为主要诊断。

（11）当有明确的临床症状和相关的疑似诊断时，优先选择明确的临床症状做主要诊断。疑似的诊断作为其他诊断。

（12）如果以某个疑似的诊断住院，出院时诊断仍为"疑似"的不确定诊断，选择该疑似诊断作为主要诊断，编码时应按照确定的诊断进行编码。

（13）极少情况下，会有2个或2个以上疑似诊断的情况，如："……不除外、或……"（或类似名称），如果诊断都可能存在，且无法确定哪个是更主要的情况下，选其中任一疑似诊断作为主要诊断，将其他疑似诊断作为其他诊断。

（14）如果确定有2个或2个以上诊断同样符合主要诊断标准，在编码指南无法提供参考的情况下，应视具体情况根据原则2正确选择主要诊断。

（15）由于各种原因导致原诊疗计划未执行时：

①未做其他诊疗情况下出院的，仍选择拟诊疗的疾病为主要诊断，并将影响患者原计划未执行的原因写入其他诊断。

②当针对某种导致原诊疗计划未执行的疾病（或情况）做了相应的诊疗时，选择该疾病（或情况）作为主要诊断，拟诊疗的疾病为作为其他诊断。

（16）从急诊留观室留观后入院的，当患者因为某个疾病（或情况）被急诊留观，且随后因为同一疾病（或情况）在同一家医院住院，选择导致急诊留观的疾病（或情况）为主要诊断。

（17）当患者在门诊手术室接受手术，并且继而入住同一家医院变为住院病人时，要遵从下列原则选择主要诊断：

①如果因并发症入院，选择该并发症为主要诊断。

②如果住院的原因是与门诊手术无关的另外原因，选择这个另外原因为主要诊断。

（18）多部位烧伤，以烧伤程度最严重部位的诊断为主要诊断。同等烧伤程度的情况下，选择烧伤面积最大部位的诊断为主要诊断。

（19）多部位损伤，选择明确的最严重损伤和/或主要治疗的疾病诊断为主要诊断。

（20）中毒的患者，选择中毒诊断为主要诊断，临床表现为其他诊断。如果有药物滥用或药物依赖的诊断，应写入其他诊断。

（21）产科的主要诊断是指产科的主要并发症或合并疾病。没有任何并发症或合并疾病分娩的情况下，选择O80或O84为主要诊断。

（22）当患者住院的目的是进行康复，选择患者需要康复治疗的问题作为主要诊断；如果患者入院进行康复治疗的原发疾病已经不存在了，选择相应的后续治疗作为主要诊断。

（23）肿瘤：

①当住院治疗是针对恶性肿瘤时，恶性肿瘤才有可能成为主要诊断。

②当对恶性肿瘤进行外科手术切除（包括原发部位或继发部位），即使做了术前和/或术后放疗或化疗时，选择恶性肿瘤为主要诊断。

③即使患者做了放疗或化疗，但是住院的目的是明确肿瘤诊断（如恶性程度、肿瘤范围），或是确诊肿瘤进行某些操作（如：穿刺活检等），主要诊断仍选择原发（或继发）部位的恶性肿瘤。

④如果患者本次专门为恶性肿瘤进行化疗、放疗、免疫治疗而住院时，选择恶性肿瘤化疗（编码 Z51.1）、放疗（编码 Z51.0）或免疫治疗（编码 Z51.8）为主要诊断，恶性肿瘤作为其他诊断。如果患者在一次住院中接受了不止一项的上述治疗，则可以使用超过一个的编码，应视具体情况根据原则 2 正确选择主要诊断。

⑤当治疗是针对继发部位的恶性肿瘤时，以继发部位的恶性肿瘤为主要诊断。如果原发肿瘤依然存在，原发肿瘤作为其他诊断。如果原发恶性肿瘤在先前已被切除或根除，恶性肿瘤个人史作为其他诊断，用来指明恶性肿瘤的原发部位。

⑥当只是针对恶性肿瘤和/或为治疗恶性肿瘤所造成的并发症进行治疗时，选择该并发症作为主要诊断，恶性肿瘤作为其他诊断首选。如果同时有多个恶性肿瘤，按照肿瘤恶性程度的高低顺序书写。

A. 恶性肿瘤引起的贫血。如果患者为治疗恶性肿瘤相关的贫血而入院，且仅对贫血进行了治疗，应选肿瘤疾病引起的贫血作为主要诊断（D63.0 ＊ 肿瘤引起的贫血），恶性肿瘤作为其他诊断。

B. 化疗、放疗和免疫治疗引起的贫血。当患者为了治疗因化疗、放疗和免疫治疗引起的贫血而住院时，且仅对贫血进行了治疗，选择贫血作为主要诊断，相关的肿瘤诊断作为其他诊断。

C. 当患者为了接受化疗、放疗和免疫治疗而入院，治疗中产生了并发症，如：难以控制的恶心、呕吐或脱水，仍选择化疗、放疗和免疫治疗为主要诊断，并发症作为其他诊断。

D. 当患者因为恶性肿瘤引起的并发症住院治疗时（如脱水），且仅对该并发症（如脱水）进行了治疗（静脉补液），选择该并发症（如脱水）作为主要诊断，相关的肿瘤诊断作为其他诊断。

⑦未特指部位的广泛转移恶性肿瘤。未特指部位的广泛转移恶性肿瘤使用编码 C80，该诊断只有在患者有了转移病灶且不知道原发和继发部位时使用。当有已知继发部位肿瘤的诊断时，应分别逐一诊断。

⑧妊娠期间的恶性肿瘤。当妊娠者患有恶性肿瘤，选择妊娠、分娩及产褥期并发恶性肿瘤（O99.8）作为主要诊断，ICD－10第二章中的适当编码作为其他诊断，用来明确肿瘤的类型。

⑨肿瘤患者住院死亡时，应根据上述要求，视本次住院的具体情况正确选择主要诊断。

（二）其他诊断填报要求

1．其他诊断定义

住院时并存的、后来发生的或是影响所接受的治疗和/或住院时间的情况。包括并发症和合并症。

（1）并发症：指与主要诊断存在因果关系，主要诊断直接引起的病症。

（2）合并症：指与主要诊断和并发症非直接相关的另外一种疾病。但对本次医疗过程有一定影响。（不包括对当前住院没有影响的早期住院的诊断）

2．其他诊断填写要求

（1）其他诊断仅包括那些影响患者本次住院医疗过程的附加病症，这些附加病症包括：需要进行临床评估、治疗、诊断性操作、延长住院时间、增加护理和/或监测。

（2）患者既往发生的病症及治疗情况，对本次住院主要诊断和并发症的诊断、治疗及预后有影响的，应视为合并症填写在其他诊断。

（3）如果既往史或家族史对本次治疗有影响，ICD－10中Z80－Z87对应的病史应填写在其他诊断。

（4）除非有明确临床意义，异常所见（实验室、X线、病理或其他诊断结果）无需编码上报；如果针对该临床异常所见又做其他检查评估或常规处理，该异常所见应作为其他诊断编码上报。

（5）如果出院时其他诊断仍为"疑似"的不确定诊断，应按照确定的诊断编码。

（6）按照要求将本次住院的全部诊断（包括疾病、症状、体征等）填写完整。

（三）手术和操作填报要求

（1）主要手术和操作是指患者本次住院期间，针对临床医师为患者作出主要诊断的病症所施行的手术或操作。一般是风险最大、难度最高、花费最多的手术和操作。

（2）填写手术和操作时，优先填写主要手术或操作。

（3）填写一般手术和操作时，如果既有手术又有操作，按手术优先原则。

（4）仅有操作时，首先填写与主要诊断相对应的主要的治疗性操作（特别是有创的治疗性操作），后依时间顺序逐行填写其他操作。

（5）手术和操作填报范围：

①ICD-9中有正式名称的全部手术要求编码填报。

②除"A. 无需填报和编码的原则"及"B. 无需填报和编码的操作"要求以外的操作均应进行编码填报。

A. 无需填报和编码的原则：在一次住院期间，大多数患者都需执行的常规操作，最主要是因为对于这些操作的医疗资源消耗可以通过诊断或其他相关操作反映出来，也就是说，对于某个特定的诊断或操作，它是诊疗规范标准中的必然之选。如：对于Colles氏骨折必然会使用X线和石膏固定；脓毒血症诊断必然会静脉输抗生素。

B. 无需填报和编码的操作：

a. 石膏的固定、置换、去除。

b. 经留置导管的膀胱灌注、膀胱造口冲洗。

c. 插管：除心导管、外科插管、新生儿插管以外的动脉或静脉插管，如：PICC、CVC、S-W插管；除耻骨上造瘘的插管的泌尿系统插管。

d. Doppler检查。

e. 一般其他药物治疗，无需编码（对于日间病例该药物是主要治疗，化疗、新生儿特殊的药物干预除外）。

f. ECG，Holter检查。

g. 伴心脏手术时，经皮或经静脉置入的临时电极（术中使用临时心脏起搏器），包括对其进行调整、重新定位、去除电极等操作。

h. 肌电图、尿道括约肌肌电图、眼肌电图。

i. 影像：一般X线平片检查、核磁、CT、B超检查（经食道超声心动TOE除外）。

j. 监测：包括心脏、血管压力监测<24小时（如：24小时血压监测、中心静脉压监测、肺动脉压监测、肺动脉嵌入压监测）。

k. 鼻—胃管插管的减压和鼻饲（新生儿除外）。

l. 操作中的某些组成部分。

m. 应激试验，如：铊应激试验伴经食管心室起搏、铊应激试验不伴经食管心室起搏。

　　n. 骨牵引、皮牵引。

　　C. 注意事项：

　　a. ICD-9 中的标准优先。

　　b. 如果需要全身麻醉进行的操作，上述编码要编。

　　c. 对于日间医疗的患者，上述如果是主要住院原因要编。

　　D. ICD-9-CM-3 手术操作编码规则：

　　a. 在 ICD-9-CM-3 各章节中均存在一些未特指手术及操作的编码分类，这些无明确入路、术式、部位、范围等未特指的编码，实际上均可以找到明确的入路、术式、部位，可以有更加准确的编码分类，所以不应填报此类未特指的手术及操作编码。

　　例如：未特指部位的骨全部切除术（77.9000）不应填报，改为填报更准确的肱骨全部切除术（77.9200）或桡骨全部切除术（77.9301）等。

　　b. 常规手术入路、手术步骤及编码规则需要省略的编码，不应填报。

　　例如：行子宫肌瘤切除术（68.2901），子宫修补术（69.4900x005）作为肌瘤挖除后的常规手术步骤，不应编码填报。

第二节　住院病案首页数据填写质量规范

一、起草背景和必要性

　　为进一步提高医疗机构科学化、精细化、信息化管理水平，完善病案管理，为医疗付费方式改革提供技术基础，卫生部于 2011 年印发了《卫生部关于修订住院病案首页的通知》（卫医政发〔2011〕84 号），对住院病案首页有关项目的填写方法进行了详细说明。但在对病案首页数据的实际使用过程中，部分医疗机构存在首页内容填写不全、疾病诊断或手术名称不准确等问题，导致大量病案首页数据质量较差，无法满足统计使用需求，病案首页数据价值未能充分体现，严重阻碍了医疗行业信息化进程。

　　为进一步提高病案首页数据利用率，实现对病案首页数据的规范化、同质化管理，国家卫健委在充分总结近年来行业管理经验的基础上组织起草了《病案首页数据填写质量规范（征求意见稿）》，并在征求各省级卫生计生行政部门意见的基础上进行了完善，最终形成了《住院病案首页数据填写质量规范（暂行）》和《住院病案首页数据质量管理控制指标（2016版）》并印发，对加强医疗机构病案首页数据质量的管理提出明确要求。以下为《住院病案首页数据填写质量规范（暂行）》内容：

二、基本要求

第一条　为提高住院病案首页数据质量，促进精细化、信息化管理，为医院、专科评价和付费方式改革提供客观、准确、高质量数据，提高医疗质量，保障医疗安全，依据《中华人民共和国统计法》《病历书写基本规范》等相关法律法规，制定本规范。

第二条　住院病案首页是医务人员使用文字、符号、代码、数字等方式，将患者住院期间相关信息精炼汇总在特定的表格中，形成的病例数据摘要。住院病案首页包括患者基本信息、住院过程信息、诊疗信息、费用信息。

第三条　住院病案首页填写应当客观、真实、及时、规范，项目填写完整，准确反映住院期间诊疗信息。

第四条　住院病案首页中常用的标量、称量应当使用国家计量标准和卫生行业通用标准。

第五条　住院病案首页应当使用规范的疾病诊断和手术操作名称。诊断依据应在病历中可追溯。

第六条　疾病诊断编码应当统一使用ICD-10，手术和操作编码应当统一使用ICD-9-CM-3。使用疾病诊断相关分组（DRGs）开展医院绩效评价的地区，应当使用临床版ICD-10和临床版ICD-9-CM-3。

第七条　医疗机构应当建立病案质量管理与控制工作制度，确保住院病案首页数据质量。

三、填写规范

第八条　入院时间是指患者实际入病房的接诊时间；出院时间是指患者治疗结束或终止治疗离开病房的时间，其中死亡患者是指其死亡时间；记录时间应当精确到分钟。

第九条　诊断名称一般由病因、部位、临床表现、病理诊断等要素构成。出院诊断包括主要诊断和其他诊断（并发症和合并症）。

第十条　主要诊断一般是患者住院的理由，原则上应选择本次住院对患者健康危害最大、消耗医疗资源最多、住院时间最长的疾病诊断。

第十一条　主要诊断选择的一般原则：

（1）病因诊断能包括疾病的临床表现，则选择病因诊断作为主要诊断。

（2）以手术治疗为住院目的的，则选择与手术治疗相一致的疾病作为主要诊断。

（3）以疑似诊断入院，出院时仍未确诊，则选择临床高度怀疑、倾向性最大的疾病诊断作为主要诊断。

（4）因某种症状、体征或检查结果异常入院，出院时诊断仍不明确，则以该症状、体征或异常的检查结果作为主要诊断。

（5）疾病在发生发展过程中出现不同危害程度的临床表现，且本次住院以某种临床表现为诊治目的，则选择该临床表现作为主要诊断。疾病的临终状态原则上不能作为主要诊断。

（6）本次住院仅针对某种疾病的并发症进行治疗时，则该并发症作为主要诊断。

第十二条　住院过程中出现比入院诊断更为严重的并发症或疾病时，按以下原则选择主要诊断：

（1）手术导致的并发症，选择原发病作为主要诊断。

（2）非手术治疗或出现与手术无直接相关性的疾病，按第十条选择主要诊断。

第十三条　肿瘤类疾病按以下原则选择主要诊断：

（1）本次住院针对肿瘤进行手术治疗或进行确诊的，选择肿瘤为主要诊断。

（2）本次住院针对继发肿瘤进行手术治疗或进行确诊的，即使原发肿瘤依然存在，选择继发肿瘤为主要诊断。

（3）本次住院仅对恶性肿瘤进行放疗或化疗时，选择恶性肿瘤放疗或化疗为主要诊断。

（4）本次住院针对肿瘤并发症或肿瘤以外的疾病进行治疗的，选择并发症或该疾病为主要诊断。

第十四条　产科的主要诊断应当选择产科的主要并发症或合并症。没有并发症或合并症的，主要诊断应当由妊娠、分娩情况构成，包括宫内妊娠周数、胎数（G）、产次（P）、胎方位、胎儿和分娩情况等。

第十五条　多部位损伤，以对健康危害最大的损伤或主要治疗的损伤作为主要诊断。

第十六条　多部位灼伤，以灼伤程度最严重部位的诊断为主要诊断。在同等程度灼伤时，以面积最大部位的诊断为主要诊断。

第十七条　以治疗中毒为主要目的的，选择中毒为主要诊断，临床表现为其他诊断。

第十八条　其他诊断是指除主要诊断以外的疾病、症状、体征、病史及其他特殊情况，包括并发症和合并症。

并发症是指一种疾病在发展过程中引起的另一种疾病，后者即为前者的并发症。

合并症是指一种疾病在发展过程中出现的另外一种或几种疾病，后发生的疾病不是前一种疾病引起的。合并症可以是入院时已存在，也可以是入院后新发生或新发现的。

第十九条　填写其他诊断时，先填写主要疾病并发症，后填写合并症；先填写病情较重的疾病，后填写病情较轻的疾病；先填写已治疗的疾病，后填写未治疗的疾病。

第二十条　下列情况应当写入其他诊断：入院前及住院期间与主要疾病相关的并发症；现病史中涉及的疾病和临床表现；住院期间新发生或新发现的疾病和异常所见；对本次住院诊治及预后有影响的既往疾病。

第二十一条　由于各种原因导致原诊疗计划未执行且无其他治疗出院的，原则上选择拟诊疗的疾病为主要诊断，并将影响原诊疗计划执行的原因（疾病或其他情况等）写入其他诊断。

第二十二条　手术及操作名称一般由部位、术式、入路、疾病性质等要素构成。多个术式时，主要手术首先选择与主要诊断相对应的手术。一般是技术难度最大、过程最复杂、风险最高的手术，应当填写在首页手术操作名称栏中第一行。既有手术又有操作时，按手术优先原则，依手术、操作时间顺序逐行填写。仅有操作时，首先填写与主要诊断相对应的、主要的治疗性操作（特别是有创的治疗性操作），后依时间顺序逐行填写其他操作。

四、填报人员要求

第二十三条　临床医师、编码员及各类信息采集录入人员，在填写病案首页时应当按照规定的格式和内容及时、完整和准确填报。

第二十四条　临床医师应当按照本规范要求填写诊断及手术操作等诊疗信息，并对填写内容负责。

第二十五条　编码员应当按照本规范要求准确编写疾病分类与手术操作代码。临床医师已作出明确诊断，但书写格式不符合疾病分类规则的，编码员可按分类规则实施编码。

第二十六条　医疗机构应当做好住院病案首页费用归类，确保每笔费用类别清晰、准确。

第二十七条　信息管理人员应当按照数据传输接口标准及时上传数据，确保住院病案首页数据完整、准确。

第三节　医保结算清单与病案首页的对比

一、基本信息的对比

医保结算清单强调的是对医疗资源消耗数据的采集，而病案首页强调的是对医疗质量影响数据的采集。见表7-1。

表7-1　医保结算清单与病案首页基本信息对比

数据指标	医保结算清单	病案首页
病例分型、抢救成功次数	无	有
手术级别、切口等级、愈合类别	无	有
肿瘤类型	无	有
呼吸机使用时间	有	无
重症监护的时间	有	无
护理级别	有	无

二、主要诊断选择

医保结算清单强调的是医疗资源消耗最多的疾病，病案首页强调的是对健康危害最大的疾病。详见表7-2。

表7-2 医保结算清单与病案首页主要诊断选择原则对比

内容	医保结算清单	病案首页
定义	经医疗机构诊治确定的导致患者本次住院就医主要原因的疾病（或健康状况）	一般是患者住院的理由
"三最"原则	首选消耗医疗资源最多疾病诊断	首选对患者健康危害最大疾病诊断
入院病情为"4"	除特殊约定的要求外，原则上不能选择"入院病情"为"4"的诊断 特殊约定包括： ①急诊手术后或择期手术前出现的并发症； ②产科的主要并发症或合并疾病	无明确规定
病因诊断与临床表现	无此项规范	①病因诊断若能包括疾病的临床表现，则选择病因诊断； ②疾病在发生发展过程中出现不同危害程度的临床表现，且本次住院以某种临床表现为诊治目的，则选择该临床表现
并发症	①急诊手术后或择期手术前出现的并发症，按"三最"原则选择； ②择期手术后出现的并发症，不能作为主要诊断（选择原发病）； ③入院治疗手术和其他治疗的并发症时，选择该并发症	住院过程中出现比入院诊断更为严重的并发症或疾病时选择： ①手术导致的并发症，选择原发病； ②非手术治疗或出现与手术无直接相关性的疾病，按总原则选择
出院诊断不明确	①有明确诊断时，症状、体征和不确定情况不能作为主要诊断； ②有明确的临床症状和相关的疑似诊断时，优先选择明确的临床症状； ③以疑似诊断为主诊断，且按肯定诊断编码； ④以疾病、损伤、中毒、体征、症状、异常发现为主诊断； ⑤2个或2个以上疑似诊断，无法确定哪个更主要时，任选一个	①无此项规范； ②无此项规范； ③同清单，但疑似恶性肿瘤只能编码"肿瘤"或"占位性病变"； ④同清单； ⑤无此项规范

（续上表）

内容	医保结算清单	病案首页
有2个或2个以上诊断同样符合主要诊断标准	视具体情况根据"三最"原则选择	无此项规范
原诊疗计划未执行	①未做其他诊疗情况下出院的，仍选择拟诊疗的疾病； ②针对某种导致原诊疗计划未执行的疾病（或情况）做了相应的诊疗时，选择该疾病（或情况）	①无其他治疗出院的，选择拟诊疗的疾病
留观后入院	因为同一疾病（或情况）在同一家医院住院，选择导致急诊留观的疾病（或情况）	无此项规范
门诊手术后入院	①因并发症入院，选择并发症； ②因其他另外的疾病（或情况）入院，选择另外疾病（或情况）	无此项规范
住院目的是进行康复	选择患者需要康复治疗的问题或后续治疗	无此项规范
肿瘤	①针对恶性肿瘤治疗时，选择恶性肿瘤； ②对恶性肿瘤进行外科手术切除（包括原发部位或继发部位），即使做了术前和/或术后放疗或化疗，仍选择恶性肿瘤； ③住院是为了明确肿瘤诊断（如恶性程度、肿瘤范围），或是为了确诊肿瘤进行某些操作（如穿刺活检等），即使做了放疗或化疗，仍选择原发（或继发）部位的恶性肿瘤； ④专门为恶性肿瘤进行化疗、放疗、免疫治疗而住院时，选择恶性肿瘤化疗（编码Z51.1）、放疗（编码Z51.0）或免疫治疗（编码Z51.8），同时接受了不止一项的上述治疗时，根据总原则选择； ⑤当治疗是针对继发部位的恶性肿瘤时，以继发部位的恶性肿瘤为主要诊断；	①住院针对肿瘤进行手术治疗或进行确诊的，选择肿瘤，可对应清单中的①②③； ②住院针对继发肿瘤进行手术治疗或进行确诊的，即使原发肿瘤依然存在，选择继发肿瘤，对应清单中⑤； ③仅对恶性肿瘤进行放疗或化疗时，选择恶性肿瘤放疗或化疗，对应清单中④和⑥C，但未明确同时接受多种治疗方式的选择； ④住院针对肿瘤并发症或肿瘤以外的疾病进行治疗的，选择并发症或该疾病，对应清单中⑥，无进一步细化；

（续上表）

内容	医保结算清单	病案首页
肿瘤	⑥C 当患者为了接受化疗、放疗和免疫治疗而入院，治疗中产生了并发症，如难以控制的恶心、呕吐或脱水，仍选择化疗、放疗和免疫治疗为主要诊断，并发症作为其他诊断； ⑥针对恶性肿瘤和/或为治疗恶性肿瘤所造成的并发症进行治疗时，选择该并发症； a. 为治疗恶性肿瘤相关的贫血而入院，且仅对贫血进行了治疗，应选肿瘤性贫血（D63.0＊） b. 为治疗因化疗、放疗和免疫治疗引起的贫血而住院时，且仅对贫血进行了治疗，选择贫血（D61.1/D61.2） c. 因恶性肿瘤引起的并发症（如脱水）住院治疗，且仅对该并发症（如脱水）进行了治疗（静脉补液），选择该并发症（如脱水）； ⑦未特指部位的广泛转移恶性肿瘤（编码C80），该诊断只在患者有了转移病灶且不知道原发和继发部位时使用； ⑧妊娠者患有恶性肿瘤，选择妊娠、分娩及产褥期并发恶性肿瘤（O99.8）； ⑨肿瘤患者住院死亡时，应根据上述要求，视本次住院的具体情况正确选择	⑦首页无此项规范，但根据编码规则尽量不采用未特指部位的编码； ⑧首页无此项规范； ⑨首页无此项规范，但根据以往编码规则：恶性肿瘤患者住院死亡且为死亡原因时，选择原疾病编码

三、国际疾病分类ICD－10国临版与医保2.0版对比

表7－3   ICD－10国临版与医保2.0版对比

不同点	例数
细目不同	4390
亚目不同	813
类目不同	386
章节不同	136

例1：结肠造口旁疝疾病编码

查找ICD－10国临版（以下简称"国临版"），完全对应的结肠造口旁疝疾病编码为K91.400x013，另外还有一个肠造口旁疝疾病编码：K45.803，而医保2.0版则将国临版的两个疾病编码均统一对应到了K43.500，究竟哪一个才是正确的编码呢？如表7－4所示：

表7－4   疾病分类国临版与医保2.0版对照表

国临版编码	国临版名称	医保2.0版编码	医保2.0版名称
K45.803	肠造口旁疝	K43.500	造口旁疝，不伴梗阻和坏疽
K91.400x013	结肠造口旁疝	K43.500	造口旁疝，不伴梗阻和坏疽

查找卷三 P946

疝

手术后－见疝，腹

腹 K46.9

－－壁－见，腹壁

－－特指部位 NEC K45.8

－腹壁 K43.9

－－伴有

－－－梗阻 K43.0

－－－坏疽（和梗阻）K43.1

核对卷一：K91.4分类的是结肠造口术和小肠造口术后功能障碍，与造口旁

疝的疾病不相符，K45 其他腹疝，包括"疝.腹部的"，特指部位"NEC.腹膜后"。显然造口旁疝分类于 K45.803 比较适合。

医保 2.0 版将造口旁疝分类到 K43，核对卷一：K43 腹疝，包括"疝.上腹部的.切口的"。K43 腹疝明确注明包括切口疝，造口旁疝是手术后造成的腹部疝，而国临版的 K45 分类的是腹部特指部位疝 NEC，显然医保 2.0 版的分类要比国临版更准确。

例2：胃肠炎疾病编码

根据原编码规则：

①细菌性、原虫性、病毒性和其他特指的传染性病原体所引起的腹泻和胃肠炎分类于 A00 - A08。

②分类到 A09 其他传染性和未特指病因的胃肠炎和结肠炎，可以假定为非传染性病因，分类于 K52.9。

所以，国临版中分类于 A09 编码均转换为 K52.9，而医保 2.0 版正相反，将分类于 K52.9 的急性胃肠炎均分类于 A09.9。医保 2.0 版修订理由为，2016 年世界卫生组织已针对部分疾病分类做了修订，国临版将秋季腹泻分类于 K52.900x003，轮状病毒性肠炎分类于 A08.000，明显是错误的，因为秋季腹泻多为感染轮状病毒性造成的，所以医保 2.0 版将秋季腹泻同样分类于 A08.000。见表 7 - 5：

表7-5　疾病分类国临版与医保2.0版对照表

国临版编码	国临版名称	医保2.0版编码	医保2.0版名称
K52.900x003	秋季腹泻	A08.000	轮状病毒性肠炎
K52.905	急性胃肠炎	A09.901	胃肠炎
K52.906	急性结肠炎	A09.902	结肠炎

例3：肝功能不全疾病编码

表7-6　疾病分类国临版与医保2.0版对照表

国临版编码	国临版名称	医保2.0版编码	医保2.0版名称
K72.905	肝功能不全	K76.800x006	肝功能不全

查找卷三 P318

肝功能紊乱 K76.8

查找卷三 P1029

损害

－肝（功能）K72.9

查找卷三 P1272

K72 肝衰竭，不可归类在他处者

包括：肝性：

· 昏迷 NOS

· 脑病 NOS

肝炎：

· 急性

· 爆发性

· 恶性

肝（细胞）坏死伴有肝衰竭

黄色肝萎缩或营养不良

} NEC 伴有肝衰竭

K76.8 其他特指的肝病

分析：临床诊断的肝功能不全往往是患者肝功能检查出现异常而已，并非分类上表达的肝衰竭，所以国临版将肝功能不全分类于 K72.905 与临床诊断意义不一致。而医保 2.0 版将肝功能不全分类于 K76.8，其他特指的肝病，属于肝疾病的残余类目，比国临版要恰当些。

第四节　医保基金监管中常见的高套分值的违规行为

一、主要诊断选择错误

例1：主要诊断：急性心力衰竭，疾病编码：I50.907

其他诊断：病态窦房结综合征，疾病编码：I49.500

第 1 手术操作：首次经静脉入心房和心室导联（电极）置入术，手术代码 37.7201

第 2 手术操作：DDD 永久心脏起搏器置入术，手术代码 37.8301

表 7 - 7　某市病种分值目录库

诊断编码	诊断名称	操作编码	操作名称	分值
I50.9	心力衰竭	37.7201/37.8301	首次经静脉入心房和心室导联（电极）置入术/DDD 永久心脏起搏器置入术	6898
I49.5	病态窦房结综合征	37.7201/37.8301	首次经静脉入心房和心室导联（电极）置入术/DDD 永久心脏起搏器置入术	6070

分析：根据病案首页、医保结算清单主要诊断选择原则：以手术治疗为住院目的的，选择与手术治疗相一致的疾病作为主要诊断。如表 7 - 7 所示，该病例明显是以手术治疗原发疾病病态窦房结综合征为目的，应该选择病态窦房结综合征为主要疾病诊断，对应 DDD 永久心脏起搏器置入术主要手术操作。明显是根据病组分值填写主要诊断而不是根据原则。

例 2：主要诊断：肺炎，其他的，病原体未特指的，疾病编码：J18.800

其他诊断：声门恶性肿瘤，疾病编码：C32.000

第 1 手术操作：全喉切除术，不伴颈淋巴结清扫，操作编码：30.301

第 2 手术操作：气管切开术，操作编码：31.101

第 3 手术操作：诊断性支气管肺泡灌洗，经内窥镜（BAL），操作编码：33.2402

第 4 手术操作：吸痰，经支气管镜，操作编码：96.560

表 7 - 8　某市病种分值目录库

诊断编码	诊断名称	操作编码	操作名称	分值
J18.8	肺炎，病原体其他的	96.5602	保守治疗（含吸痰，经支气管镜）	6332
J18.8	肺炎，病原体其他的	33.2402	保守治疗［含诊断性支气管肺泡灌洗，经内窥镜（BAL）］	3971
C32.0	声门恶性肿瘤	30.301 31.101	全喉切除术，不伴颈淋巴结清扫/气管切开术	2878

分析：如表 7 - 8 所示，该病例无论是从对健康的危害程度还是从资源消耗情况来看，都应该选择声门恶性肿瘤作为主要诊断，其对应的主要手术应该是全喉切除术（四级手术），而不是选择肺炎对应保守治疗（含吸痰，经支气管镜）（仅为治疗性操作），而分值的严重倒挂造成医生选择错误。

例 3：主要诊断：直肠恶性肿瘤，疾病编码：C20.x00

第 1 手术操作：小肠部分切除术，操作编码：45.6208

第 2 手术操作：回肠造口闭合术，操作编码：46.5101

第 3 手术操作：肠粘连松解术，操作编码：54.5901

分析：该病例为直肠恶性肿瘤手术后患者，本次住院的目的是行回肠造口闭合术。根据主要诊断选择原则，应该以"回肠造口维护，编码：Z43.2"作为主要诊断、编码。

二、主要诊断编码错误

例 1：主要诊断：面部细胞癌，疾病编码：C76.001

病理诊断：基底细胞癌，形态学编码：M80900/3

主要手术操作名称：鼻部皮肤病损切除术，操作编码：21.3201

分析：C76－C80 分类的是不明确、继发和未特指部位的恶性肿瘤，而手术具体部位为皮肤，明显编码不准确。根据肿瘤查找步骤：

查找卷三 P33

癌

－基底细胞癌（M8090/3）－另见　肿瘤，皮肤，恶性

查找肿瘤表卷三 P1387

肿瘤

－皮肤

－－面部 NECC　44.3

－－鼻（外部）　C44.3

－－鼻翼　C44.3

核对卷一　P157

C44.3 面部其他和未特指部位的皮肤恶性肿瘤

所以正确的疾病诊断编码应为：鼻部皮肤恶性肿瘤（C44.304）

例 2：主要诊断：下肢良性肿瘤，疾病编码：D36.715

其他诊断：纤维瘤编码：M88100/0

手术操作名称：下肢皮肤皮下组织病损切除术（伴松解），操作编码：86.304

分析：D36.7 分类的是其他特指部位的良性肿瘤，该病例病理诊断为纤维瘤，手术部位为皮肤皮下组织，并非特指部位。根据肿瘤查找步骤：

查找卷三 P1161

纤维瘤（M8810/0）－见肿瘤，结缔组织，良性

查找肿瘤表卷三 P1379

肿瘤

　－结缔组织

　－－肢 NEC

　－－－上 D21.1

　－－－下 D21.2

核对卷一　P181

D21 结缔组织和其他软组织良性肿瘤

所以正确的疾病编码应为下肢结缔组织良性肿瘤（D21.200x006）

例 3：主要诊断：幽门螺旋杆菌感染，疾病编码：A49.809

其他诊断：慢性浅表性胃炎，疾病编码：K29.300

查找卷三 P340

感染

　－幽门螺旋杆菌，作为分类在他处疾病的原因　B96.8

核对卷一 P141

细菌、病毒和其他传染性病原体（B95－B97）

注：这些类目绝不能用作主要编码。当需要标明分类于他处疾病中的传染性病原体时，它们可作为补充或附加编码使用。

核对卷一 P104

A49 未特指部位的细菌感染

不包括：细菌性病原体作为分类于其他章疾病的原因（B95－B96）

分析：幽门螺旋杆菌与消化性溃疡、慢性胃炎疾病的发生是有相关性的，也就是说，幽门螺旋杆菌感染，是作为分类在他处疾病的原因，应该编码为B96.8，而不论是国临版还是医保 2.0 版，均对幽门螺旋杆菌感染有明确的分类：A49.809。核对卷一发现，A49 分类的是未特指部位的细菌感染，不包括细菌性病原体作为分类于其他章疾病的原因（B95－B96），所以将幽门螺旋杆菌感染分类在 A49.8 是违背了它作为其他章疾病（消化系统疾病的原因）的分类规则，况且，根据幽门螺旋杆菌感染新国际共识，需要对幽门螺旋杆菌感染进行根除性治疗是要有适应症的，即消化性溃疡、有明显异常的慢性胃炎等，所以收入院治疗也应该以消化性溃疡、慢性胃炎等疾病作为主要诊断编码，幽门螺旋杆菌感染只能作为附加诊断编码。

例 4：主要诊断：泌尿道感染，疾病编码：N39.000

其他诊断：肾积水伴肾结石，疾病编码：N13.201

例5：主要诊断：慢性肾盂肾炎，疾病编码：N11.900x001

其他诊断：肾积水伴肾结石，疾病编码：N13.201

例6：主要诊断：肾周炎，疾病编码：N15.900x002

其他诊断：肾结石伴有输尿管结石，疾病编码：N20.200

查找卷三P331

感染P331

－泌尿道NECN39.0

　－－并发妊娠O23.4

－肾周（另见感染，肾）N15.9

－肾（皮质）（血源性）N15.9

　－－伴有结石N20.0

　－－－伴有肾积水N13.6

核对卷一P548

泌尿系统的其他疾病

（N30－N39）

不包括：泌尿系感染（并发）

流产、异位妊娠或葡萄胎妊娠

（O00－O07，O08.8）

妊娠、分娩和产褥期

（O23.－，O75.3，O86.2）

伴有尿石病（N20－N23）

查找卷三P540－541

结石

－肾炎（嵌顿性）（复发性）（另见结石，肾）N20.0

－肾盂肾炎（嵌顿性）（复发性）N20.9

　－－伴有肾积水N13.2

查找卷三P979

肾盂肾炎（另见肾炎，肾小管间质）N12

－慢性N11.9

　－－伴有结石N20.9

　－－－伴有肾积水N13.2

－伴有

－－结石 N20.9

－－－伴有肾积水 N13.2

分析：根据国际疾病分类规则，只要是由于结石并发的感染（肾盂肾炎、肾炎、肾周感染、泌尿系感染）均应以尿结石（N20－N23）作为主要诊断编码；导致肾积水时，均应编码为 N13.－。所以，例4、例5、例6 主要诊断均填写错误。

例7：主要诊断：右外踝陈旧性骨折，疾病编码：T93.207

手术操作名称：右踝关节陈旧性骨折切开复位内固定术，操作编码：79.3603

例8：主要诊断：右侧陈旧性股骨颈骨折，疾病编码：S72.000

手术操作名称：全髋关节置换术，操作编码：81.5100

例9：主要诊断：左侧陈旧性股骨颈骨折，疾病编码：T93.102

手术操作名称：左侧全髋关节置换术，操作编码：81.5100

分析：对于陈旧性骨折的定义时间一直是困扰编码员的一大问题。因为临床陈旧性骨折与 ICD 陈旧性骨折的定义不相同。临床陈旧性骨折定义：多指伤后 2～3 周后就诊的骨折。一般 3 周以内的骨折为新鲜骨折。而编码员培训接收到的信息都是：后遗症（陈旧性）时间为急性损伤 1 年以上或更长时间仍存在的那些情况。ICD－10 第二卷指导手册针对后遗症的指导有以下几个方面：后遗症的治疗，当医疗事件是对一种不再存在的疾病残余情况（后遗症）进行治疗或调查时，应充分描述该后遗症病陈述它的起因，同时还应当清楚地表明原疾病已不复存在。例如：跟腱挛缩—肌腱损伤的晚期效应。对"主要情况"的选择编码就是对后遗症本身性质的编码，"……后遗症"选择性附加编码。当存在多种后遗症且它们在严重程度和资源使用上没有一种更突出时，允许把对"……后遗症"作为主要情况，如"多处骨折后遗症"这样的陈述。注意：把表示原因的情况描述为"陈旧性"或"后遗症"这样的使用是足够的，没有最小的时间间隔。所以，根据指导手册，无论病因和现存情况的时间间隔是多久，编码员在实际工作中可以结合骨折后遗症性质定义编码。各种骨折后遗留性质定义：①骨折延迟愈合（M84.2）定义：骨折经过治疗后，超过其愈合通常所需要的时间（不同部位骨折的愈合时间不一样，通常 4～8 个月），骨折断端仍未连接愈合。②骨折不愈合（M84.1）定义：又称骨不连，是指骨折已经超过其愈合通常所需要的时间尚未愈合，且经再度延长治疗时间（3 个月）仍未达到骨性愈合，骨折端可形成假关节。③骨折畸形愈合 M84.0 定义：骨折愈合的位置未达到功能复位的要求，存在角、旋转或重叠畸形。

类似于例7情况，患者 3 年前走路时扭伤右足，在当地医疗机构行中医药保守治疗，未行影像学检查，经治疗后疼痛好转，3 年来轻度活动时无异常，但活动剧烈时疼痛仍明显，症状反复，近期在外院行 X 线检查提示右踝关节陈旧性骨折收入院。术中见骨折错位，骨折两端骨质硬化，行切开复位内固定术。该病例患者外伤 3 年，且术中所见符合骨折后遗症骨折畸形愈合（M84.0）性质。所以该病例主要诊断应改为腓骨骨折连接不正，疾病编码为 M84.000x063，右外踝陈旧性骨折可作为附加诊断。

类似于例 8 情况，患者 10 个月前在家中摔倒，臀部着地，尚可行走，自行中药外敷治疗。4 天前疼痛加重，无法行走，行 X 线提示右股骨颈骨折收入院。CT 检查提示右侧陈旧性股骨颈骨折，骨折远端向外上移位，部分断端边缘可见硬化边，周围软组织肿胀、渗出，伴少许积液，行全髋关节置换术。该患者受伤时间虽未到一年，但根据辅助检查、临床表现符合骨折延迟愈合的性质，所以建议编码为 M84.200。

类似于例 9 情况，患者 1 年前摔倒致左髋部疼痛，伴活动受限，予保守治疗，自觉恢复差来院就诊，CT 检查提示左侧股骨颈陈旧性骨折、断端不愈合，入院行左侧全髋关节置换术。根据辅助检查、临床表现符合骨折连接不正的性质，建议编码为 M84.000x051。

若患者受伤 3 周后入院，临床诊断陈旧性骨折，X 线、CT 检查未提示到达后遗症的性质：骨折延迟愈合、骨折不愈合、骨折畸形愈合的条件，建议编码在新近损伤（S）。

例 10：主要诊断：颈椎退行性病变，疾病编码：M48.901

其他诊断：腰椎退行性病变，疾病编码：M48.903

分析：

①颈椎病是一种常见病和多发病。颈椎病定义：指颈椎椎间盘退行性改变所致的脊髓、神经、血管损害，以及由此所表现的相应症状和体征。其发病机制尚未完全清楚，一般认为是多种因素共同作用的结果。颈椎间盘退行性病变是颈椎病发生和发展中最基本的始动因素，可导致椎间隙狭窄，关节囊、韧带松弛，进而引起椎体、关节突关节、钩椎关节、黄韧带等变性、增生，最后发生技术、神经、血管受压迫或刺激的表现。随着认识不断深入，现已根据主要致病因素将颈椎病细分为颈椎间盘突出症、颈椎管狭窄症和颈椎后纵韧带骨化症等。所以仅诊断颈椎退行性病变即表示尚未出现临床症状和体征，而患者无临床表现的情况下又怎么符合入院治疗的标准呢？显然用此诊断作为主要诊断是错误的。

②临床根据继发病理改变累及周围组织结构分为：神经根型：由于颈椎间

盘侧后方突出，钩椎关节或关节突关节增生、肥大，刺激或压迫神经根所致。具有根性分布的症状（麻木、疼痛）和体征，压头试验或（和）臂丛牵拉试验阳性；X线平片可见椎间隙变窄，椎体前后缘骨质增生，椎间孔狭窄等，CT或MRT可显示椎间盘突出、椎管及神经根管狭窄及脊神经受压情况。脊髓型：突出的髓核、椎体后缘骨赘、增生肥厚的黄韧带及钙化的后纵韧带等均可导致脊髓受压。以四肢乏力、行走不稳为最先出现的症状，Hoffmann征可阳性。X线平片表现与神经根型相似，CT、MRI可显示脊髓受压。交感型：有长期低头伏案工作史，出现交感神经紊乱的临床表现，X线平片、CT、MRI等检查结果与神经根型相似。椎动脉型：临床表现有眩晕、头痛、视觉障碍、猝倒等，Barre-Lieou征阳性，影像学显示节段性不稳定或钩椎关节增生。

③ICD-10分类颈椎病：包括颈椎的任何疾病，有骨性关节炎，椎间盘突出，椎管狭窄和脊椎裂等。"骨性关节炎"又称退行性骨关节炎（病），是一种非炎性的关节变性病，其特点是"骨的边缘肥厚，及滑膜样的改变，伴有疼痛和关节强硬感，也称骨刺，可发生于不同部位的关节。根据编码原则，假定分类：如果临床上不做具体描述，按临床最常见的退行性疾病进行分类；骨性关节炎不伴有脊髓病或神经根病分类于M47.8；骨性关节炎伴有脊髓病分类于M47.1+G99.2*；骨性关节炎伴有神经根病分类于M47.2+G55.2*。由于临床医生填写颈椎病诊断时常常按照临床分型填写，未能根据致病因素细分，造成编码员常使用假定病因分类于M47.-。所以要准确分类颈椎病，病案编码员必须与临床医生沟通，明确致病因素是颈椎间盘突出、颈椎管狭窄还是颈椎后纵韧带骨化，才能根据致病因素准确给予分类。

④类似于例10情况，经查找病历资料：患者肢体麻木乏力1年，加重1月，全脑血管造影未见头颈部血管明显狭窄或畸形，颈椎MR提示：颈椎退行性病变：C3/C4/C5/C6椎间盘后膨出，其中C4/C5中央后突出，相应节段颈髓稍受压，椎管及双侧椎间孔轻度狭窄。根据MR提示，造成患者肢体乏力是C4/C5突出，相应节段颈髓受压所致。所以最后诊断应改为颈椎间盘突出伴脊髓病，疾病编码为M50.001+G99.2*。

三、主要手术操作编码错误

例1：主要诊断：右侧大脑中动脉闭塞脑梗死，疾病编码：I63.502

第1手术操作名称：全脑血管造影术，操作编码：88.4101

第2手术操作名称：髂动脉取栓术，操作编码：38.0602

查找 ICD - 9 - CM - 3 P705

去除

－栓子

－－颅内血管

－－－切开入路，颅内血管 38.01

－－－血管内入路 39.74

－－下肢

－－－动脉 38.08

核对 38.0 血管切开术，［0－9］栓子切除术、血栓切除术不包括血管内去除头和颈部血管梗阻（39.74）。

查看手术记录：患者全麻下行经股动脉插管全脑血管造影＋右侧大脑中动脉取栓术。造影显示右侧大脑中动脉 M1 段闭塞，取栓支架于病变处释放中间管跟进至 M1 段行负压抽吸＋支架取栓。显然手术入路并非切开颅内血管，而是血管内入路，所以手术操作代码应改为 39.7400x002（经皮颅内动脉取栓术）。

例 2：主要诊断：输卵管妊娠破裂，疾病编码：O00.102

手术操作编码：腹腔镜单侧输卵管切除术，操作编码：66.4x02

查找 ICD - 9 - CM - 3 P708

去除

－异位胎儿（自）66.02

－管（经输卵管造口术）66.02

－伴输卵管切除术 66.62

核对：66.62 输卵管切除术伴去除输卵管妊娠

所以手术操作编码应改为：腹腔镜输卵管切除伴输卵管妊娠去除术 66.6200x004。

四、多编手术操作编码

例 1：主要诊断：多汗症，疾病编码：R61.900

第 1 手术操作名称：胸交感神经切断术，经胸腔镜；操作编码：05.002

第 2 手术操作名称：肺（胸膜）粘连松解术，经胸腔镜；操作编码：33.3902

讨论：该病例存在两个方面的问题：①诊断编码不准确。多汗症分类轴心是临床表现，局限性多汗症编码为 R61.000，全身性多汗症编码为 R61.100，而胸交感神经切断术是针对局限性多汗症治疗的，所以准确编码应为 R61.000。②多编手术操作编码。肺（胸膜）粘连松解术是行胸交感神经切断术的一个先行步骤，不应编码，而且根据公立医疗机构服务价格标准，肺（胸膜）粘连松解术仅在单独开展此手术操作时方可收费，属于医保结算清单不用上报的手术操作项目。

例2：主要诊断：腰和其他椎间盘疾患伴神经根病，疾病编码：M51.100 + G55.1 *

第1手术操作名称：内镜下腰椎髓核切除术，操作编码：80.5111

第2手术操作名称：黄韧带部分切除术，操作编码：80.9900x001

分析：该病例手术记录描述：麻醉成功后，俯卧位，消毒，切开穿刺点皮肤，术野镜止血，转动工作台，咬开黄韧带，可见神经根和硬膜囊张力大，间隙可见突出的椎间盘，不同的髓核钳交替使用取出髓核……从手术记录看到，咬开黄韧带只是行腰椎髓核切除术的一个步骤，不应增加编码。

查找 ICD – 9 – CM – 3 P690

切开

－黄韧带（脊柱）－省略编码

－脊柱韧带 80.49

－－弓形 – 省略编码

－－黄的 – 省略编码

所以，黄韧带部分切除术（80.9900x001）为无需编码上传的操作。

五、主要手术操作与主要疾病不一致

例1：主要诊断：拇指创伤性切断（完全）（部分），疾病编码：S68.000

其他诊断：在腕和手水平的拇指伸肌和肌腱损伤，疾病编码：S66.200

第1手术操作名称：手部伸肌腱缝合术，Ⅰ期：操作编码：82.4501

第2手术操作名称：指（趾）甲去除术，操作编码：86.2301

分析：肢体离断伤可分为完全离断和大部分离断。①完全离断：指肢体完全离体，无任何组织相连。还有一种情况是受伤后断肢只有极少数组织和机体相连，从表面上看虽然有少量皮肤和肌肉组织将断肢与机体相连，但实际上这部分离断肢体已无血液供应和神经支配，已成为毫无活力的组织，在医院清创时必须将这部分组织切除或切断，所以，临床上将这种类型的损伤也包括在完全离断伤之内。②大部分离断伤：与完全离断的区别是肢体绝大部分已经离断，断面有骨折或脱位并伴随有血管断裂或血栓形成，但残留肢体仍有一定活力。根据离断伤的定义，若肢体完全离断手术操作应为断指再植术（84.2201）或指创伤性切断残端修整术（84.0103）；若部分离断，手术操作应有骨折固定术＋血管修补。而该病例仅仅行手部伸肌腱缝合术，Ⅰ期和指（趾）甲去除术，无主要血管的损伤，与部分离断伤的诊断不相符。

例2：主要诊断：腔隙性脑梗死，疾病编码：I63.801

其他诊断：老年性白内障，疾病编码：H25.900

第1手术操作名称：白内障超声乳化抽吸术，操作编码：13.4100x001

第2手术操作名称：白内障摘除伴人工晶体一期置入术，操作编码：13.7100x001

分析：该病例手术操作显然应该与其他诊断——老年性白内障相对应，而白内障手术应为择期手术，根据主要诊断选择原则，若腔隙性脑梗死为手术后导致的并发症，不能作为主要诊断，若腔隙性脑梗死为入院时已有的疾病诊断，病情很严重的情况下，也不需要同次住院处理白内障手术，病情不严重时还是应该选择以手术治疗的疾病诊断老年性白内障为主要诊断。

六、漏传手术操作编码

例：主要诊断：左肺上叶恶性肿瘤，疾病编码：C34.100x003

入组 C34.1：n（y）

住院23天，总费用108099元，经核对病案资料，确定为漏传手术操作。

第1手术操作：32.4103（肺叶切除术，经胸腔镜辅助小切口）

第2手术操作：40.5906（肺门淋巴结清扫术）

第3手术操作：40.5907（纵隔淋巴结清扫术）

所以更改入组 C34.1：32.4103/40.5906/40.5907

七、错传疾病诊断编码

例：主要诊断：单胎，在医院内出生编码：Z38.000

住院9天，总费用10579元，经核对病案资料，确定为错传疾病诊断编码。

主要诊断：糖尿病母亲的婴儿综合征，疾病编码：P70.100

第五节 如何确保医保结算清单填写质量

医保结算清单填写质量是医保支付方式改革的关键，这是一项系统的工程，要确保医保结算清单规范填写，提高其填写质量，需从上到医保局、卫健局领导，下到医院领导、临床医生、病案室、医保科、信息科、医保经办部门共同努力才能实现。为提高医保结算清单填写质量，达到让以往的"数据大"转变成"大数据"的目标，需做到以下四点。

一、建立适合本地分值目录库

若想让临床医生能够准确地填写诊断，协助编码员准确编码，必须解决由于历史数据质量低造成目录库分值不合理的问题。类似上面的例子，同样的治疗，诊断编码为未特指的多汗症要比局部多汗症分值高，且医院不会亏损，而诊断编码准确的话反而要承担亏损，或者说，花费医疗资源越多的疾病反而支付的钱越少，这些都是让临床医生难以接受的。所以建立一个适用于临床，能让医务人员接受、易于实施的本地化 DIP 目录库是让临床医生安心诊断、安心治疗的首要条件。为达此目标，国家试点城市之一的汕头市项目组成员广泛征求了各专业的临床医务人员、病案编码员、计财收费人员等专业人员意见，为分组提供依据。《汕头市按病种分值付费（DIP）病种分值库》特色：在国家医疗保障局按病种分值付费 DIP 技术规范的基础上，进行一些适当的改动，使得分组更加合理精简（将国家版 1.1 万余病组合理精简到 7000 余病组）。具体如下：

1. 严控数据质量，确保分组合理、入组正确、费用准确

（1）基于临床背景和国际疾病分类规则，设置数据质控规则，通过计算机程序对所有病例数据批量质控和编码转换。

（2）确实无法编写转换正确编码的，将数据进行人工转换。对不适合应用规则批量质控的特殊病例，逐条人工处理。

（3）对以往病案首页漏传、采用 LS 临时编码，且对 DIP 分组影响较大的手术操作编码，将其提取并补充至相应的数据库中。

（4）进行数据的筛查时，将国家技术规范的规则——去掉总数据的上下两个 2.5%，调整为去掉同病种（或同诊断类别）的上下两个 2.5%。

2. 为了让手术都能进入手术操作组，分组采用灵活多变的聚类

（1）根据 DIP 应用体系，基于"随机"与"均值"的经济学原理和大数据理论，通过真实世界的海量病案数据，挖掘疾病与治疗之间的内在规律与关联，提取数据特征进行组合的原则，项目组提取数据分组时打破了国家 DIP 目录库1.0 版分组仅采用国际疾病分类亚目（即 4 位数编码）的限制，而是根据不同疾病的临床治疗情况、医疗资源耗费情况，采用不同颗粒度的聚类方式，分为细目、亚目、类目、字母大类四种方法。见表 7-9：

表 7-9 某市 DIP 病种分值库（2021 版）

病种序号	诊断编码	诊断名称	操作编码显示	操作名称显示
1	A			
2	A		86.0401/86.1100/86.2200X011/86.3X00/86.3X02/86.3X03/86.4X00	创面封闭式负压引流术（VSD）/皮肤和皮下组织的活组织检查/皮肤和皮下坏死组织切除清创术/皮肤和皮下组织的病损或组织其他局部切除术或破坏术/皮肤病损切除术/皮下组织病损切除术/皮肤病损根治性切除术
22	A15	呼吸道结核，经细菌学和组织学证实		
23	A15	呼吸道结核，经细菌学和组织学证实	33.2600X001/33.2600x002	肺穿刺活检/经皮针吸肺活检
30	A15.0	肺结核，经显微镜下痰检查证实，伴有或不伴有痰培养		
31	A15.0	肺结核，经显微镜下痰检查证实，伴有或不伴有痰培养	39.7902	经导管支气管动脉栓塞术
5923	P07.101	低出生体重儿（1500～2499 克）		
5924	P07.101	低出生体重儿（1500～2499 克）	96.7201	呼吸机治疗［大于或等于 96 小时］

（2）同一亚目、类目、字母的聚类，可以根据临床治疗的难易度采用单一的操作聚类分组，类同的手术操作方式聚类，或根据手术操作级别进行聚类。见表 7 - 10：

表 7 - 10　某市 DIP 病种分值库（2021 版）

病种序号	诊断编码	诊断名称	操作编码显示	操作名称显示
422	C16.1	胃底恶性肿瘤	43.5X03	腹腔镜下胃大部切除伴食管—胃吻合术
424	C16.1	胃底恶性肿瘤	43.9901/43.9903	全胃切除伴食管空肠吻合术/全胃切除伴食管十二指肠吻合术
430	C16.1	胃底恶性肿瘤	43.5X00/ 43.5X00X003/ 43.5X00X007/ 43.5X01/43.5X02	胃部分切除术伴食管胃吻合术/贲门部分切除伴食管—胃吻合术/胃近端切除伴食管—胃吻合术/胃大部切除伴食管胃吻合术/贲门切除伴食管胃弓下吻合术

（3）根据临床实际治疗需要，增设双侧手术分组和两次手术分组。见表 7 - 11：

表 7 - 11　某市 DIP 病种分值库（2021 版）

病种序号	诊断编码	诊断名称	操作编码显示	操作名称显示
201	H02.0	睑内翻和倒睫	08.4902	睑内翻矫正术
2202	H02.0	睑内翻和倒睫	08.4902　+　08.4902（双侧）	睑内翻矫正术 + 睑内翻矫正术
2626	I21.0	前壁急性透壁性心肌梗死	00.4500 + 36.0700 + 00.6600	置入一根血管支架 + 药物洗脱冠状动脉支架置入 + 经皮冠状动脉腔内血管成形术［PTCA］
2628	I21.0	前壁急性透壁性心肌梗死	00.4500 + 36.0700 + 00.4600　+　36.0700（两次）	置入一根血管支架 + 药物洗脱冠状动脉支架置入 + 置入两根血管支架 + 药物洗脱冠状动脉支架置入

3. 确保分组符合临床诊疗的需要

（1）根据医保结算清单及国际疾病分类主要诊断填写规则，删除违反主要诊断选择原则的分组。见表7-12、表7-13、表7-14：

表7-12　国家DIP目录库1.0版

诊断编码	诊断名称	操作编码	操作名称
K65.0	急性腹膜炎	47.0100	腹腔镜下阑尾切除术
K65.0	急性腹膜炎	44.4102	腹腔镜胃溃疡穿孔修补术
K65.0	急性腹膜炎	44.4202	腹腔镜十二指肠溃疡修补术

表7-13　国家DIP目录库1.0版

诊断编码	诊断名称	操作编码	操作名称
O80.0	头位顺产	75.7x00	产后子宫腔手法探查
O82.0	头位顺产	75.5100	子宫颈近期产科裂伤修补术

表7-14　国家DIP目录库1.0版

诊断编码	诊断名称	操作编码	操作名称
T93.1	股骨骨折后遗症	81.5100	全髋关节置换术
B94.8	其他特指传染病和寄生虫病后遗症	04.2x05	脊髓神经根射频消融术

分析：

①根据主要诊断选择原则，有明确诊断时，症状、体征和不确定情况不能作为主要诊断；以上分组均已有明确的疾病诊断：阑尾炎、胃溃疡、十二指肠溃疡等，却选择用临床表现急性腹膜炎作为主要诊断。

②根据主要诊断选择原则，产科的主要诊断是指产科的主要并发症或合并疾病。没有任何并发症或合并疾病分娩的情况下，选择O80或O84为主要诊断。上述分组明显违背了此原则，行产后子宫腔探查术，应以胎盘滞留"O72.-"或"O73.-"等并发症作为主要诊断、编码；行子宫颈近期产科裂伤修补术，应以宫颈的产科裂伤（O71.3）作为主要诊断。

③根据国际疾病分类的规则，后遗症一般不能作为主要诊断编码，患者住院均是针对遗留影响身体的性质进行处理的，要以该性质作为主要诊断编码。手术操作名称为全髋关节置换术，却以股骨骨折后遗症作为主要诊断，多为主要诊断、编码选择错误。

（2）删除手术操作与主要诊断不一致的分组。见表7-15：

表 7 – 15　国家 DIP 目录库 1.0 版

诊断编码	诊断名称	操作编码	操作名称
B18.9	未特指的慢性病毒性肝炎	74.1x01	剖宫产术，子宫下段横切口
D39.1	卵巢动态未定的肿瘤	68.4905	经腹双子宫切除术
E04.1	非毒性单个甲状腺结节	85.2100x022	乳房病损消融术

（3）删除手术操作错误的分组。见表 7 – 16：

表 7 – 16　国家 DIP 目录库 1.0 版

诊断编码	诊断名称	操作编码	操作名称
I63.2	入脑前动脉未特指的闭塞或狭窄引起的脑梗死	39.5900x006 + 88.4101	颈内动脉成形术 + 脑血管造影
I63.8	其他脑梗死	38.0000	血管切开术
I63.9	未特指的脑梗死	38.0201 + 88.4101	颈动脉取栓术 + 脑血管造影

（4）删除违反实际诊疗的分组。见表 7 – 17：

表 7 – 17　国家 DIP 目录库 1.0 版

诊断编码	诊断名称	操作编码	操作名称
H66.3	慢性化脓性中耳炎，其他的	19.3x00x002 + 19.4x01	内镜下人工听骨链重建术 + 鼓室成形术，Ⅰ型
H66.3	慢性化脓性中耳炎，其他的	19.3x03 + 19.4x01	听骨链重建术 + 鼓室成形术，Ⅰ型

分析：鼓室成形术一般分为五型，当听骨链无病变时行鼓室成形Ⅰ型手术，即不需要重建听骨链，而涉及听骨链重建时分为Ⅱ – Ⅳ型。所以"鼓室成形术Ⅰ型 + 听骨链重建"的分组是不符合临床实际操作的。

（5）根据医疗保障结算清单填写规范要求，删除无需填报的操作分组。

①医疗保障结算清单填写规范中无需填报和编码的操作包括除心导管、外科插管、新生儿插管以外的动脉或静脉插管，如 PICC、CVC、S-W 插管，因此，汕头目录库删除了含有 PICC/CVC 操作的分组。见表 7 – 18：

表 7 - 18　国家 DIP 目录库 1.0 版

诊断编码	诊断名称	操作编码	操作名称
A41.9	未特指的脓毒症	38.9900x002/38.9900x501/38.9900x701/38.9900x901	静脉穿刺术/锁骨下静脉穿刺术/脐静脉穿刺术/股静脉穿刺术

②喉返神经探查为甲状腺恶性肿瘤患者行甲状腺全切手术的常规步骤，属于无需填报的手术操作，并且该手术收费项目在公立医院基本医疗服务价格收费标准中已明确：只有在单独开展此手术（如声音嘶哑患者需探查喉返神经）的情况下才能收取此手术费用。因此，汕头市 DIP 目录库将国家 DIP 目录库 1.0 版中涉及此类不能重复收费的手术操作分组删除，不再单独分组。见表 7 - 19：

表 7 - 19　国家 DIP 目录库 1.0 版

诊断编码	诊断名称	操作编码	操作名称
C73.X	甲状腺恶性肿瘤	04.041506.40140.4201	喉返神经探查术/双侧甲状腺全部切除术/颈淋巴结清扫术，双侧
C73.X	甲状腺恶性肿瘤	04.041506.40140.4101	喉返神经探查术/双侧甲状腺全部切除术/颈淋巴结清扫术，单侧

（6）根据临床实际治疗情况，合理地进行细化分组。

例：低出生体重儿（1500～2499 克）疾病编码为 P07.101，低出生体重儿（1000～1499 克）疾病编码为 P07.102，出生体重的不同严重影响了医疗资源消耗的情况，并且由于费用差异过大，不适用分组规则。根据临床要求，采用细目进行分组，分组间的差异系数变小，满足了分组要求。见表 7 - 20：

表 7 - 20　某市 DIP 病种分值库（2021 版）

诊断编码	疾病名称	操作编码	操作名称
P07.101	低出生体重儿（1500～2499 克）		
P07.101	低出生体重儿（1500～2499 克）	96.7201	呼吸机治疗［大于或等于 96 小时］
P07.101	低出生体重儿（1500～2499 克）	96.7101	呼吸机治疗［小于 96 小时］
P07.102	低出生体重儿（1000～1499 克）		
P07.102	低出生体重儿（1000～1499 克）	96.7201	呼吸机治疗［大于或等于 96 小时］
P07.102	低出生体重儿（1000～1499 克）	96.7101	呼吸机治疗［小于 96 小时］

（7）统一部分疾病的入组规则。

例：由于恶性肿瘤转移造成骨折的患者，有的病例采用 C97.5（骨和骨髓继发性恶性肿瘤）作为主要诊断编码，有的病例采用 D48.903 + M90.7*（肿瘤性病理性骨折），造成分组分散，无法聚类。根据查找国际疾病分类第三卷第 379 页，骨折 - 病理性—由于肿瘤疾病 NEC（M8000/1）（另见肿瘤）D48.9 + M90.7* 提示，肿瘤无明确病理的情况下才使用 D48.903 + M90.7* 编码，明确肿瘤病理性质的情况下还是需采用具体肿瘤的编码。所以将此类疾病统一使用 C79.5 作为主要诊断编码分组，满足了聚类的条件。

二、统一全省（全市）入组规则

在医保省内市内检查、日常审核等过程中，常常因某些疾病编码个人理解不同造成分类不一致而引起争议。为减少此类争议发生，保证疾病付费的一致性，需制定统一的入组规则。如某 DIP 试点城市在制定本地化 DIP 目录库时，将部分分类不同，实际应该相同的疾病进行了统一分类。具体如下：

第一，肝恶性肿瘤、肝继发性恶性肿瘤患者因疾病常需多次住院治疗，治疗方式多为行经血管内肝动脉栓塞术治疗。肝动脉栓塞术又分为化学栓塞（应用化疗药物）和物理栓塞（应用液体组织黏合剂、弹簧圈等）。将此类患者再次住院治疗时出院主要诊断统一按照以下的原则填报入组：

（1）单纯行物理栓塞治疗时，主要诊断按肝恶性肿瘤（C22.-）、肝继发性恶性肿瘤（C78.7），手术操作编码 39.7903（经导管肝动脉栓塞术）+ 88.4701（肝动脉造影）填报。

（2）同时行物理栓塞和化学栓塞时，主要诊断按肝恶性肿瘤（C22.-）、肝继发性恶性肿瘤（C78.7），手术操作编码 39.7903（经导管肝动脉栓塞术）+ 99.2500x017（化学物质栓塞）+ 50.9300（肝局部灌注）+ 88.4701（肝动脉造影）填报。

（3）住院仅仅输注化疗药物治疗时，主要诊断按为肿瘤化学治疗疗程（Z51.1），手术操作编码 99.2505（化疗药物灌注）+ 50.9300（肝局部灌注）+ 88.4701（肝动脉造影）填报。

第二，阻塞性睡眠呼吸暂停综合征（G47.301）患者入院手术治疗，出院主要诊断统一按照以下的原则填报入组：

（1）根据住院手术术式，如行扁桃体切除术（28.2x00x002）、内镜下腺样体切除术（28.6x02）、扁桃体切除术伴腺样增殖体切除术（28.3x00），主要诊断分别选择扁桃体肥大（J35.100）、腺样体肥大（J35.200）、扁桃体肥大伴有腺样体肥大（J35.300）填报。

（2）入院行腭咽成形术（27.6902），主要诊断选择阻塞性睡眠呼吸暂停综合征（G47.301）填报。

第三，继发性甲状旁腺功能亢进症多为慢性肾脏疾病或甲状旁腺手术后导致，不应以 E21.1 继发性甲状旁腺功能亢进症，不可归类在他处者填报，临床上又以肾源性继发性甲状旁腺功能亢进（N25.8）多见，所以将此疾病分组归类到 N25.8 肾源性继发性甲状旁腺功能亢进。

第四，关于脑血管意外（脑梗死、脑出血）疾病编码，一直是困惑编码员的问题。为统一付费标准，根据临床实际治疗，出院主要诊断建议按如下原则填报：

（1）脑血管意外急性期以脑出血、脑梗死（I60.－、I61.－、I63.－）编码填报。

（2）脑血管意外急性期经上级医院治疗，病情稳定后转往下级医院康复治疗的，出院主要诊断以蛛网膜下腔出血恢复期（I69.000x002）、脑出血恢复期（I69.100x002）、脑梗死恢复期（I69.300x003）填报。

（3）既往有脑出血、脑梗死病损患者，再次出现头晕、肢体乏力等症状，入院待排脑出血、脑梗死再发，经检查后确诊再发者，出院诊断以脑出血（I60.－、I61.－）、脑梗死（I63.－）填报；经检查后排除脑出血、脑梗死再发，最后考虑为脑出血、脑梗死后遗症者，出院主要诊断以蛛网膜下腔出血后遗症（I69.000x001）、脑内出血后遗症（I69.100）、脑梗死后遗症（I69.300）填报（为了区分恢复期、后遗症期两者之间资源消耗的不同，建议分组时可采用细目）。

（4）脑梗死、脑出血后遗症患者，再次入院康复治疗的，根据结算清单主要诊断选择规则：如果患者入院进行康复治疗的原发疾病已不存在，选择相应的后续治疗作为主要诊断。脑梗死、脑出血后遗症患者入院康复治疗多以针对偏瘫肢体的物理康复治疗为主，所以出院主要诊断建议以物理治疗（Z50.100x001）、脑出血后物理康复训练（Z50.101）填报。

第五，关于慢性肾脏病 5 期患者再次住院主要诊断、编码的选择问题，以往编码员大多根据临床医生出院诊断的填写进行编码，随意性比较大。现结合临床实际治疗情况，建议统一主要诊断、编码的上报原则：

（1）原发糖尿病肾病、高血压肾脏病进入慢性肾脏病 5 期患者，再次入院治疗，除了进行血液透析、腹膜透析外，还需要继续治疗原发病，所以主要诊断还是按照原发疾病糖尿病肾病（E11.2）、高血压肾脏病伴有肾衰竭（I12.0）上报。

（2）原发肾小球疾病进入慢性肾脏病5期患者，再次入院治疗，针对原发疾病已无需治疗，所以主要诊断应该根据实际入院原因进行选择：入院建立透析通路的或尿毒症毒素导致临床症状住院的，选择慢性肾脏病5期。

（3）不管何种原发疾病，入院主要是处理并发症或其他疾病的，选择并发症或其他疾病：因心功能衰竭入院的选择心功能衰竭（I50.-）或高血压肾脏病伴有肾衰竭（I12.0）；透析导管引起的感染选择腹膜透析导管感染（T85.7），腹膜透析管移位（T85.609）；因其他疾病肺炎选择肺炎等。

（4）入院主要是行平衡试验的，选择其他情况的其他治疗后的随诊检查（Z09.8）。

三、加强院内对医保结算清单的智能审核，确保结算清单准确上传

在对医保结算清单的管理上，采用PDCA循环进行闭环管理，重点在医保结算清单环节质量管理。从清单的填写者——临床医生开始，到病案室编码员，再到医保科审核人员，最后到结算清单的上传，环环相扣、层层把关。以某三甲医院对医保结算清单的闭环管理为例，该院在医生工作站设置了ICD-10国临版疾病编码库和ICD-9-CM-3国临版手术操作库，临床医生在填写病案首页出院诊断时，疾病编码和手术操作编码可进行模糊检查同步完成诊断和编码的匹配。医生完成首页填写后提交病案室由编码员进行疾病编码和手术操作编码的再审核；编码员完成对编码审核并签名后，医保出院患者的病历则进入医保科审核系统，医保科内配置了两名具有临床、编码经验的人员对医保出院患者的病历进行审核后，再上传医保结算系统进行结算。为了加强医院医保结算清单的智能审核，确保结算清单的准确上传，医保管理部门须做好以下几项工作：

第一，加强政策及国际疾病编码规则培训，提升医保结算清单上传准确率。

新政策下发后，医保科首先针对全院各科室主任、护士长、医保专员进行多层次、多角度的培训工作，尤其是国际疾病分类的基本概念、专用术语、分类规则等，让临床医生能熟练掌握国际疾病分类编码规则，然后不定期下临床了解存在的问题，并根据各科室、各专科专业的常见疾病编码特点再次进行强化学习，使临床医生能熟练掌握国际疾病分类的基本常识、注意事项，为日后

填写诊断、手术操作奠定一定基础。

（1）医生工作站：①首先将 ICD－10 国临版中不准确的编码在院内编码库中隐藏，确保了第一关诊断编码填写的准确性。如颅内胆脂瘤，国临版和医保2.0 版均编码为 G93.814，根据与临床医生沟通以及查找文献资料，均提示胆脂瘤亦称表皮样囊肿，而颅内表皮样囊肿编码应为 G93.000x015，通过在源头将临床中不准确的编码给予隐藏，避免临床医生错误选择概率；②患者出院后三天内主管医生需完成其病案首页及医保结算清单补充模块的内容（在医生工作站首页填写的界面增加医保结算清单需要采集而病案首页中没有的内容），在医生完全填写后，系统即可进行一次简单的逻辑校验智能质控，如根据呼吸机收费与呼吸机使用时间是否一致进行校验，不一致时给予提示，医生根据提示完成对医保结算清单的修改补充，然后提交病案室。

（2）病案统计室：①根据疾病与手术的编码原则整理出 1000 多条编码逻辑校验规则，嵌入新电子病历的编目系统中，编码员完成病案编目时如触发逻辑校验规则错误，即提醒编码员对编码重新进行审核与修正，并对触发逻辑错误的条目进行汇总，统计编码错误率；②编码员在编码过程中针对有疑问的病例及时跟临床医生沟通，力争能够准确地翻译每一个诊断，给予编码；③针对病案首页填写规范与医保结算清单填写规范存在的差异，与医保科沟通协商，合理地完成每个出院病历诊断编码；④定期开展编码员间的交叉检查，对存在的问题进行讨论，以提升编码员的业务水平。

（3）医保科：病案室编码员完成编码签名后将病历提交医保科审核界面，系统根据病案首页数据以及医生补充完善的清单数据，形成医保结算清单，智能审核系统可根据医保结算清单填写规则完成对医保结算清单的智能审核，提示异常。医保科负责审核的人员根据智能审核提示异常的问题再次进行人工审核，重点查看医保结算清单主要诊断选择准确性、主要编码、手术操作编码是否准确，有没有多编码，找出原因，与临床医生、病案室编码员沟通，修正错误后上传医保结算清单至医保局。

第二，数据分析，再次复审。为了确保信息系统上传清单数据准确，在每月底医保经办机构汇总生成全市报表前，再次提取由医保局返回的清单报表进行数据分析，对可疑数据病历资料进行复审，修订后再次上传医保经办机构。

对于人才缺乏的二级、一级医院，要提高医保结算清单的填写质量，可以采用借助上级医院的帮扶来实现。比如某市一、二级专科医院，在 2020 年市区级医保基金监督检查时，因查出未达入院标准住院、诊断编码不准确高套分值等违规行为被处罚金 20 多万元，数额为全区最高。院长高度重视，立即与市内一家三级医院联系，聘请该院的医保管理、编码人才为技术顾问，采用微信咨询、不定期到院培训指导等灵活方式帮忙指导该院的医保管理、病案室编码等工作，提高业务水平。经过医院全体同仁的共同努力，到了2021年市区级医保基金再次监督检查时，该院抽取的病历无一份涉及不合理入院、诊断编码错误高套分值，仅查出违规收费资金18.8元，数额为全区最低。

该院的经验告诉我们，要提高区域内基层医院的医保管理水平，提高病案编码员的编码水平，需医院领导高度重视，合理地配置医保管理人员、编码人员，再借助区域高水平医院人才的优势，采取灵活的方式给予基层医院帮扶。只有这样，才能提高区域内各级医院的医保管理水平、病案编码水平，才能确保医保结算清单的准确性。

四、医保经办机构加强智能审核，确保医疗机构上传医保结算清单规范准确

既往医保经办机构采用的按比例抽查，容易让部分医疗机构任意选择主要诊断、编码，产生套取医保基金的侥幸心理，也不能及时发现结算清单存在的问题。医保经办机构加强智能审核，一来可以杜绝部分医疗机构高套分值的违规行为，二来可以帮助区域内信息系统不完善的医疗机构及时发现问题，及时修订，确保医保结算清单准确。

（本章撰写人：汕头大学医学院第一附属医院陶春莲）

第八章

按病种分值付费（DIP）政策背景下的医保基金监督

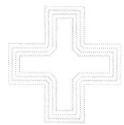

医疗保障基金是人民群众的"救命钱"，关系广大人民群众的切身利益，党中央、国务院高度重视医疗保障基金使用监督管理工作，以零容忍的态度严厉打击欺诈骗保行为。

一、法律法规及相关监管依据

（一）《中华人民共和国刑法修正案（十一）》（中华人民共和国主席令第六十六号）

现行《中华人民共和国刑法修正案（十一）》由中华人民共和国第十三届全国人民代表大会常务委员会第二十四次会议于 2020 年 12 月 26 日通过，自 2021 年 3 月 1 日起施行。

《中华人民共和国刑法》第五章侵犯财产罪第二百六十六条：【诈骗罪】诈骗公私财物，数额较大的，处三年以下有期徒刑、拘役或者管制，并处或者单处罚金；数额巨大或者有其他严重情节的，处三年以上十年以下有期徒刑，并处罚金；数额特别巨大或者有其他特别严重情节的，处十年以上有期徒刑或者无期徒刑，并处罚金或者没收财产。本法另有规定的，依照规定。

全国人民代表大会常务委员会根据司法实践中遇到的情况，讨论了刑法第二百六十六条的含义及骗取养老、医疗、工伤、失业、生育等社会保险金或者其他社会保障待遇的行为如何适用刑法有关规定的问题，解释如下：以欺诈、伪造证明材料或者其他手段骗取养老、医疗、工伤、失业、生育等社会保险金或者其他社会保障待遇的，属于刑法第二百六十六条规定的诈骗公私财物的行为。［全国人民代表大会常务委员会关于《中华人民共和国刑法》第二百六十六条的解释（2014 年 4 月 24 日第十二届全国人民代表大会常务委员会第八次会议通过）］

（二）《中华人民共和国社会保险法》（国家主席令第三十五号）

这是最高国家立法机关首次就社保制度进行的立法，该法规定国家建立基本养老保险、基本医疗保险、工伤保险、失业保险、生育保险等社会保险制度，保障公民在年老、疾病、工伤、失业、生育等情况下依法从国家和社会获得物质帮助的权利，于 2011 年 7 月 1 日开始实施，并经 2018 年 12 月 29 日第十三届全国人民代表大会常务委员会第七次会议《关于修改〈中华人民共和国社会保险法〉的决定》修正。

《中华人民共和国社会保险法》第三章第二十八条及第三十条明确基本医疗保险基金的支付范围及不应纳入基本医疗保险基金支付的情形，即符合基本医疗保险药品目录、诊疗项目、医疗服务设施标准以及急诊、抢救的医疗费用，按照国家规定从基本医疗保险基金中支付。应当从工伤保险基金中支付的，应当由第三人负担的，应当由公共卫生负担的，在境外就医的，不纳入基本医疗保险基金支付范围。第十一章明确违反社会保险法的责任，其中第八十七条规定"社会保险经办机构以及医疗机构、药品经营单位等社会保险服务机构以欺诈、伪造证明材料或者其他手段骗取社会保险基金支出的，由社会保险行政部门责令退回骗取的社会保险金，处骗取金额二倍以上五倍以下的罚款；属于社会保险服务机构的，解除服务协议；直接负责的主管人员和其他直接责任人员有执业资格的，依法吊销其执业资格"，第八十八条规定"以欺诈、伪造证明材料或者其他手段骗取社会保险待遇的，由社会保险行政部门责令退回骗取的社会保险金，处骗取金额二倍以上五倍以下的罚款"。

（三）《医疗保障基金使用监督管理条例》（中华人民共和国国务院令第 735 号）

《医疗保障基金使用监督管理条例》（以下简称《条例》）是为加强医疗保障基金使用监督管理，保障基金安全，促进基金有效使用，维护公民医疗保障合法权益，根据《中华人民共和国社会保险法》和其他有关法律规定制定的条例，自 2021 年 5 月 1 日起施行。全文共五章、五十条，主要内容包括：一是落实以人民健康为中心的要求，强化医疗保障服务。二是明确基金使用相关主体的职责，规范基金的使用。三是健全监管体制，强化监管措施。四是细化法律责任，加大惩戒力度。这是我国医疗保障领域的首部行政法规，明确为老百姓的"看病钱"划清不能触碰的"红线"，为整个医保制度步入法治化奠定了第一块基石。

《条例》第二条和第四十九条明确适用范围，即基本医疗保险（含生育保险）基金、医疗救助基金等医疗保障基金适用本《条例》；职工大额医疗费用补助、公务员医疗补助参照本《条例》；居民大病保险资金按照国家有关规定执行。

《条例》明确基金使用相关主体的职责，包括医疗保障行政部门、医疗保障经办机构、定点医药机构、参保人员等。一是医疗保障行政部门应当依法组织制定医疗保障基金支付范围。二是医疗保障经办机构建立健全业务、财务、安全和风险管理制度，规范服务协议管理。三是定点医药机构加强内部管理，提供合理、必要的医药服务，保管有关资料、传送数据和报告监管信息。四是参保人员持本人医疗保障凭证就医、购药，按照规定享受医疗保障待遇。五是禁止医疗保障经办机构、定点医药机构等单位及其工作人员和参保人员等通过伪造、变造、隐匿、涂改、销毁医学文书等有关资料或者虚构医药服务项目等方式，骗取医疗保障基金。

《条例》针对不同违法主体、不同违法行为分别设置法律责任。一是对医疗保障经办机构违法的，责令改正、责令退回、罚款、给予处分。二是对定点医药机构一般违法行为，责令改正、约谈负责人、责令退回、罚款、责令定点医药机构暂停相关责任部门一定期限的医药服务；对定点医药机构违反管理制度的，责令改正、约谈负责人、罚款；对定点医药机构骗保的，责令退回、罚款、责令定点医药机构暂停相关责任部门一定期限的医药服务、解除服务协议、吊销执业资格；造成医疗保障基金重大损失或者其他严重不良社会影响的，对其法定代表人或者主要负责人给予限制从业、处分。三是个人违法的，责令改正、责令退回、暂停其一定期限的医疗费用联网结算、罚款。四是侵占、挪用医疗保障基金的，责令追回、没收违法所得、给予处分。五是医疗保障等行政部门工作人员滥用职权、玩忽职守、徇私舞弊的，给予处分。

（四）《医疗机构医疗保障定点管理暂行办法》（国家医疗保障局令第2号）

《医疗机构医疗保障定点管理暂行办法》于2020年12月24日第2次局务会议审议通过，自2021年2月1日起施行。全文共七章、五十三条，其中第四章第三十八条明确经办机构发现定点医疗机构存在违反协议约定情形的，可按协议约定相应采取以下处理方式：约谈医疗机构法定代表人、主要负责人或实际控制人；暂停或不予拨付费用；不予支付或追回已支付的医保费用；要求定点医疗机构按照协议约定支付违约金；中止相关责任人员或者所在部门涉及医疗保障基金使用的医疗服务；中止或解除医保协议。

（五）《国家医疗保障局办公室关于印发按病种分值付费（DIP）医疗保障经办管理规程（试行）的通知》（医保办发〔2021〕27号）

《按病种分值付费（DIP）医疗保障经办管理规程（试行）》（以下简称《规程》）于2021年5月20日印发，旨在推进DIP经办管理服务工作，做好协议管理，开展数据采集和信息化建设，建立区域总额预算管理，制定分值等指标，开展审核结算、考核评价、稽核检查，做好协商谈判及争议处理等经办管理工作。同时，建立激励约束和风险分担机制，激励定点医疗机构建立健全与 DIP 相适应的内部管理机制，合理控制医疗费用，提高医疗服务质量，有序推进与定点医疗机构按病种分值付费方式结算，全文共十章、四十四条。

《规程》要求经办机构与定点医疗机构通过签订医疗保障服务协议，将 DIP 纳入协议管理，协议内容包括 DIP 数据报送、费用审核、申报结算、费用拨付及争议处理等内容。《规程》同时要求严格按照《条例》及《医疗机构医疗保障定点管理暂行办法》要求，对定点医疗机构在 DIP 付费中发生的高套分值、诊断与操作不符等违约行为进行重点关注并提出具体处理办法。以广州为例：2018 年至 2020 年的条款规定"定点医疗机构有分解住院、挂名住院、诊断升级、高套分值或者降低入院标准等行为的，当次住院的分值不予计算，并按该分值的 3 倍予以扣减"，2021 年起，修订条款规定为"定点医疗机构有分解住院、挂名住院、诊断升级、高套分值或者降低入院标准等行为的，当次住院的分值和医疗费用、记账费用不予计算，并按记账费用的 2 倍在该定点医疗机构年度清算统筹基金支付金额中予以扣减；疾病和手术操作编码填写不准确、不规范的，经审核后扣减相应分值"。

二、建立违规行为监管的目的和意义

（一）建立监督机制、强化监管措施的要求

《条例》明确提出：一是构建政府和医疗保障等行政部门的行政监管、新闻媒体舆论监督、社会监督、行业自律相结合的监督体制，畅通社会监督渠道，织密扎牢医疗保障基金使用监督管理的制度笼子。二是建立医疗保障、卫生健康、中医药、市场监督管理、财政、审计、公安等部门沟通协调、案件移送共同发力的联合监管机制；在医疗保障系统内建立以行政监管为主、协议管理协同的监管机制。三是要求国务院医疗保障行政部门制定服务协议管理办法，制作并定期修订服务协议范本。四是规定大数据智能监控、专项检查、联合检查、信用管理等监管形式。五是规范医疗保障行政部门监督检查的措施及程序。

《规程》进一步对 DIP 下的医保基金监管方式、办法和重点进行明确，主要体现在第七章稽核检查第三十一条至第三十四条："对 DIP 进行事前、事中、事后全流程监测，依托信息化手段，开展日常稽核"；"充分利用大数据分析等技术手段，对医疗服务相关行为和费用进行监测分析，重点对结算清单质量和日常诊疗行为、付费标准的合理性、参保人住院行为等开展监测"；"对定点医疗

机构开展的稽核方式包含日常稽核与专项稽核。日常稽核主要根据数据监测发现的疑点问题进行稽查审核并核实病种申报规范性，重点查处高套分值、诊断与操作不符等违规行为；针对多发或重大违规线索，可组织医疗、病案等领域专家开展专项稽核"；"畅通投诉举报途径"，开展社会监督。

总之，对医保基金监管不断强化，且逐步常态化、规范化、专业化、法治化、系统化。

（二）信息化大数据监管

1. DIP遵循公开透明、全程监管的原则，践行统一数据标准体系下医保支付方式与智能监管的一体化，形成基于大数据病种分值的异常费用发现机制与过程控制机制，创建"公平、公正、公开"的监管与支付生态

DIP是在医保数据充分聚集的优势下建立的医疗服务"度量衡"体系，以便于在不同的医疗服务提供者之间收治不同类型疾病、不同数量患者的比较。然而由于医疗的不确定性、患者个体差异、医院管理、医生行为等诸多因素均会对疾病的资源消耗造成直接影响，以分组的单一维度对应于疾病的复杂成因与医疗服务的多元供给方式，难以精确评估医疗机构采取有针对性的方式来争取利益最大化的现象，包括分值高套、诱导住院、分解住院、抑制需求等。因此DIP需要建立反映疾病严重程度与违规行为监管个性特征的辅助目录，以便对疾病收治、诊疗行为的过程合规性进行快速识别、科学评价。

2. 建立违规行为监管辅助目录

辅助目录侧重于利用大数据及时洞察和发现违规行为，引导医疗机构规范医疗行为，降低违规发生的可能性，提高医疗质量，具体包括病案质量指数、二次入院、低标入院、超长住院以及死亡风险等指标。同时，加强门诊与住院在人次、费用等方面波动趋势的监测，及时降低门诊、住院间的费用转移可能。

（三）专项稽核

基于大数据监测或重大违规线索，可组织医疗、病案等领域专家开展专项稽核。如2020年广州市医疗保险服务中心通过大数据监控，发现G81.9：n（y）病种增长异常，随即抽取所有入组该病种的病历，组织临床及病案专家逐一进行核实，对于查实的高套分值行为按规定给予惩处，并对既往临床诊断和编码界定模糊的问题经讨论形成专家共识，予以明确，由医保联合卫健部门予以下发。

三、违法违规情形及含义

（一）违法违规的情形

《条例》明确规定如下违法违规情形，一旦出现均将按照相应的法律法规给予责任追究：

（1）分解住院、挂床住院；

（2）违反诊疗规范过度诊疗、过度检查、分解处方、超量开药、重复开药或者提供其他不必要的医药服务；

（3）重复收费、超标准收费、分解项目收费；

（4）串换药品、医用耗材、诊疗项目和服务设施；

（5）为参保人员利用其享受医疗保障待遇的机会转卖药品，接受返还现金、实物或者获得其他非法利益提供便利；

（6）将不属于医疗保障基金支付范围的医药费用纳入医疗保障基金结算；

（7）诱导、协助他人冒名或者虚假就医、购药，提供虚假证明材料，或者串通他人虚开费用单据；

（8）伪造、变造、隐匿、涂改、销毁医学文书、医学证明、会计凭证、电子信息等有关资料；

（9）虚构医药服务项目。

除以上违法违规情形外，DIP 下有可能在一定程度上出现特定的违规行为，包括高套分值、编码低套、低标准入院、缩减必要诊疗服务等。

（二）DIP 下常见违法违规情形的含义及表现

1. 高套分值

高套分值指医疗机构以调整主要诊断、虚增诊断、虚增手术等方式使病案进入费用更高分组的行为，是在使用 DIP 情况下欺诈骗保的一种常见方式。

主要表现：

（1）诊断升级：临床医生通过病例书写提高患者的疾病严重程度；临床医生对主要诊断选择理解不清，非主观故意错误选择主要诊断；临床医生或者编码人员在病案首页或者医保结算清单主观故意升级调整主要诊断编码；临床医生或者编码人员在病案首页或者医保结算清单故意虚增次要诊断编码。

（2）故意虚增手术或者操作：临床医生通过病例书写虚增疾病的手术或治

疗操作；临床医生或者编码人员在病案首页或者医保结算清单虚增手术或治疗操作编码。主要包括：无手术或者治疗操作的，虚增手术或者治疗操作；有单个手术或者治疗操作的，通过虚增变成多个手术或者治疗操作。

2. 编码低套

编码低套指医疗机构因诊断漏填、主要诊断选择错误、手术漏填、主手术选择错误等问题导致病案进入较低病种的情况。

主要表现：

（1）诊断低套：临床医生对主要诊断选择理解不清，非主观故意错误选择主要诊断；编码人员对编码工作不熟悉、理解不深或者工作疏忽导致主要诊断编码错误；基于偏差病例计算，临床医生或者编码人员在病案首页或者医保结算清单主观故意降低调整主要诊断编码，以获得更高的实际分值，进而获得更多的支付补偿。

（2）减少手术或者操作：临床医生因个人疏忽非主观故意错误导致的手术操作漏填写；基于偏差病例计算，临床医生或者编码人员在病案首页或者医保结算清单主观故意减少手术操作编码的填写，以获得更高的实际分值，进而获得更多的支付补偿。

3. 分解住院

分解住院指未按照临床出院标准、人为将一次连续住院治疗过程分解为两次甚至更多次住院治疗，或人为将参保患者在院际、院内科室之间频繁转科。

主要表现：

（1）患者仅达到本专科的出科标准，应办理转科继续治疗；

（2）患者未达到本专科的出科标准，应继续治疗；

（3）急诊留观的患者应转入专科继续治疗。

不属于分解住院的情形：

上次住院已达出院标准，但是短期内因出现下列情况导致的再入院：

（1）规律性或周期性的治疗，如规律的放疗、化疗疗程，规律的生物治疗、免疫治疗等；

（2）病情变化导致的短期内再入院，如出院后原有症状加重或再发；术后感染、出血、伤口愈合不良等；患者签字主动要求出院后的短期再次入院；

（3）新发疾病短期内再次入院，如新发与上次住院无关的疾病。

4. 低标准入院

低标准入院指将入院指征不明确，可以经门诊治疗，或住院期间进行体检式的检查但未进行实质性治疗的患者收入院以获得分值的情况，通常该患者获得的分值较低，且住院天数很短。

主要表现：

（1）存在以体检或取药为目的的住院行为；

（2）病情明显轻微不需住院治疗；

（3）慢性疾病病情平稳无住院治疗目的收治住院；

（4）入院仅使用口服药品等在门诊可以完成的治疗；

（5）仅入院做检查，而该检查可于门诊完成；

（6）既往疾病史、用药史（抗凝药物）、月经史了解不详造成的无效住院。

不属于低标准入院的情形：

将患者收入院完成门诊无法完成的检查，如部分儿童激发试验、24 小时脑电图等。

5. 挂床住院

挂床住院指患者办理了入院手续，住院期间长期不在院，但产生医疗费用并使用医保结算。

主要表现：

（1）住院参保病人未经医生同意擅自离开医院或经医生同意，但累计离院时间超过住院时间的三分之一；

（2）完全不在病房住宿者。

四、典型案例

（一）高套分值

临床医生对主要诊断选择理解不清，非主观故意错误选择主要诊断。

案例 1：临床医生或者编码人员在病案首页或者医保结算清单主观故意升级调整主要诊断编码

[基本病情] 患者因"体检发现食道肿物十余天"入院，完善检查确诊为"食管鳞状上皮原位癌"，行胸腔镜、腹腔镜联合颈部三切口食管癌根治术，术后予禁食、补液、抗感染治疗，患者生命体征平稳，一般情况可予以出院。

[错误原因] 基于病种分值库不完善及入组规则不合理等情况，准确部位的疾病诊断行手术仅能按照保守治疗入组，主观故意修改主要诊断。

[入组]

	诊断编码	诊断名称	操作编码	操作名称	分值
错误	C15.9	食管恶性肿瘤	42.4201	食管全切除术，经颈胸腹	6991
正确	C15.4	食管中三分之一的恶性肿瘤	42.2401	保守治疗（含食管活组织检查，经胃镜）	1330

［处理］当次住院的分值不予计算，并按该分值的 3 倍予以扣减（按后一段分值予以扣减），扣减分值：6991×3＝20973分。

案例 2：临床医生或者编码人员在病案首页或者医保结算清单虚增手术或治疗操作编码

［基本病情］患儿因"早产临产、双胎妊娠，生后 12 分钟，气促 2 分钟"入院，口吐泡沫，伴鼻翼扇动、吸气性三凹征阳性，确诊为"新生儿呼吸窘迫综合征"，予呼吸机辅助通气（CPAP 模式），补充 vitk1 预防出血，监测血糖，维持水电解质酸碱平衡；住院期间合并新生儿坏死性小肠结肠炎 I A 期、新生儿病理性黄疸、脐炎、新生儿中度贫血，予抗感染、光疗、促红细胞生成素及对症处理后好转出院。

［错误原因］在病案首页增加操作"中心静脉插管（PICC）"，编码为 38.9302。

［入组］

	诊断编码	诊断名称	操作编码	操作名称	分值
错误	P22.0	新生儿呼吸窘迫综合征	38.9302 96.0401	经外周静脉穿刺中心静脉插管术（PICC）/气管插管	4240
正确	P22.0	新生儿呼吸窘迫综合征	93.9001	（无创）气道正压通气	1960

［处理］当次住院的分值不予计算，并按该分值的 3 倍予以扣减（按后一段分值予以扣减），扣减分值：4240×3＝12720 分。

案例 3：编码人员工作疏忽导致主要诊断编码错误

［基本病情］患者因"发现宫颈病变 2＋月"入院，入院确诊为"宫颈高级别鳞状上皮内病变"，完善术前检查无明显异常，全麻下行宫颈锥切术，术后予预防性抗感染治疗，患者恢复好，予以出院。

［错误原因］病案编码人员将主要诊断编码 N87.1（中度宫颈发育不良）错

误书写为 M87.1（药物性股骨头坏死），因无该核心病种组，故入组综合病种，获得高分值。

［入组］

	诊断编码	诊断名称	操作编码	操作名称	分值
错误	M	综合病种			1654
正确	N87.1	中度宫颈发育不良	67.3202	子宫颈锥形电切除（Leep-LLETZ）	456

［处理］予以修正后获得准确分值。

（二）编码低套

案例1：临床医生对主要诊断选择理解不清，非主观故意错误选择主要诊断

［基本病情］患者入院前四月余因上腹部不适至当地医院求诊，确诊为肝细胞癌，在该医院行介入、化疗及免疫抑制剂等综合治疗，病灶较前稍缩小，为求进一步手术治疗至我院，以"肝癌综合治疗后"收入院，入院后完善相关检查，排除手术禁忌后，在全麻下行"剖腹探查＋腹腔粘连松解＋肝癌切除（右半肝切除）＋胆囊切除"，手术后无腹痛、发热、腹胀等不适，予以出院，出院诊断为"肝癌综合治疗后"。

［错误原因］应根据"以手术治疗为住院目的的，主要诊断选择与手术治疗相一致的疾病"原则，选择"肝细胞癌"为主要诊断，而"肿瘤综合治疗后"诊断不规范，未明确具体治疗的疾病。

［入组］

	诊断编码	诊断名称	操作编码	操作名称	分值
错误	Z	综合病种			883
正确	C22.0	肝细胞癌	50.303 51.2201	右半肝切除术/胆囊切除术	4744

［结果］医院所获分值减少3861分，未得到合理补偿。

案例2：临床医生因个人疏忽非主观故意错误导致的手术操作漏填写

［基本病情］患者主因"胃大部切除术后18年，反复排黑便4年，再发1天"入院。入院后完善胃肠镜检查，上消化道、直肠以及乙状结肠均未见出血

病灶及活动性出血，予以抑酸、补液等对症处理，予以出院。

［错误原因］住院期间行"结肠镜检查、胃镜检查"，但在病案首页漏填写。

［入组］

	诊断编码	诊断名称	操作编码	操作名称	分值
错误	K92.2	胃肠出血	n（y）	保守治疗（含简单操作）	703
正确	K92.2	胃肠出血	44.1301 45.2301	保守治疗（含胃镜检查/结肠镜检查）	1263

［结果］医院所获分值减少 560 分，未得到合理补偿。

案例 3：病案编码人员工作疏忽导致主要诊断编码错误

［基本病情］患者因"双耳鸣伴听力下降 9 年"收入院，入院后确诊为"①右耳极重度感音神经性耳聋；②左耳全聋"，完善相关术前检查，明确无手术禁忌后，在全麻下行右侧人工耳蜗植入术，术后抗感染对症治疗，生命体征平稳，予以出院。

［错误原因］病历明确记录为患者首次电子耳蜗人工植入术（编码：20.9801），编码人员错编码为电子耳蜗再植入术（编码：20.9802），但因核心病种无双侧感音神经性听觉丧失＋电子耳蜗再植入或置换术（多道），只能入组综合病种。

［入组］

	诊断编码	诊断名称	操作编码	操作名称	分值
错误	H	综合病种			713
正确	H90.3	双侧感音神经性听觉丧失	20.9801	电子耳蜗植入术（多道）	9502

［结果］医院所获分值减少 8789 分，未得到合理补偿。

案例 4：临床医生非主观故意漏填写操作，但因患者费用高，为 2 倍以上偏差病例，虽然表面上看入组较低分值组，反而获得更高实际分值

［基本病情］患者主因"反复发热 4 月余"入院，入院后完善相关检查，确诊为"（1）感染性心内膜炎：①主动脉瓣赘生物形成并主动脉瓣关闭不全（中—重度）；②肺动脉赘生物形成并肺动脉瓣关闭不全（中—重度）；③动脉导管未闭；④心脏扩大；⑤窦性心律；⑥心功能Ⅲ级；（2）右中下肺炎症；

（3）右上肺叶出血"，全麻下行"主动脉瓣置换术＋肺动脉瓣置换术＋动脉导管闭合术＋体外循环辅助开放性心脏手术＋肺叶切除术（右上肺叶）＋光导纤维支气管镜检查术＋手术中和术后立即使用临时心脏起搏器＋延迟关胸"，术中发现右上肺支气管内明显活动性动脉出血，急诊行右上肺叶切除术，术后到ICU，抢救、监护、对症治疗。4天后再进行气管插管、麻醉下行胸骨内固定术＋胸腔积血清除术，术后到ICU，心电监护、呼吸监测、抗感染、CRRT治疗、血浆置换治疗、积极纠正凝血功能紊乱、营养、对症、支持及呼吸功能锻炼等综合治疗，后转入普通病房，继续抗感染、强心、利尿、抗凝、肺康复等对症治疗，术后恢复顺利，无特殊不适主诉，予以出院。住院时间共83天，总费用824220元。

［错误原因］漏操作"心脏瓣膜病损（赘生物）切除术"，入组综合病种，但基于偏差病例获得更高的实际分值。

［入组］2倍以上偏差病例，需要按照"标准分值×（总费用÷同级别医疗机构上一年度的次均费用－1）"计算实际分值。

	诊断编码	诊断名称	操作编码	操作名称	分值	实际分值
错误	I	综合病种			2470	44053
正确	I33.0	急性和亚急性感染性心内膜炎	35.2201 37.3303 39.6101	主动脉瓣机械瓣膜置换术/心脏瓣膜病损（赘生物）切除术/体外循环辅助开放性心脏手术	9076	37409

［处理］予以修正，获得准确分值。

（三）分解住院

案例1：存在多种疾病，仅达到本专科的出科标准，理应办理转科继续治疗其他疾病，但办理出入院

［基本病情］患者因"确诊肝母细胞瘤1月余，咳嗽半月，发热1周"入住儿科，诊断为"重症肺炎、肺部真菌感染、肺炎支原体感染、肝母细胞瘤化疗后骨髓抑制期等"，入院后科室给予积极治疗，症状好转，符合出院标准，恰巧此时已达患者肝母细胞瘤的治疗时间，科室未及时联系原发病治疗科室会诊及转科，给予患者办理出院，出院当天原发病治疗科室将其收入院，给予化疗及口服抗感染治疗直至患者出院。

［入组］

	诊断编码	诊断名称	操作编码	操作名称	分值
第一段	J18.8	肺炎，病原体其他的	n（y）	保守治疗（含简单操作）	1089
第二段	Z51.1	为肿瘤化学治疗疗程	n（y）	保守治疗（含简单操作）	993

［处理］当次住院的分值不予计算，并按该分值的 3 倍予以扣减（按后一段分值予以扣罚），扣罚分值：$993 \times 3 = 2979$ 分。

案例 2：同一种疾病需要两个专科延续治疗，理应办理转科继续治疗，但办理出入院

［基本病情］患者因"发现尿中泡沫增多 2 年，双下肢浮肿 6 月"入住肾内科，诊断为"①慢性肾炎综合征，慢性肾脏病（5 期）；②肾性贫血；③高血压病（2 级，极高危）；④龋齿；⑤上呼吸道感染"。入院后给予积极治疗，症状好转，建议其今后继续规律血液透析并择期行动静脉造瘘术，其间科室未及时联系会诊及转科，给予患者办理出院。出院第二天，患者为建立血透通路再次入院，行"左前臂动静脉内瘘成形术"，术后对症治疗，直至达到出院标准出院。

［入组］

	诊断编码	诊断名称	操作编码	操作名称	分值
第一段	N03.9	慢性肾炎综合征	38.9501 39.501	保守治疗（含静脉插管术，为肾透析/血液透析）	1983
第二段	N18.0	肾终末期疾病	39.2701 39.9501	上肢动静脉造瘘术，为肾透析/血液透析	1453

［处理］当次住院的分值不予计算，并按该分值的 3 倍予以扣减（按后一段分值予以扣罚），扣罚分值：$1453 \times 3 = 4359$ 分。

案例 3：同一种疾病需要在同一专科治疗，未达到出科标准，理应留在本专科继续治疗，但办理出入院

［基本病情］患者诊断为"慢性鼻窦炎伴鼻息肉"，入日间病房行全麻下"经鼻内镜双侧额窦、蝶窦、上颌窦、筛窦开放术＋双侧鼻息肉切除术＋双侧中鼻甲部分切除术＋双侧鼻腔药物支架置入术"，术后评估术腔无活动性出血，无清水样涕，无眼眶瘀血，眼球运动无受限，视力无改变，虽有进食后出现恶心、

呕吐褐色胃内容物等症状，仍予以出院。办理出院手续后立即以主诉"FESS 术后恶心、呕吐 5 小时"入院，予对症治疗直至达到出院标准出院。

［入组］

	诊断编码	诊断名称	操作编码	操作名称	分值
第一段	J32.8	慢性鼻窦炎，其他	21.3102 21.6902 22.5301	鼻腔病损切除术，经鼻镜/ 鼻甲部分切除术，经鼻镜/ 多个鼻窦开放术，经鼻镜	1150
第二段	R11.X	恶心和呕吐	n（y）	保守治疗（含简单操作）	454

［处理］当次住院的分值和医疗费用、记账费用不予计算（按后一段住院），并按记账费用的 2 倍在该定点医疗机构年度清算统筹基金支付金额中予以扣减，即扣罚分值 454 分，扣罚记账金额：1604.7×2＝3209.4 元。

案例 4：本应当次完成的手术，分次分侧完成，且间隔时间短，通常小于 3 天

［基本病情］患者因"双膝疼痛 10 余年，加重 3 年余"，诊断为"①膝关节骨性关节炎（左侧）；②高血压"入院，完善相关检验检查后行全麻下"左侧人工膝关节表面置换术＋膝关节松解术＋膝关节清理术"，术后经评估达到出院标准，予办理出院，嘱出院后"择期返院行右膝手术治疗"。出院后当天，患者诊断为"①膝关节骨性关节炎（右侧）；②高血压"入院，行全麻下"右侧人工膝关节表面置换术＋膝关节清理术＋膝关节松解术"，术后给予抬高患肢、消肿、镇痛、抗感染等处理，经评估达到出院标准，予以出院。

［入组］

	诊断编码	诊断名称	操作编码	操作名称	分值
第一段	M17.1	原发性膝关节病，其他	81.5401	全膝关节（表面）置换术，单侧，骨病型	4800
第二段	M17.1	原发性膝关节病，其他	81.5401	全膝关节（表面）置换术，单侧，骨病型	4800

［处理］当次住院的分值和医疗费用、记账费用不予计算（按后一段住院），并按记账费用的 2 倍在该定点医疗机构年度清算统筹基金支付金额中予以扣减，即扣罚分值 4800 分，扣罚记账金额 40598.79×2＝81197.58 元。

案例 5：急诊留观的患者应转入专科继续治疗，但办理出观入院手续

［基本病情］患者因"腹痛 1 日"入住急诊留观，诊断为"泌尿系梗阻并感染"，完善相关检验检查后行"双侧输尿管双 J 管置入术"及"左侧肾造瘘"，术后评估较前好转，予以带管出留观区并建议其择期碎石，出区前未联系会诊及转科，间隔 2 天后，患者入住泌尿外科，行全麻下"输尿管软镜左肾结石钬激光碎石取石 + 经尿道输尿管镜检查 + 经输尿管镜支架置入术"，术后予抗感染、补液等治疗，经评估达到出院标准，予以出院。

［入组］

诊断编码	诊断名称	操作编码	操作名称	分值
N13.2	肾盂积水伴有肾和输尿管结石梗阻	56.003 59.804	肾盂结石去除术，经输尿管镜/输尿管支架置入术	1683

［处理］当次住院的分值和医疗费用、记账费用不予计算（按后一段住院），并按记账费用的 2 倍在该定点医疗机构年度清算统筹基金支付金额中予以扣减，即扣罚分值 1683 分，扣罚记账金额：$24666.74 \times 2 = 49333.48$ 元。

（四）低标准入院

案例 1：入院行门诊可完成的检查

［基本病情］患者诊断为"多发性骨髓瘤（IgG - κ 型，ⅢA 期）"，完成 CTD 方案第 4 疗程化疗，为观察血象入院。患者自诉上次出院以来，偶有双手麻木，无伴发热、头晕、乏力等，精神可，胃纳可，无其他不适，入院后仅行尿常规、基础生化组合及血常规检查，检查未见明显异常，于次日出院。

［入组］

诊断编码	诊断名称	操作编码	操作名称	分值
C90.0	多发性骨髓瘤	n（y）	保守治疗（含简单操作）	1163

［处理］当次住院的分值不予计算，并按该分值的 3 倍予以扣减，因其为偏差病例，所得分值为：标准分值 × 医疗费用 ÷ 同级别医疗机构上一年度的次均费用 = 65 分，故扣罚分数为 $65 \times 4 = 260$ 分。

案例 2：入院仅服口服用药

［基本病情］患者诊断为乳腺癌术后，目前处于术后化疗期，1 周以来无头痛、头晕，无恶心、呕吐，无低热、寒战，精神可，胃纳可，无其他不适，入院后仅完善常规检查，口服他莫西芬片治疗，于当日出院。

［入组］

诊断编码	诊断名称	操作编码	操作名称	分值
Z51. 1	为肿瘤化学治疗疗程	n（y）	保守治疗（含简单操作）	993

［处理］当次住院的分值不予计算，并按该分值 3 倍予以扣减，因其为偏差病例，所得分值为：标准分值×医疗费用÷同级别医疗机构上一年度的次均费用 = 77 分，故扣罚分数为 77×4 = 308 分。

案例 3：入院仅行门诊可做的检查

［基本病情］患者诊断为"小肠多发溃疡：克罗恩病可能性大"，自诉腹泻 2 年余，无腹痛、腹胀、恶心、呕吐，无呕血、黑便，入院前曾予抗炎、调节肠道菌群治疗，症状稍好转，为进一步复治收入院，入院后在完善血液常规检验的基础上，仅行胶囊内镜检查后于次日出院。

［入组］

诊断编码	诊断名称	操作编码	操作名称	分值
K50. 0	小肠克罗恩病	n（y）	保守治疗（含简单操作）	601

［处理］当次住院的分值不予计算，并按该分值的 3 倍予以扣减，因其为非偏差病例，所得分值为 601 分，故扣罚分数为 601×4 = 2404 分。

案例 4：入院评估不足

［基本病情］患者因 9 个月前本院妇科 B 超报告提示"双侧卵巢囊性肿块，右侧卵巢内膜异位症，子宫内膜息肉"入院，诊断为"双侧巧克力囊肿"，拟行"腹腔镜下双侧卵巢囊肿剔除术"，入院后复查妇科 B 超后考虑囊肿大小较前无明显变化，且短期内无生育要求，暂停手术计划出院，住院时间 2 天。

［入组］

诊断编码	诊断名称	操作编码	操作名称	分值
N	综合病种			804

［处理］当次住院的分值不予计算，并按该分值的 3 倍予以扣减，因其为偏差病例，所得分值为：标准分值 × 医疗费用 ÷ 同级别医疗机构上一年度的次均费用 = 139 分，故扣罚分数为 139 × 4 = 556 分。

案例 5：既往用药史了解不详造成的无效住院

［基本病情］患者因"发现胆囊结石 10 年余"入院，入院后完善相关术前检查检验，诊断"胆囊结石伴慢性胆囊炎"明确，且有手术治疗指征，拟全麻下行"腹腔镜下胆囊切除术"，但因患者既往长期服用抗凝药物氯吡格雷，入院时未停药，遂暂停手术，予以出院，待停药一周后再返院继续治疗。

［入组］

诊断编码	诊断名称	操作编码	操作名称	分值
K80.1	胆囊结石伴有其他胆囊炎	n（y）	保守治疗（含简单操作）	561

［处理］当次住院的分值不予计算，并按该分值的 3 倍予以扣减，因其为偏差病例，所得分值为：标准分值 × 医疗费用 ÷ 同级别医疗机构上一年度的次均费用 = 166 分，故扣罚分数为 166 × 4 = 664 分。

五、医疗机构规范化管理的要求

（一）建章立制　推进监管长效机制建设

根据医保基金监管的相关要求，特别是结合《条例》的有关规定，梳理医保基金监管的重点环节，聚焦长效机制建设，完善管理措施，补齐短板弱项，狠抓"建章立制"。在强化政策落实层面，制定《医保基金使用监督管理办法》《贯彻落实国家医保限定支付范围用药政策的实施细则》；在规范化管理层面，制定《社会保险医疗服务管理办法》《社会保险医疗服务责任医师管理规定》《社会保险待遇享受人员管理规定》《病历书写基本规范实施细则》；在强化监督惩处方面，制定《社会医疗保险服务管理违规个案处理规定》《住院病历质量管理奖惩规定》，实现从点到面的制度覆盖。

（二）健全组织保障　压实责任　完善多部门联动的检查机制

医院应高度重视医保基金的监管工作，始终站在大局高度、全局角度，严格落实工作责任，成立由院长、党委书记担任组长，相关院领导和职能部门负责人组成的领导小组，下设医保、医务、病案、财务、信息等多部门组成的工作小组，并建立完善多部门联动的日常监督检查机制，对应《条例》和《医疗机构内部价格行为管理规定》等逐项对照梳理，结合医保智能审核反馈情况或审计及卫健组织的专项等内外部检查，建立"风险管理清单"，以调查数据结合抽查病历的形式定期或者不定期开展重点检查，以查促建，着重从源头上规范行为管理。

（三）加大宣传力度　强化警示教育　增强法制观念

通过院内各种会议，如院长书记办公会、院务会、中层干部会反复强调医保基金监管的重要性；通过专题网页、宣传海报、电子屏幕等多渠道开展宣传教育，努力营造学法懂法的良好氛围，形成遏制欺诈骗保的高压态势，提高医务人员遵纪守法意识；以主题活动、专题讲座、观看录像片、签订承诺书、专项考试等多途径、多形式开展加强法律法规和欺诈骗取医疗保障基金典型案例的警示教育，确保法律法规、医保政策人人知晓，以案为鉴，举一反三，强化底线思维，提高保障医保基金安全的自觉性；同时大力开展先进典型宣传，通过典型引路，积极弘扬正气，传递正能量。

（四）突出治理重点　抓关键环节　查摆问题　积极整改

探索确定检查路径和方法，对于高套分值和编码低套，可利用同一疾病诊断中不同治疗方式的资源消耗程度与纵向往期数据、横向医疗机构均值的偏离情况进行自查和监管；对于低标准入院，可以"医疗费用低于患者起付线，其住院天数少于 3 天或检验检查费用超过 80% 或住院费用占比超过 85% 或入院连续 2 天只有健康性检查无治疗和药品"筛查数据进行重点检查；对于分解住院，安排专人每日对出入院情况进行核查，重点监控 3 天内二次入院的情况。对发现问题，建立台账，能整改的立刻整改，不能立刻整改的，要深入剖析问题原因，研究措施，分类提出管理建议，明确时限，责任到人，确保整改落实到位。

（五）多措并举　综合施策　加大惩戒力度

针对医疗机构自查以及各行政执法部门查实的违法违规获取医保基金的行为，研究实施切实可行的惩戒手段和工作措施，完善相应的惩处办法，如对于骗保违法行为，按上级医保部门认定金额的 5 倍，按比例扣罚绩效至直接责任人、科主任及科室，同时与分管院领导及行政职能部门相关负责人绩效挂钩。情节严重者，进一步追究直接责任人、科主任、行政职能部门和分管院领导的责任，发现有严重违法行为的，及时移送纪检监察机关及司法部门。

（本章撰写人：中山大学附属第一医院马路宁）

第九章

按病种分值付费（DIP）下的病种成本核算分析

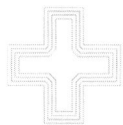

按照《医院财务制度》规定，成本管理是指医院通过成本核算和分析，提出成本控制措施，降低医疗成本的活动。成本管理的目的是全面、真实、准确反映医院成本信息，强化成本意识，降低医疗成本，提高医院绩效，增强医院在医疗市场中的竞争力。

成本核算是指医院将其业务活动中所发生的各种耗费按照核算对象进行归集和分配，计算出总成本和单位成本的过程。成本核算应遵循合法性、可靠性、相关性、分期核算、权责发生制、按实际成本计价、收支配比、一致性、重要性等原则。

成本核算分析为一项医院内部的经济管理活动，衡量医疗行为的医院成本概念具有丰富内涵，形式呈现出多样性。例如，根据不同的成本归集对象，可将成本分为医院总成本、科室成本、项目成本和病种成本等。

为加快推进按疾病诊断相关分组付费（DRG）/按病种分值付费（DIP）支付方式改革全覆盖，2021年11月19日，国家医疗保障局制定了《DRG/DIP支付方式改革三年行动计划》（医保发〔2021〕48号），明确到2025年底，DRG/DIP支付方式覆盖所有符合条件的开展住院服务的医疗机构，基本实现病种、医保基金全覆盖。本章重点围绕病种成本，特别是按病种分值付费（DIP）下的病种成本展开论述。

第一节　政策背景

为建立政府成本核算指引体系，加强公立医院成本核算工作，2021年11月，财政部印发了《事业单位成本核算具体指引——公立医院》（以下简称《具体指引》）。《具体指引》重点规范了医疗活动相关的若干成本核算对象，包括科室（含诊次、床日）、医疗服务项目、病种、DRG成本。

《具体指引》共六章、三十七条，主要内容如下（图9-1）：

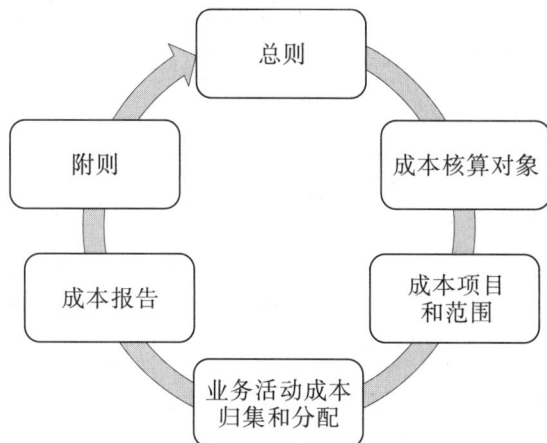

图 9-1　《事业单位成本核算具体指引——公立医院》总结构图

第一章为总则，主要规定制定依据、适用范围、医院成本信息需求、成本核算基本步骤和其他要求等。

第二章为成本核算对象，主要规定医院确定成本核算对象的原则、指引主要规范的成本核算对象、医疗活动相关成本核算对象等。

第三章为成本项目和范围，主要规定医院成本项目的设置要求、成本项目与财务会计信息的关系、医疗活动成本项目，以及成本范围等。

第四章为业务活动成本归集和分配，包括业务活动成本归集和分配的一般要求，按科室归集和分配医疗活动费用，以及诊次、床日、医疗服务项目、病种、DRG 成本的核算流程和方法。

第五章为成本报告，主要规定医院成本报告概念、分类和内容，对外成本报告的编制要求等。

第六章为附则，主要规定卫生健康行政部门、医院可以根据《具体指引》，结合实际制定细化规范或管理办法、成本报表格式，以及《具体指引》的生效日期等。

2021 年 11 月 22 日，财政部会计司有关负责人就《具体指引》有关问题回答了记者的提问，问题包括制定的背景等①：

一是进一步深化预算管理制度改革的需要。2021 年 3 月，国务院印发了《关于进一步深化预算管理制度改革的意见》，其中明确提出，要推动预算单位深化政府会计改革，全面有效实施政府会计标准体系，完善权责发生制会计核

---

① 国务院新闻办公室，http://www.scio.gov.cn，2021 年 11 月 22 日。

算基础。政府会计准则制度已于 2019 年 1 月 1 日起在各级预算单位实施，为预算单位推行成本核算奠定了坚实的制度基础。因此，制定出台《具体指引》，是推动预算单位深化政府会计改革的重要举措，是进一步深化预算管理制度改革的迫切需要。

二是建立政府成本核算指引体系的需要。近年来，党中央、国务院从推进国家治理体系和治理能力现代化的高度，在《党政机关厉行节约反对浪费条例》《关于推进价格机制改革的若干意见》《关于全面实施预算绩效管理的意见》等文件中从不同角度对加强政府成本核算提出了要求。财政部根据《国务院关于批转财政部权责发生制政府综合财务报告制度改革方案的通知》（以下简称《改革方案》）部署，稳步推进政府成本核算指引体系建设工作，于 2019 年 12 月印发《事业单位成本核算基本指引》（以下简称《基本指引》），明确了成本核算的基本原则和基本方法。为进一步落实落细落地到单位实际运用，还需要结合相关行业事业单位特点制定成本核算具体指引，就行业通用的成本核算对象、成本项目、成本范围、成本归集和分配方法、成本报告等作出具体规定，以提高指导性和操作性，完善成本核算指引体系。

三是服务医药卫生体制改革的需要。近年来，医院面临的内外部环境正发生着巨大变化，如医保支付方式改革、医疗市场竞争加剧等。医院既要保持其公益性，又要走上健康的可持续发展道路，就需要重视成本核算与管理工作，通过精细化管理实现降本增效、保障医保参保人员权益和医保制度长期可持续发展。因此，国家出台的多份文件对加强医院成本核算提出了要求：2009 年国务院《医药卫生体制改革近期重点实施方案》明确指出要加强成本核算与控制，定期开展医疗服务成本测算；2017 年国务院办公厅《关于建立现代医院管理制度的指导意见》明确要强化成本核算与控制，逐步实行医院全成本核算，逐步建立以成本和收入结构变化为基础的医疗服务价格动态调整机制；2017 年国务院办公厅《关于进一步深化基本医疗保险支付方式改革的指导意见》要求激发医疗机构控制成本的内生动力，以疾病诊断相关分组技术为支撑进行医疗机构诊疗成本与疗效测量评价。因此，制定《具体指引》是服务医药卫生体制改革的迫切需要。

四是规范和提升医院成本核算工作的需要。出于医院内部成本管理和医疗服务价格监管等因素，实务中医院成本核算的需求较强。财政部 2010 年印发的《医院会计制度》全面采用权责发生制核算基础，为开展医院成本核算奠定了必要基础。《医院财务制度》也对医院成本核算和管理工作提出了要求。因此，2010 年以来，大多数县级以上医院已按照《医院财务制度》和《医院会计制度》开展了科室成本核算，部分地区卫生健康行政部门也制定了地方性的医院成本核算办法。2015 年，国家卫生健康委、国家中医药局印发了《县级公立医院成本核算操作办法》，并在 2021 年修订形成《公立医院成本核算规范》（以下简称《医院成本规范》）。但是，国家和地方卫生健康行政部门相关文件主要基于原有核算体系和实务总结制定，尚未从政府会计准则制度层面对医院成本核算工作作出全面统一规范，导致实务中已出台的核算办法或规范缺乏顶层设计，与政府会计准则制度和医院财务制度的协调性不足，对于医保付费等方面的成本信息需求也考虑不够。因此，近年来各级医保、审计等有关各方积极呼吁财政部统一出台关于医院成本核算的具体指引，以规范和提升医院成本核算工作。

第二节　总则

图 9 - 2　《具体指引》总则结构图

如图 9 - 2 所示，《具体指引》的总则第一条明确了指引目的是推动公立医院（以下简称"医院"）高质量发展，健全现代医院管理制度，规范医院成本核算工作，提升医院内部管理水平和运营效率。同时，明确告知上位法是根据《中华人民共和国会计法》、政府会计准则制度、《基本指引》（财会〔2019〕25号）等规定。

总则的第二条明确了适用范围。适用于中华人民共和国境内各级各类执行政府会计准则制度且开展成本核算工作的医院，含综合医院、中医院、中西医结合医院、民族医院、专科医院、门诊部（所）、疗养院等，不包括城市社区卫生服务中心（站）、乡镇卫生院等基层医疗卫生机构。

第三条规定成本核算应当满足内部管理和外部管理的特定成本信息需求，包括成本控制、医疗服务价格监管、绩效评价。

第四条明确成本核算基本步骤，如图 9 - 3 所示：

明确职责	确定成本核算对象	确定对象	成本归集	编制成本报告
·分别核算费用、收入，采集人员数量、工作量、房屋面积等成本相关基础数据	·结合业务活动特点和管理需要，合理确定成本核算对象	·确定成本核算对象的成本项目和范围	·直接费用，归集至成本核算对象 ·间接费用，选择科学、合理的成本动因或分配基础，将间接费用分配至成本核算对象	·根据成本核算结果编制成本报告

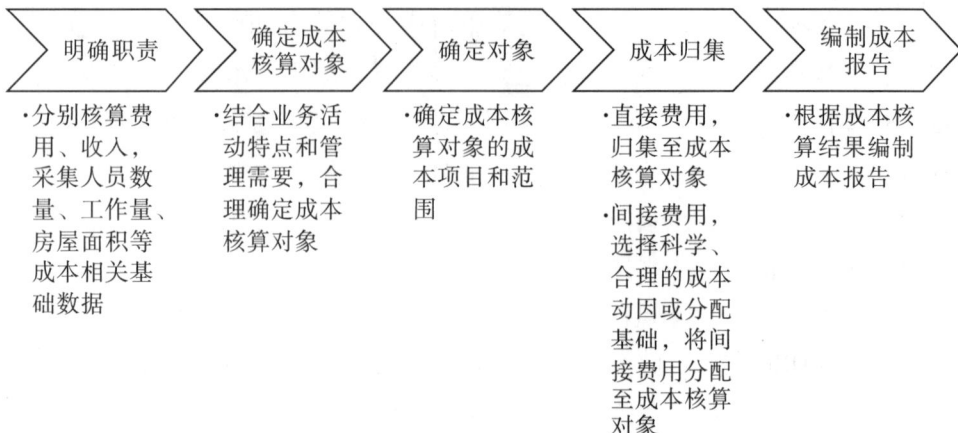

图 9-3   成本核算基本步骤图

第五条规定在医院开展成本核算的过程中，各级医疗机构对医院成本及成本核算的定义、成本核算的会计数据基础、成本数据记录要求、成本核算原则和成本核算周期等内容，应当遵循《基本指引》的相关规定。

第三节   成本核算对象

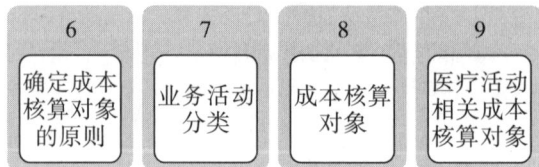

6 确定成本核算对象的原则	7 业务活动分类	8 成本核算对象	9 医疗活动相关成本核算对象

图 9-4   成本核算对象结构图

第六条与第九条是关于成本核算对象（图 9-4）。第六条为原则，规定医院可以根据成本信息需求，多维度、多层次地确定成本核算对象。

医院成本核算对象目前多是院、科两级核算，用以上报财务数据及对二级科室进行奖金分配。

随着医保支付方式改革在全国开展，有必要开拓第三级成本核算对象至项目成本、病种成本、临床路径标准化成本。

第九条规定医疗活动成本按照不同的标准，可以进一步划分为以下成本核算对象：

（1）科室成本。按照科室划分，以各科室为成本核算对象，并进一步计算科室门急诊成本、住院成本的单位成本，即诊次成本、床日成本。

（2）医疗服务项目成本。按照各省级医疗服务价格主管部门制定的医疗服务价格项目（不包括药品和可以单独收费的卫生材料）划分，以各医疗服务价格项目为成本核算对象，并进一步计算其单位成本，即医疗服务项目成本。

（3）病种成本。按照病种划分，以各病种为成本核算对象，并进一步计算其单位成本，即病种成本。

（4）疾病诊断相关分组（Diagnosis Related Groups，DRG）成本。按照DRG组划分，以各DRG组为成本核算对象，并进一步计算其单位成本，即DRG成本。

医院应当核算科室、诊次、床日成本，具备条件的医院可以核算医疗服务项目、病种、DRG等成本。

第七条主要规范医院专业业务活动（以下简称"业务活动"）相关成本核算对象的成本核算。医院的业务活动根据其职能目标确定，一般包括医疗、教学、科研、预防活动。

第八条　医院应当将业务活动中的医疗活动作为基本的成本核算对象，具备条件的医院可以核算教学、科研、预防活动（以下简称"非医疗活动"）的成本。

按《医院财务制度》第二十九条的规定，在以上述核算对象为基础进行成本核算的同时，开展医疗全成本核算的地方或医院，应将财政项目补助支出所形成的固定资产折旧、无形资产摊销纳入成本核算范围；开展医院全成本核算的地方或医院，还应在医疗成本核算的基础上，将科教项目支出形成的固定资产折旧、无形资产摊销纳入成本核算范围。

第四节　成本项目和范围

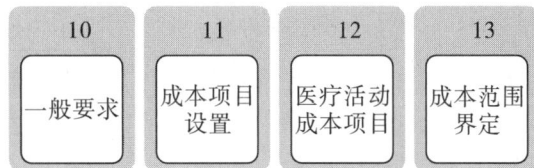

10	11	12	13
一般要求	成本项目设置	医疗活动成本项目	成本范围界定

图9-5　成本项目和范围结构图

第十条　医院应当根据成本信息需求，按照成本经济用途、成本要素等设置成本项目，并对每个成本核算对象按照其成本项目进行数据归集。成本项目是指将归集到成本核算对象的成本按照一定标准划分的反映成本构成的具体项目。

第十一条　医院成本项目的设置，应当与成本核算对象所对应财务会计科目的明细科目或辅助核算项目保持协调，确保成本数据与财务会计数据的同源性和一致性。

第十二条　医院医疗活动的成本项目应当包括人员经费、卫生材料费、药品费、固定资产折旧费、无形资产摊销费、提取医疗风险基金和其他医疗费用。

医院应当根据"业务活动费用""单位管理费用"会计科目下的相关明细科目归集获取各成本项目的费用。医院可以根据需要在上述成本项目下设置明细项目或进行辅助核算。

按《关于医院执行〈政府会计制度—行政事业单位会计科目和报表〉的补充规定》有关明细核算原文内容如下：

（十四）医院应当在新制度规定的"5001 业务活动费用"科目下按照经费性质（财政基本拨款经费、财政项目拨款经费、科教经费、其他经费）进行明细核算，并对政府指令性任务进行明细核算。

此外，医院除遵循新制度规定外，还可根据管理要求，参照《政府收支分类科目》中"部门预算支出经济分类科目"对业务活动费用进行明细核算，在新制度规定的"商品和服务费用"明细科目下设置"专用材料费"明细科目，并按照"卫生材料费""药品费"进行明细核算。

（十五）医院应当在新制度规定的"5101 单位管理费用"科目下按照经费性质（财政基本拨款经费、财政项目拨款经费、科教经费、其他经费）进行明细核算。医院可根据管理要求，参照《政府收支分类科目》中"部门预算支出经济分类科目"进行明细核算，在新制度规定的"商品和服务费用"明细科目下设置"专用材料费"明细科目，并按照"卫生材料费""药品费"进行明细核算。

（十六）医院应当在新制度规定的"5901 其他费用"科目下对政府指令性任务进行明细核算。

表 9 - 1 为按《医院会计制度》"业务活动费用"明细设置参考：

表 9-1 "业务活动费用"明细设置表

科目代码	科目名称	二级科目	核算内容
5001	业务活动费用		
500101	财政基本拨款经费		
50010101	人员经费		
5001010101	工资福利支出		对应《2019 年政府收支分类科目》的部门预算支出经济分类科目代码
	基本工资		30101
	津贴补贴		30102
	奖金		30103
	伙食补助费		30106
	绩效工资		30107
	机关事业单位基本养老保险缴费		30108
	职业年金缴费		30109
	基本医疗保险缴费		30110
	公务员医疗补助缴费		30111
	其他社会保障缴费		30112
	住房公积金		30113
	医疗费		30114
	其他工资福利支出		30199
5001010102	对个人和家庭补助		对应《2019 年政府收支分类科目》的部门预算支出经济分类科目代码
	离休费		30301
	退休费		30302
	退职费		30303
	抚恤金		30304
	生活补助		30305
	救济费		30306
	医疗费补助		30307
	助学金		30308
	奖励金		30309
	个人农业生产补贴		30310

（续上表）

科目代码	科目名称	二级科目	核算内容
	其他对个人和家庭补助		30399
50010102	商品和服务费用		对应《2019 年政府收支分类科目》的部门预算支出经济分类科目代码
	办公费		30201
	印刷费		30202
	咨询费		30203
	手续费		30204
	水费		30205
	电费		30206
	邮电费		30207
	取暖费		30208
	物业管理费		30209
	差旅费		30211
	因公出国（境）费用		30212
	维修（护）费		30213
	租赁费		30214
	会议费		30215
	培训费		30216
	公务接待费		30217
	专用材料费		30218
		卫生材料费	
		药品费	
	被装购置费		30224
	专用燃料费		30225
	劳务费		30226
	委托业务费		30227
	工会经费		30228
	福利费		30229
	公务用车运行维护费		30231
	其他交通费用		30339
	税金及附加费用		30240

（续上表）

科目代码	科目名称	二级科目	核算内容
	其他商品和服务支出		30299
50010103	固定资产折旧费		
50010104	无形资产摊销费		
500102	财政项目拨款经费		明细科目设置同"500101 财政基本拨款经费"
50010201	人员经费		
50010202	商品和服务费用		
50010203	固定资产折旧费		
50010204	无形资产摊销费		
500103	科教经费		
50010301	科研项目费用		明细科目设置同"500101 财政基本拨款经费"
5001030101	人员经费		
5001030102	商品和服务费用		
5001030103	固定资产折旧费		
5001030104	无形资产摊销费		
50010302	教学项目费用		明细科目设置同"500101 财政基本拨款经费"
5001030201	人员经费		
5001030202	商品和服务费用		
5001030203	固定资产折旧费		
5001030204	无形资产摊销费		
500104	其他经费		明细科目设置同"500101 财政基本拨款经费"
50010401	非同级财政拨款费用		
5001040101	人员经费		
5001040102	商品和服务费用		
5001040103	固定资产折旧费		
5001040104	无形资产摊销费		
50010402	其他资金费用		
5001040201	人员经费		

（续上表）

科目代码	科目名称	二级科目	核算内容
5001040202	商品和服务费用		
5001040203	固定资产折旧费		
5001040204	无形资产摊销费		
5101	单位管理费用		明细科目设置同"5001业务活动费用"

第十三条　医院成本范围的界定应当与成本核算对象相适应。

（1）当成本核算对象为医院整体时，其成本范围即医院全成本，包括医院发生的全部费用：业务活动费用、单位管理费用、经营费用、资产处置费用、上缴上级费用、对附属单位补助费用、所得税费用、其他费用。

（2）当成本核算对象为业务活动时，其成本范围包括业务活动费用、单位管理费用。

（3）当成本核算对象为医疗活动时，其成本范围即医疗全成本，包括业务活动成本中与开展医疗活动相关的全部耗费。医院成本范围可以根据成本信息需求进行调整。

例如，为满足医疗服务价格监管、制定医保支付标准等需求，应当在医疗全成本基础上，按规定调减不符合有关法律法规规定的费用、有财政资金补偿的费用等。

财政资金补偿的费用一般包括"业务活动费用""单位管理费用"等会计科目下通过"财政基本拨款经费""财政项目拨款经费"进行明细核算的费用。

第五节　业务活动成本归集和分配

《具体指引》第四章为业务活动成本归集和分配，包括业务活动成本归集和分配的一般要求，按科室归集和分配医疗活动费用，以及诊次、床日、医疗服务项目、病种、DRG成本的核算流程和方法。

这是医疗机构日常操作最具体的细则，在《具体指引》中占篇幅最大，共分为五部分（图9-6）。

一般要求 第十四至十六条	按科室归集和分配医疗活动费用 第十七条至二十一条	诊次、床日成本核算 第二十二条至二十四条

医疗服务项目成本核算 第二十五条至二十六条	病种、DRG 成本核算 第二十七条至二十九条

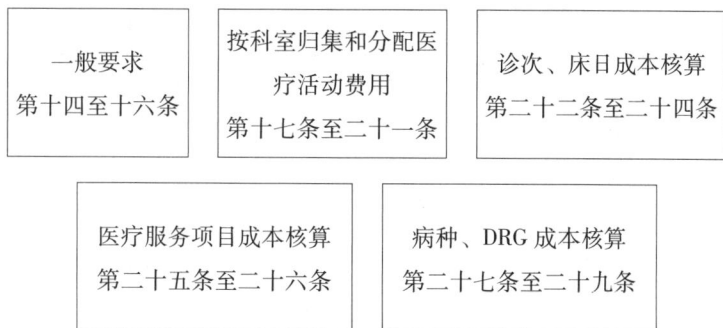

图9-6　业务活动成本归集和分配结构图

一、业务活动成本归集和分配的一般要求

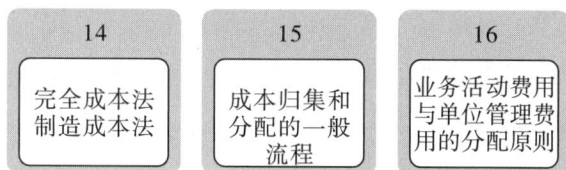

14 完全成本法 制造成本法	15 成本归集和 分配的一般 流程	16 业务活动费用 与单位管理费 用的分配原则

图9-7　一般要求结构图

第十四条　医院应当根据成本信息需求，对业务活动相关成本核算对象选择完全成本法或制造成本法进行核算（图9-7）。完全成本法下应当将业务活动费用、单位管理费用均归集、分配至成本核算对象。制造成本法下应当只将业务活动费用归集、分配至成本核算对象。

第十五条　医院业务活动成本归集和分配的一般流程如下图所示：

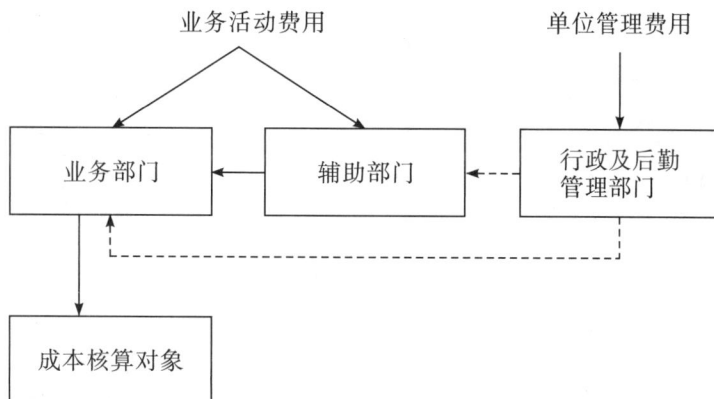

业务活动费用　　　　　单位管理费用

业务部门　←　辅助部门　←　行政及后勤管理部门

成本核算对象

图9-8　医院业务活动成本归集和分配的一般流程

（1）将"业务活动费用"会计科目的本期发生额按照活动类型、成本项目分别归集到直接开展业务活动的业务部门、为业务部门提供服务或产品的辅助部门；将"单位管理费用"会计科目的本期发生额按照成本项目归集到开展行政管理和后勤保障等管理活动的行政及后勤管理部门。

（2）将行政及后勤管理部门归集的单位管理费用（仅限完全成本法）、辅助部门归集的业务活动费用分配至业务部门。其中，单位管理费用可以先分配至业务部门和辅助部门，再随辅助部门的费用分配至业务部门；也可以直接全部分配至业务部门。

（3）将业务部门归集的费用采用合理的分配方法分配至成本核算对象。

第十六条　医院应当将业务活动费用在医疗活动和非医疗活动之间进行划分。例如，通过"科教经费"进行明细核算的费用应当计入教学、科研活动成本。难以确定所属活动类型的业务活动费用应当计入医疗活动。

在完全成本法下，医院应当将单位管理费用分配至医疗活动和非医疗活动成本。非医疗活动成本占业务活动总成本比例不高的医院，可以按照重要性原则将单位管理费用分配至医疗活动成本。

二、按科室归集和分配医疗活动费用

17	18	19	20	21
科室分类	成本项目设置	医疗活动成本项目	成本范围界定	成本分配方法

图9-9　分配归集结构图

第十七条　医院应当区分业务部门、辅助部门、行政及后勤管理部门，将开展医疗活动的科室划分为以下几类（图9-10）：

（1）直接开展医疗活动的临床服务类科室。临床服务类指直接为病人提供医疗服务，并能体现最终医疗结果、完整反映医疗成本的科室。如内科、外科、妇产科、五官科等。不同级别的医疗机构，内设临床科室可以不一致。

（2）既直接开展医疗活动，同时也为临床服务类科室提供服务或产品的医疗技术类科室。如放射科、超声科、检验科、病理科等。

（3）为临床服务类和医疗技术类科室提供服务或产品的医疗辅助类科室。如药房、供应消毒室等。

（4）开展行政管理和后勤保障等管理活动的行政后勤类科室。如医务部、医保部、设备部、信息部、医院办公室等。

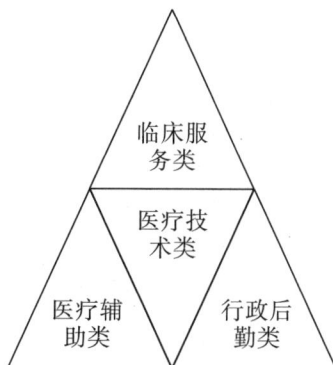

图9－10 科室分类图

医院应当根据成本核算对象，按照直接开展医疗活动、为业务部门提供服务或产品的标准，确定医疗技术类科室属于业务部门还是辅助部门。例如，计算诊次、床日成本时，医疗技术类科室为开展门急诊、住院活动的临床服务类科室提供医疗技术服务，属于辅助部门；计算医疗服务项目成本时，医疗技术类科室直接为患者提供医疗服务项目，属于业务部门。

直接成本科室和间接成本科室的划分，从定义上讲，直接成本科室是能够直接产出医疗服务的科室，或为患者直接提供服务的科室。但是，在实际核算中，由于核算的服务单元不同，直接成本科室的划分也会有变化。笔者认为可以按下表归类，供读者参考使用。根据核算目的和核算单位的不同，直接成本科室和间接成本科室的划分可以有几种不同的界定，详见下表标有"√"处。

表9－2 科室成本核算归类标记表

直接成本科室	核算医疗服务科室成本	核算诊次成本	核算床日成本	核算医疗服务项目成本	核算DIP/DRG病种成本
行政科室（含医院办公室、医务、医保、信息部等）					
后勤科室（含供应消毒室、锅炉房、输送队、百货仓等）					

（续上表）

直接成本科室	核算医疗服务科室成本	核算诊次成本	核算床日成本	核算医疗服务项目成本	核算DIP/DRG病种成本
医疗技术科室 其中：放射科、超声科、检验科、病理科、药房	√			√	√
门诊科室 其中：内科、外科	√	√		√	√
住院科室 其中：内科、外科、五官科等	√		√	√	√

表9-2列出了几个有代表性的科室，并标出了不同核算单元的直接成本科室。如果只核算医疗服务科室的成本，则行政和后勤科室应当划分为间接成本科室；如果核算医疗服务的诊次成本，因为只有门诊科室才直接提供门诊服务，所以只将其划分为直接成本科室。同样的道理，在核算床日成本时，只有住院科室才是直接成本科室，其他科室都是间接成本科室。医疗服务项目和DRG/DIP病种由医疗技术、临床门诊和住院病房科室提供，因此，这三类科室均为直接成本科室。

第十八条　医院应当在科室分类的基础上，将业务活动费用归集和分配至各临床服务类、医疗技术类、医疗辅助类科室，将单位管理费用归集和分配至各行政后勤类科室。

按照费用计入科室方式的不同，可分为科室直接费用和科室间接费用。科室直接费用是指能确定由某科室负担的费用，包括人员经费、卫生材料费、药品费、固定资产折旧费、无形资产摊销费、提取医疗风险基金和其他医疗费用中可以直接计入科室的费用。科室间接费用是指不能直接计入某科室的费用。（图9-11）

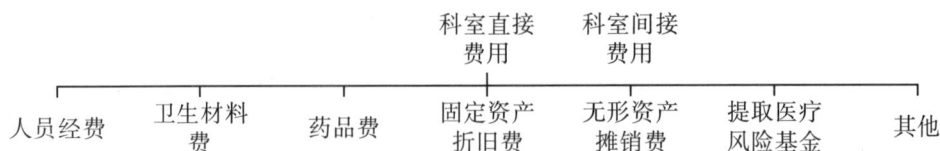

图9-11　科室直接费用与间接费用区别图

　　医院应当根据业务特点、重要性、可操作性等因素，选择合理的分配方法，将科室间接费用分配至相关科室。间接费用分配方法一般遵循因果关系和受益原则，将资源耗费根据资源耗费动因进行分配。

　　第十九条　在完全成本法下，医院应当选择合理的分配方法，将行政及后勤管理部门归集的费用分配至辅助部门和业务部门，或直接分配至业务部门。

　　行政及后勤管理部门归集的费用一般采用参数分配法进行分配，按照成本项目分别采用不同的参数进行分配。

　　参数可以选择人员数量、工作量、房屋面积、床位数等。

　　分配率＝行政及后勤管理部门费用总额÷各科室分配参数之和（例如人员总数、工作量总数、房屋总面积）

　　某科室应分配的行政及后勤管理部门费用＝该科室分配参数×分配率

　　第二十条　医院应当选择合理的分配方法将辅助部门归集的费用分配至业务部门。辅助部门的费用一般采用参数分配法进行分配，参数可以选择工作量、收入、房屋面积等。

　　医院辅助部门之间互相提供服务、产品的，可以根据相互提供服务或产品的金额、差异程度以及医院实际核算条件选择直接分配法、顺序分配法、交互分配法等分配费用。在实际成本核算过程中一般采用顺序分配法，即按照受益多少的顺序分配费用，受益少的科室先分配，受益多的科室后分配，先分配的科室不负担后分配科室的费用。当医疗辅助类、医疗技术类科室均为辅助部门时，应当先分配医疗辅助类科室的费用，后分配医疗技术类科室的费用。

　　第二十一条　医院按照第十八条至第二十条规定将业务活动费用、单位管理费用归集和分配至业务部门各科室后，即为业务部门各科室成本。

　　医院可以选择合理的分配方法，将业务部门各科室成本分配至诊次、床日、医疗服务项目、病种、DRG 等成本核算对象。可以理解为，科室成本是其他成本核算的基础。

三、诊次、床日成本核算

图 9-12　诊次、床日成本核算结构图

　　第二十二条　医院应当将临床服务类科室成本进一步分为门急诊成本、住院成本。

　　临床服务类科室成本能够直接计入门急诊成本、住院成本的应当直接计入，不能直接计入的应当选择合理的分配方法分配至门急诊成本、住院成本，一般采用参数分配法进行分配，参数可以选择工时、工作量、收入等。

　　第二十三条　某临床科室门急诊成本，按该科室门急诊人次求平均，即为该科室诊次成本。全院临床科室门急诊成本，按全院总门急诊人次求平均，即为全院平均诊次成本。

某临床科室诊次成本 = 某临床科室门急诊成本 ÷ 该临床科室门急诊人次

全院平均诊次成本 =（∑全院各科室门急诊成本）÷ 全院总门急诊人次

　　第二十四条　某临床科室住院成本，按该科室实际占用床日数求平均，即为该科室实际占用床日成本。全院临床科室住院成本，按全院实际占用总床日数求平均，即为全院平均实际占用床日成本。

某临床科室实际占用床日成本 = 某临床科室住院成本 ÷ 该临床科室实际占用床日数

全院平均实际占用床日成本 =（∑全院各科室住院成本）÷ 全院实际占用总床日数

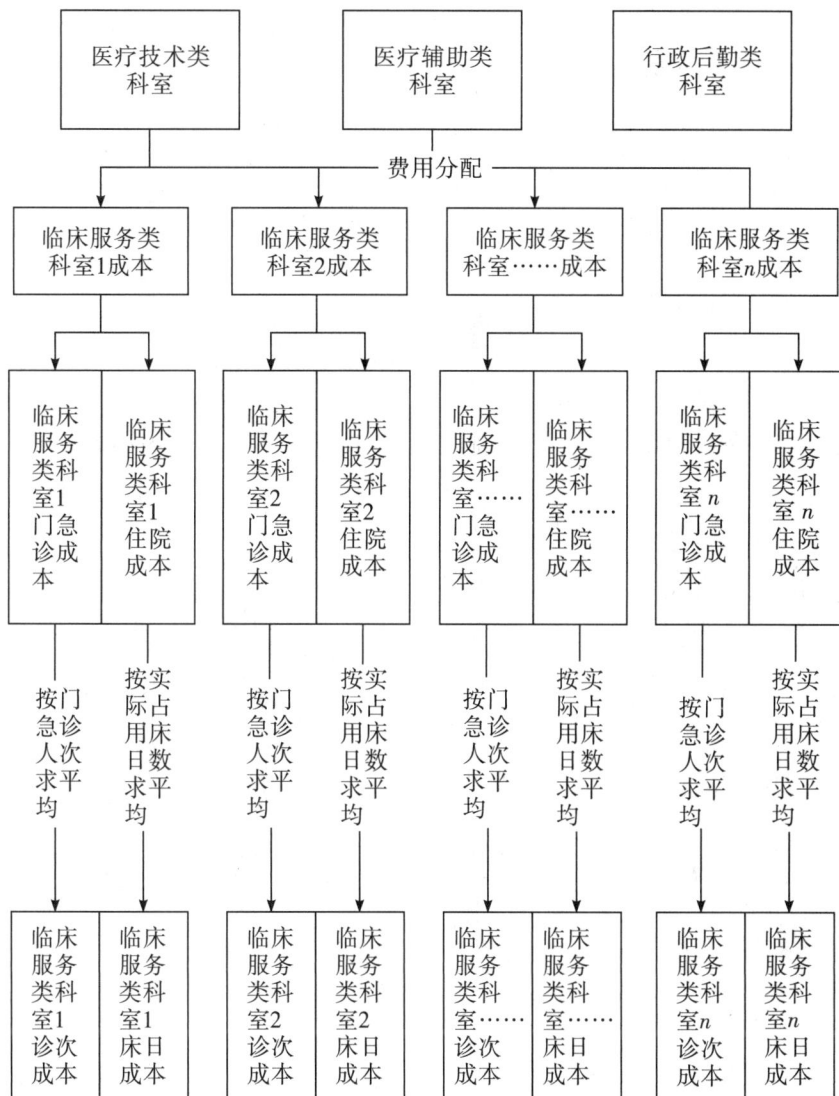

图9-13　诊次、床日核算标示图

由于诊次、床日与本书主要内容不完全相关，这部分内容不详述。

四、医疗服务项目成本核算

图9-14　医疗服务项目成本核算结构图

第二十五条　医院应当以某临床服务类或医疗技术类科室成本剔除药品费、单独收费的卫生材料费后作为该科室医疗服务项目总成本，采用合理的分配方法分配至该科室各医疗服务项目，计算该科室单个医疗服务项目成本。

图9－15　后勤辅助成本分配图

某科室医疗服务项目总成本＝该科室总成本－药品成本－单独收费的卫生材料成本

对于多个科室开展的同一类医疗服务项目，应将各科室该医疗服务项目成本按其操作数量进行加权平均，得出该医疗服务项目的院内平均成本。

第二十六条　将科室医疗服务项目总成本分配至各医疗服务项目，应当根据医院实际核算条件选择适宜的分配方法，包括但不限于以下方法：

（1）作业成本法。

使用该方法时，直接费用直接计入医疗服务项目。

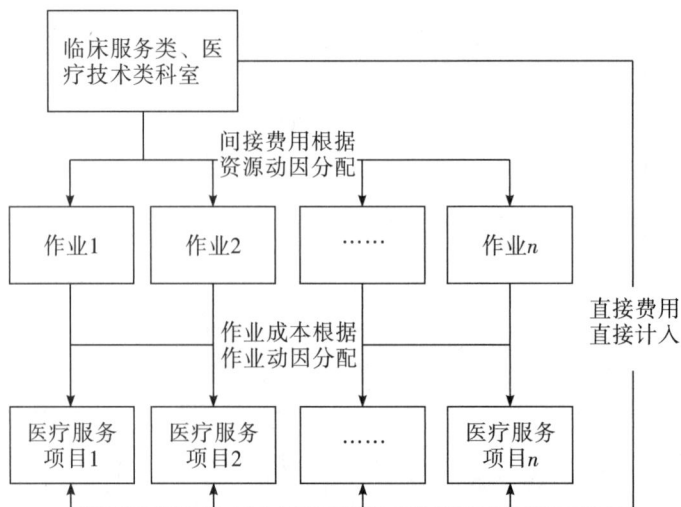

图9－16　作业成本法分配图

间接费用应首先根据资源动因分配至有关作业计算出作业成本，然后再将作业成本根据作业动因分配至医疗服务项目成本。

作业是指基于特定目的重复执行的任务或活动，是连接资源和成本核算对象的桥梁。医院应当在梳理医疗业务流程基础上划分作业，可以是提供某医疗服务项目过程中的各道工序或环节，例如诊断、治疗、检查、手术、护理等行为。

资源动因计量某项作业所耗用的资源数量，是将各项资源费用归集到不同作业的依据。作业动因计量某个成本对象所耗用的作业量，是将不同作业中归集的成本分配至医疗服务项目的依据。

间接费用一般采用参数分配法进行分配，资源动因、作业动因参数可以选择工时、工作量、人员数量、房屋面积等。

（2）当量系数法。

使用该方法时，应遴选典型的医疗服务项目作为代表项目，将其成本当量系数定为"1"作为标准当量。其他项目与代表项目进行单次操作资源耗费的比较，进而确定每个项目的成本当量值。再根据各项目成本当量总值计算出各项目成本。如下图所示：

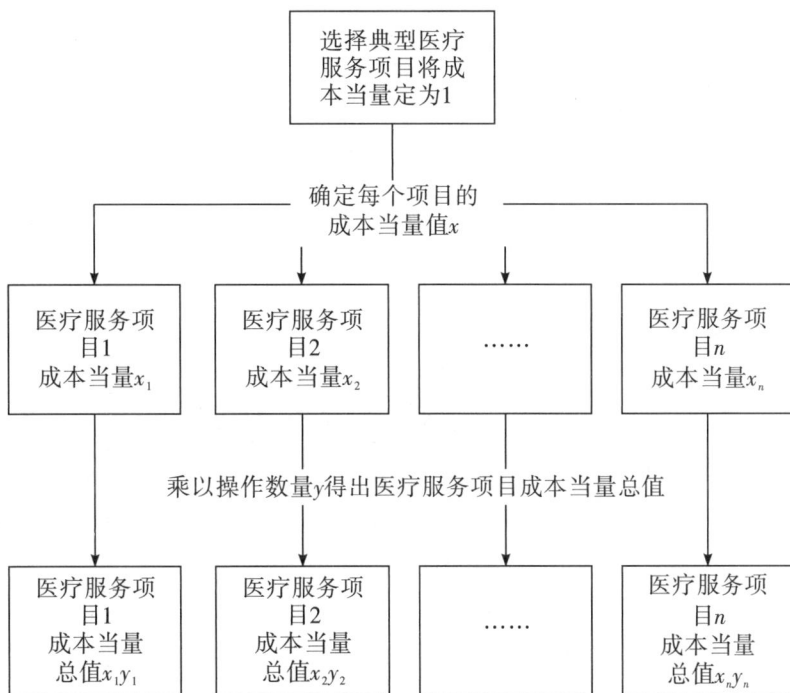

图 9－17　当量系数法分配图

某医疗服务项目成本当量总值＝该医疗服务项目成本当量值×该项目操作数量

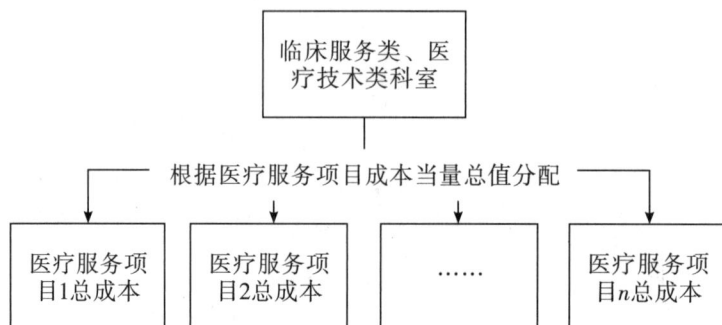

图9－18　当量系数法项目成本分配图

当量系数的单位成本＝某科室医疗服务项目总成本÷该科室医疗服务项目的成本当量总值

某医疗服务项目单位成本＝当量系数的单位成本×该医疗服务项目的成本当量值

（3）参数分配法。

使用该方法时，将医疗服务项目总成本根据参数分配至各医疗服务项目，参数可以选择医疗服务项目的操作时间、工作量、收入等。如下图所示：

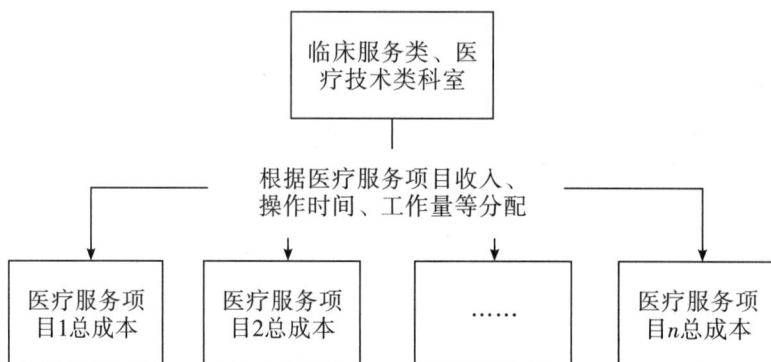

图9－19　参数分配法项目成本分配图

分配率＝某科室医疗服务项目总成本÷该科室医疗服务项目分配参数之和（例如操作时间总数、工作量总数、收入总数）

某医疗服务项目的总成本＝该医疗服务项目分配参数×分配率

五、病种、DRG 成本核算

2021 年 11 月 19 日，《国家医疗保障局关于印发 DRG/DIP 支付方式改革三年行动计划的通知》（医保发〔2021〕48 号）已颁布，该文件指出：从 2022 年到 2024 年，全面完成 DRG/DIP 付费方式改革任务，推动医保高质量发展。到 2024 年底，全国所有统筹地区全部开展 DRG/DIP 付费方式改革工作，先期启动试点地区不断巩固改革成果；到 2025 年底，DRG/DIP 支付方式覆盖所有符合条件的开展住院服务的医疗机构，基本实现病种、医保基金全覆盖。

DRG/DIP 成本核算是未来的主流方向。实施病种成本的测算，首先必须有标准的数据收集途径，可选部分明确的病种结合病种临床路径，减少不必要的医疗服务。医疗机构应加强 DRG/DIP 的管理和考核工作，引导临床医生按标准规范开展诊治。（图 9 - 20）

27	28	29
病种成本核算基本步骤	DRG成本核算基本步骤	归集至患者的分配方法

图 9 - 20　病种、DRG 成本核算结构图

第二十七条　病种成本核算的基本步骤包括：

（1）将业务部门各科室成本采用合理的分配方法分配至患者，计算每名出院患者的成本。

（2）将患者按照有关标准归入相应的病种。

（3）将某病种出院患者的成本进行加总，得出该病种总成本。

某病种总成本 = ∑该病种每名患者成本

（4）对各病种患者总成本求平均，即为各病种单位成本。

某病种单位成本 = 该病种总成本 ÷ 该病种出院患者总数

第二十八条　DRG 成本核算的基本步骤包括：

（1）将业务部门各科室成本采用合理的分配方法分配至患者，计算每名出院患者的成本。

（2）将患者按照疾病诊断相关分组归入相应的 DRG 组。

（3）将某 DRG 组出院患者的成本进行加总，得出该 DRG 组总成本。

某 DRG 组总成本 = $\sum$ 该 DRG 组每名患者成本

（4）对各 DRG 组患者总成本求平均，即为各 DRG 组单位成本。

某 DRG 组单位成本 = 该 DRG 组总成本 ÷ 该 DRG 组出院患者总数

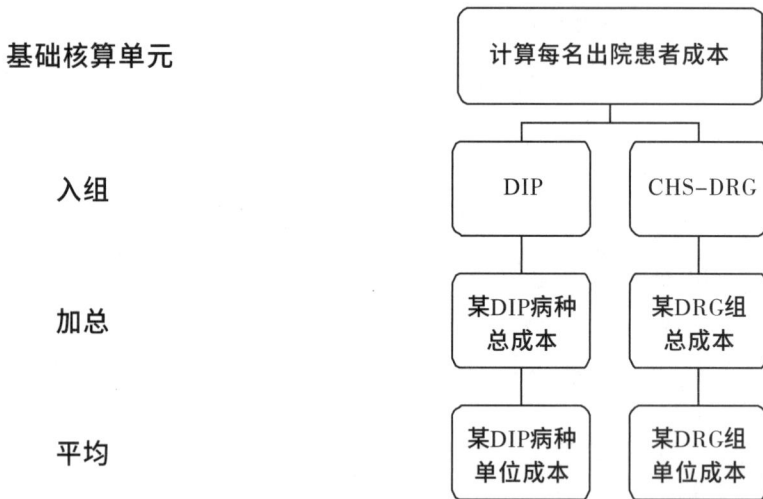

图 9-21　DRG 成本核算的基本步骤

第二十九条　在核算病种、DRG 成本的步骤中，将业务部门归集的费用分配至各患者，应当根据医院实际核算条件选择适宜的分配方法，包括但不限于以下方法：

（1）项目叠加法。

使用该方法时，应当根据出院患者的收费明细，将其实际耗用的医疗服务项目成本、药品成本、单独收费的卫生材料成本进行加总，得出该患者的成本。

某患者成本 = $\sum$（该患者某医疗服务项目工作量 × 该医疗服务项目单位成本）+ $\sum$ 药品成本 + $\sum$ 单独收费的卫生材料成本

这涉及前一节所述医疗项目成本，受医疗机构的管理水平和技术能力所限，未必所有的医疗机构都能按项目叠加法进行成本核算。

（2）服务单元叠加法。

医院在不具备核算医疗服务项目成本条件时，可以采用服务单元叠加法。使用该方法时，医院应当按照为患者提供的医疗服务内容类别设置服务单元，先将业务部门归集的费用归集至服务单元，再将费用从服务单元分配至患者，具体步骤如下：

①将业务部门归集的费用分配至各服务单元，服务单元一般包括病房、病理、检验、影像、诊断、治疗、麻醉、手术等，服务单元的划分取决于核算的精细程度。分配方法可参照医疗服务项目成本核算相关方法。

②将服务单元成本分配至出院患者，一般采用从患者取得的收入作为分配参数进行分配。

某患者应分配的某服务单元成本＝该服务单元从该患者取得的收入×分配率

分配率＝服务单元成本总额÷服务单元收入总额

③将出院患者相关服务单元的成本、药品成本、单独收费的卫生材料成本进行加总，得出该患者的成本。

某患者成本＝∑该患者某服务单元成本＋∑药品成本＋∑单独收费的卫生材料成本

项目叠加法和服务单元叠加法分配情况如下图所示：

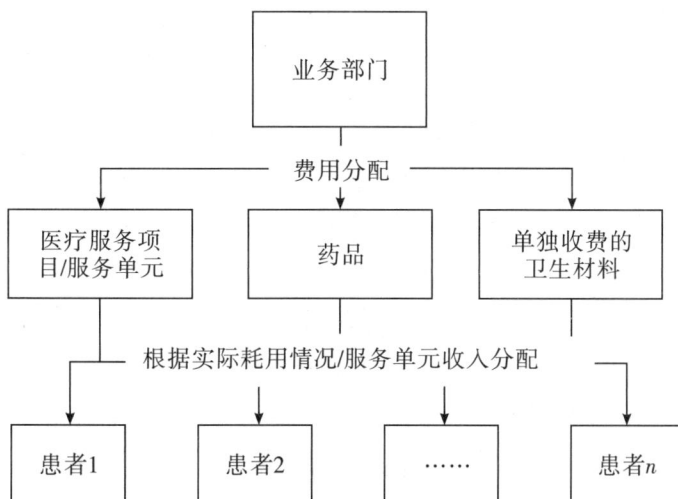

图 9 – 22　项目叠加法和服务单元叠加法分配图

（3）参数分配法。

使用该方法时，将出院患者实际耗用的药品成本、单独收费的卫生材料成本直接计入该患者成本，将除此以外的科室或服务单元的成本采用参数分配法分配至患者成本，参数可以选择患者的住院天数、诊疗时间等（图9-23）。

这种方法比较简单，适合大部分的医疗机构。有条件的医疗机构可以采用多种分配方法，相互比较、相互校正。

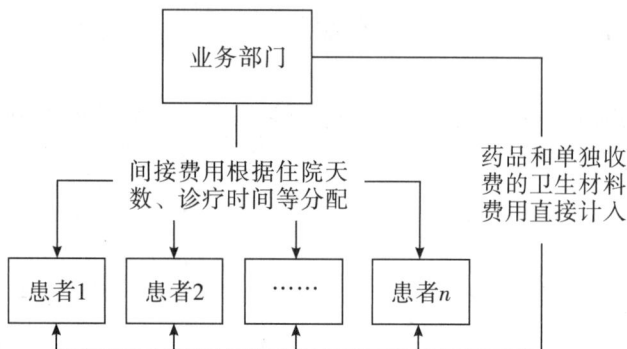

图9-23　参数分配法流程图

六、成本报告

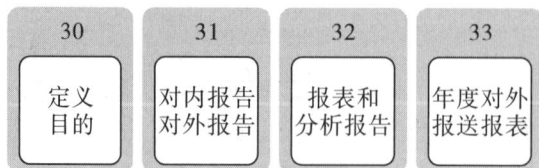

图9-24　成本报告结构图

第三十条　医院成本报告是指反映医院一定时期成本状况的总结性书面文件，是医院成本核算成果的重要表现形式，旨在为报告使用者提供医院成本信息。

第三十一条　医院成本报告按使用者不同可以分为对内报告和对外报告。对内报告指医院为满足单位内部运营管理需要而编制的报告，对外报告指医院按相关政府主管部门等外部部门单位要求报送和公开的报告。

第三十二条　医院成本报告应包括成本报表和成本分析报告。成本报表是用以反映医院成本构成及其变动情况，考核评价医院运营状况的各种报表及重要事项的说明。对外成本报表的内容至少应当包括医院各科室的医疗活动费用及其各成本项目金额，医院各临床服务类科室的医疗全成本及其各成本项目金额等。成本分析报告为对医院运营现状和未来发展趋势进行分析预测、提出改进建议等的文字报告。

第三十三条　医院对外成本报告应当至少按年度编制，由单位负责人和主管会计工作的负责人、会计机构负责人（会计主管人员）签名或盖章并加盖单位公章，按规定要求报送相关政府主管部门或公开。

七、按病种分值 DIP 成本系统构建

针对数据的海量性、数据类型的复杂性，采用大数据的搭建技术框架，通过构建大规模分布式计算平台，以分布式大数据服务集群的方式，用于支持 TB 数量级的数据处理，实现大容量、高通量、可扩展、易维护的大数据系统，支撑对海量数据的快速检索，以及对数据的深度分析，为各级用户提供相应功能。

利用该架构，在项目投入运行后，可按照真实实施效果，方便地更改系统架构，集成和去除组件服务，即可达到扩展平台的存储空间、扩展平台处理数据的吞吐量、增加平台的功能模块的目的。整体技术架构共包括大数据采集、大数据计算与大数据应用等五个层次，如下图所示：

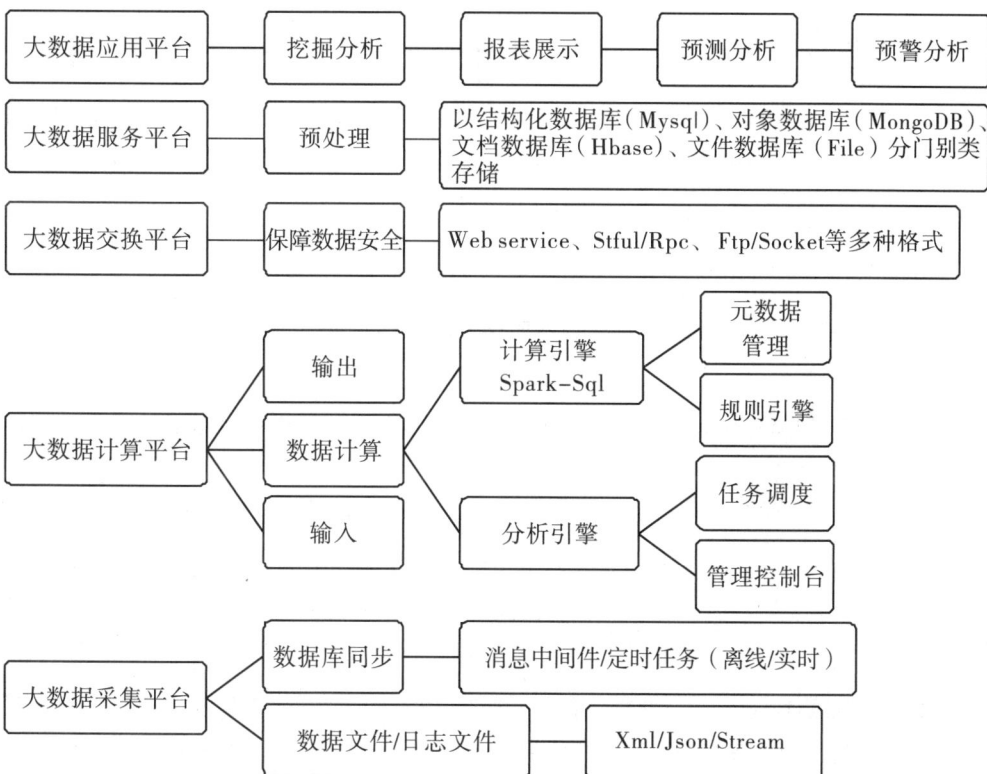

图 9-25　医保管控数据中心技术架构

（1）大数据采集平台：从医院现有各个业务系统中采集所有与成本管理相关的信息，并对数据进行标准化处理。

（2）大数据计算平台：对采集获取的数据进行处理，为提高数据的处理效率，在大数据计算平台中设置了计算引擎和分析引擎，并针对不同数据分析的实时性需求，提供了实时计算和离线计算两种方式。在该平台中，根据现有常用算法设置各种分析模型，以辅助对数据的快速分析；并辅以数据管理服务组件，保障数据处理流程的全管理。

（3）大数据交换平台：面对项目后续的开放性和共享性，通过构筑大数据交换平台，打破机构之间的障碍，通过采用 Web service、Stful/Rpc、Ftp/Socket 等多种格式创建标准数据接口，实现医保管理应用服务的开放共享。为保障数据的安全性，防止信息泄露，将对交换的数据进行脱敏。

（4）大数据服务平台：大数据服务平台对数据进行预处理和数据分类管理。对于采集或经过计算的数据，大数据服务平台将提供数据清洗、数据转换、数据加工等预处理操作。由于数据来源、数据格式的多样化，为提高数据查询、数据分析的效率，根据数据结构不同，将数据以结构化数据库（Mysql）、对象数据库（MongoDB）、文档数据库（Hbase）、文件数据库（File）分门别类存储。

（5）大数据应用平台：基于医保成本管理数据中心，以及大数据计算平台中设置的各项数据分析模型，根据分析主题，对数据进行深度挖掘，提供挖掘分析、报表展示、预测分析、预警分析等大数据应用服务，并利用可视化工具将分析结果以丰富的图标予以展现。

以下简要介绍数据中心所采用的技术方法：

1. 数据采集与录入

针对不同类型、不同来源的数据，项目构建统一的大数据采集平台，针对不同数据类型，通过创建标准的数据接口，采用不同的数据采集工具，将采集的数据经过预处理后，分门别类地存储至数据中心。

（1）数据采集。

在数据采集与录入平台上创建采集的数据源，搭建数据中心与业务系统的桥梁，由于医院现有业务系统是由不同厂商开发，因此平台支持对目前市面上各类主流数据库的数据源进行采集，包括 Mysql、Postgresql、Hive/Impala、Spark、Clickhouse、Oracle、Sqlserver 等。

在测试数据源连接成功后，管理员即可查看数据源中各数据表的表字段信息，概要了解数据源包含的各项数据。进而可通过可视化操作界面对采集过程进行各项设置，包括采集任务名称、数据源类型、数据源、数据表等。管理员可对数据采集进行进一步设置，包括无主键的表自定义设置主键、同步方式设置、单次同步数据量、是否去重，通过 SQL 语句等操作对数据采集范围进一步细化。

（2）数据录入。

对于无法直接通过业务系统进行抽取的信息，系统采用数据录入方式保证信息的完整性。

（3）数据预处理。

在创建数据源，搭建数据中心与各个业务系统之间的接口后，对采集获取的数据进行预处理操作，即 Extract – Transform – Load（ETL）过程，以保证最终集成至数据中心信息的一致性、完整性和准确性。

①数据抽取（Extract）。

通过创建的数据源以及设置的采集操作，定期从各个业务系统中抽取相关的数据，数据来源于各个业务系统，如 HIS、LIS、PACS、EMR 等。

②数据清洗。

清洗（Data Clean）是在抽取的数据中清除那些脏数据（Dirty Data）或噪音，以保证一定数据质量。脏数据包括错误的、不一致的、没有用的数据等。

为保证数据质量，可使用预测模型来避免数据的不完整和丢失，或者使用关联和聚集模型来找出异常的和不规则的数据。常用的脏数据清洗一般分为结构级和实例级两种类型，通过对脏数据的改造或清除，保证进入数据中心的数据是有效的、一致的和清洁的。

③数据转换。

数据转换是指在抽取获取的源数据基础上，根据实际需求，对数据进行各项转换操作，包括统一计量单位、数据结构等，同时支持根据复合函数、多表联合等方式生成新的数据表等，为了满足后续复杂的数据分析需求，也支持用户引入自定义转换函数，将原始数据进行调整。

在采集获取的原有数据表基础上，通过 SQL 语句编写方式生成新的数据字段，产生新的工作表。

上述由原表产生新表的方式，可通过"血缘关系"功能，查看数据中心各表之间的联系。

④数据加载和更新。

加载阶段将获取并转换的数据存放到新的数据存储中（数据中心、数据仓库、数据集市等）。对于数据刷新一般都采取增量方式，如时标法，利用 Delta 文件和日志文件来判别要更新的数据。

（4）数据采集监控。

对数据采集任务和流程状态进行实时监控，包括数据中心资源的使用，如占用 CPU 与内存的百分比、存储空间、平均负荷量等，数据中心的接口连接情况，如最大连接数、当前活跃连接、同时使用连接最大数等，并就整个数据中心采集任务和流程状态进行统计，辅助管理员对数据中心的运行有整体性、实时性把控。

（5）数据校验。

为保证数据中心的准确性，减少因人工失误、运行环境的不稳定等引起的数据抽取过程中产生的错误，提高数据校验平台检验抽取数据的准确性，数据校验对整个校验过程采用程序管理，让管理人员更方便、快捷校验数据的准确性，通过提供数据源管理、规则管理、校验规则、校验程序、时间筛选等功能，完成数据校验过程。

2. 数据管理服务

（1）数据管理与监控。

这是对数据中心信息的统一管理和监控，包括数据中心包含的数据库总数、数据总数、总容量、基础表、合成表的整体信息。除此之外，数据中心将对底层数据信息进行详细的管理。

（2）数据集管理。

这是对搭建的表结构进行管理的过程，也是提供数据追溯的最基本单位。在数据中心和数据服务中的所有数据分析报表、指标和模型，都可以追溯到具体的表结构。工作人员可通过数据集管理模块实现自定义关联数据元、表字段以及业务系统等多条件组合，自动生成关联数据元对元数据的关联公共属性、关联数据集进行设置。通过数据集管理，整个数据中心的信息管理将不再零散，而展示出关联性。

（3）模型管理。

这是将数据中心的数据分析模型（如回归模型、聚类模型、决策树分析模型等）以及应用服务中所需的各类多维分析模型统一存储至本部分并对其进行统一管理，包括创建模型、调整模型、模型权限设置等。当需要对数据进行深度分析时，即可直接通过调用本部分的模型获得最终的分析结果。

（4）指标管理。

由于数据中心的各类分析应用服务覆盖的指标繁多，且指标规则不统一，通过创建统一的指标管理功能，规范医院指标规则统计，将整个指标管理分为基础指标和计算指标两大类。指标管理是为了维护指标的本身属性信息，通过描述指标的属性定义，整理和归类医院的各类指标，作为数据利用的参考标准。

3. 可视化展示工具

借助可视化展示工具，工作人员可直接对数据中心的信息进行查询，对分析结果通过丰富多样的图表予以展现，且该工具支持工作人员通过简单的拖拉拽操作生成自定义设置的分析结果，充分发挥数据中心存储的数据价值。该可视化工具具有如下特色：

（1）基于智能 OLAP 分析引擎以及行业领先的技术架构，运用数据分析展现工具，生成各种类型数据挖掘结果的展示。

（2）支持数据可视化工具、数据集管理应用、系统后台管理应用等。

（3）自定义布局：支持以画布的形式自由定义各种类型的图表大小、位置、样式。

（4）自定义数据隔离：以维度为最小颗粒度控制数据隔离，可根据不同的用户过滤统计的数据，如展示给不同科室用户的图表统计数据只包含该用户所在科室的数据。

（5）在确定数据源后，即可直接对数据源进行抽取，将符合要求的数据统一集成至数据集中，并创建相应的维度和分析指标，此时即可通过拖拽的方式生成"维度"树。

（6）数据挖掘：用户只需要通过简单的拖拉操作即可生成各种类型的表，表格、雷达图等图表可以进行自定义深度的数据钻取，挖掘更深层次的数据。

（7）多人协同制作：数据源、数据集、图表、看板可分享给其他用户，通过配置"只读"属性，控制被分享的用户是否可编辑该资源，贴合多人协同的工作方式，提高效率。

（8）支持多种数据源、多种图表：支持接入各种数据源，如 jdbc、kylin、elasticsearch 等，数据可视化兼容市面上常用的各类图表，如柱状图、散点图、雷达图、饼图等。

（9）支持自动生成智能业务简报：根据系统预设的模板和规则，自动生成各类医保业务报告。

八、按病种分值 DIP 成本分析实例

如上所述，DIP 成本分析要求医院具备较高的信息化水平。较高的信息化水平能够方便快捷地实现数据收集和归类，节省大量人力和时间成本，对于病种成本核算至关重要。

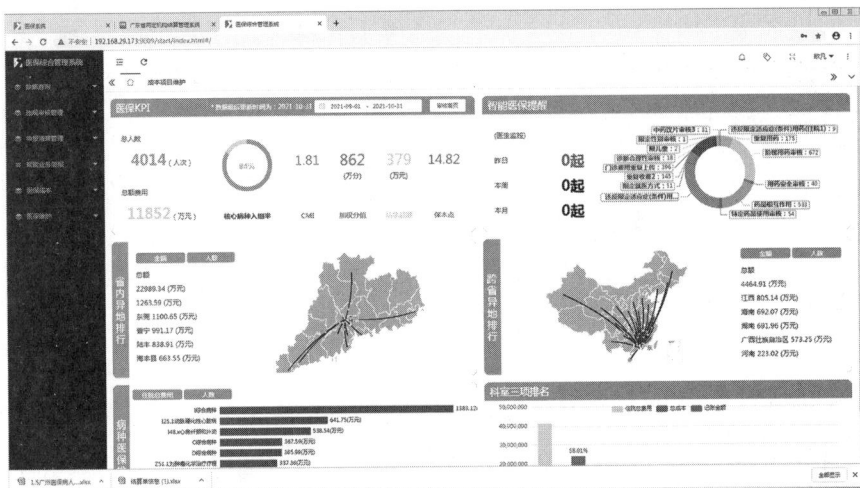

图 9 – 26　病种成本分析综合平台界面示例

GDPH 医院成本核算系统与 HIS 系统、会计核算系统、物流系统、薪资系统、国有资产管理系统、病案系统等有效衔接，能提供病种成本核算所需字段，且能实现科室成本、DIP 病种成本、病人个体成本一体化核算（图 9 – 26）。

在医院领导支持和各部门配合下，财务部门与临床医技科室、信息中心、病案部门、人事部门、总务等各部门配合开展，科室人员覆盖范围广、周期长、协调难度大。院领导的大力支持、各科室的密切配合是成本分析工作的重要保障。其中：

（1）全成本核算和会计核算基础能够直接为病种成本核算提供所需数据，可有效降低核算工作量。GDPH 医院成本核算系统早在 2000 年就实现科室成本核算，且成本核算单元细化到病区，能从会计核算系统直接提取科室直接成本，为病种成本核算提供便利。

（2）及时有效的物流管理系统对医用耗材成本核算有直接影响，如能区分

单独收费材料和不能单独收费材料，将会有效降低单独收费材料成本核算工作量。

（一）成本计算逻辑

药品成本 = 药品实际采购成本 − 药品收入

材料成本 = 材料实际采购成本 − 材料收入

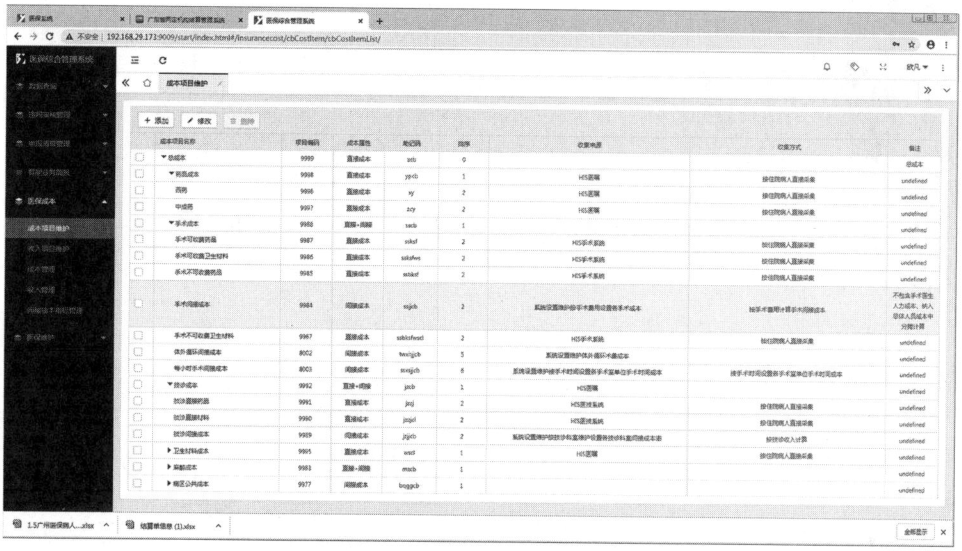

图 9 - 27　直接成本（药品、材料）计算公式维护逻辑

检查成本 = 超声检查收入 × 超声影像科成本 ÷ 超声影像科执行收入 + 心电图检查收入 × 心电图室成本 ÷ 心电图室执行收入 + （螺旋 CT 检查收入 + 磁共振检查收入） × 放射科成本 ÷ 放射科执行收入 + 肺功能检查收入 × 内镜中心科室成本 ÷ 内镜中心执行收入 + ……

化验成本 = 化验收入 × 检验科成本 ÷ 检验科执行收入

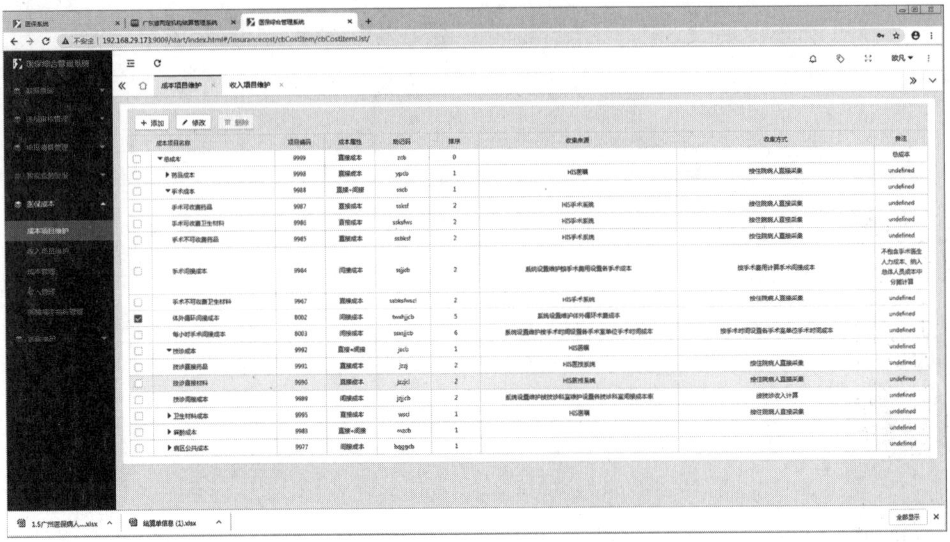

图9-28　间接成本（如检查化验科室成本）分配逻辑

手术麻醉成本＝手术收入÷2×某外科成本÷某外科执行收入＋（手术、麻醉科成本）÷手术台次

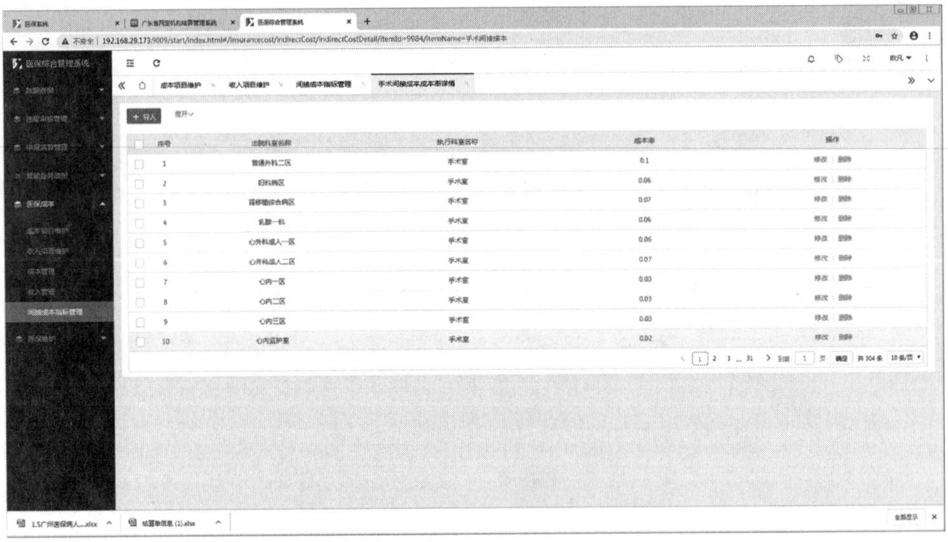

图9-29　手术麻醉成本分配逻辑

治疗成本＝治疗收入×某外科成本÷某外科执行收入

护理成本＝护理收入×某外科成本÷某外科执行收入

床位成本＝床位收入×某外科成本÷某外科执行收入

诊察成本＝诊察收入×某外科成本÷某外科执行收入

其他成本＝其他收入×某外科成本÷某外科执行收入

图9-30　病区成本分配逻辑

为了数据保密，本章节所有数据已采取数据过滤处理。所有数据非真实数据，仅供学术交流。

（二）医疗机构总体成本计算

可设置总成本仪表盘，监控全院病种总体成本率及同期成本率对比。如下图：

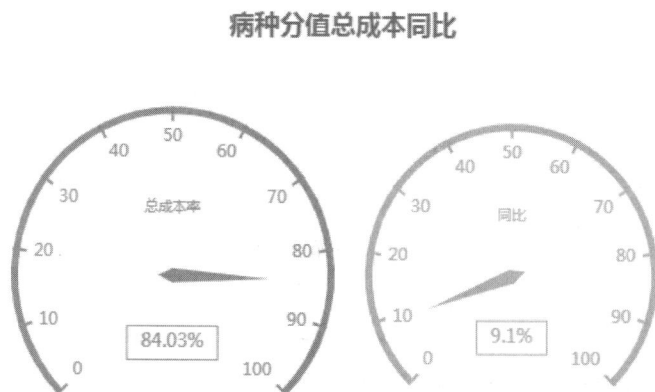

病种分值总成本同比

图9-31　成本仪表盘

从上图可以看出，该医院总体成本率为84.03%，对比上年同期增长了9.1%。

由于服务人次和收入影响成本，因此还应当将纳入成本核算的病种分值总人次和总费用趋势纳入总体分析。

按病种率进行排名，对于成本率超过100%的二级科室，在主界面显著位置突出标示。如图9-31，有十个科室成本率高，应予以重点关注。

（三）病种成本计算与DIP分值对比

按照前述《指引规范》的要求，设计如下表栏目的各项内容。

表9-3　DIP病种成本表标题栏

诊断编码／诊断名称	人次	总费用	总盈亏	加权结余率	诊断编码／诊断名称-加权结余率-占比	成本率	诊断编码／诊断名称-成本率-占比	总成本	分值盈亏	成本盈亏	药品成本	技诊成本	手术成本	麻醉成本	病区公共成本	卫生材料成本	记账金额	平均费用	上年度同级别次均费用	使用率（次均率）	诊断编码／诊断名称-使用率（次均率）-占比	标准分值	实际分值

可结合按病种分值（DIP）结算情况，将医保支付方式盈亏与成本盈亏并列、对比分析。如上表中突出显示的单元格部分，为DIP结算相关信息，从医保结算系统获取，白色单元格为院内成本费用相关信息，从HIS获取。

1. 总体情况

表 9 - 4　医疗机构总体分值盈亏和成本盈亏对比

某机构	人次	分值盈亏/万元	成本盈亏/万元	药品成本/万元	技诊成本/万元	手术成本/万元	麻醉成本/万元	病区公共成本/万元	卫生材料成本/万元
某年	20788	831	347	11398	5794	24867	2632	14114	624

总体情况分析十分有必要。从上表来看，该机构当年收治住院患者 20788 人次，DIP 分值部分结余 831 万元，成本结余 347 万元，合计结余 1178 万元。

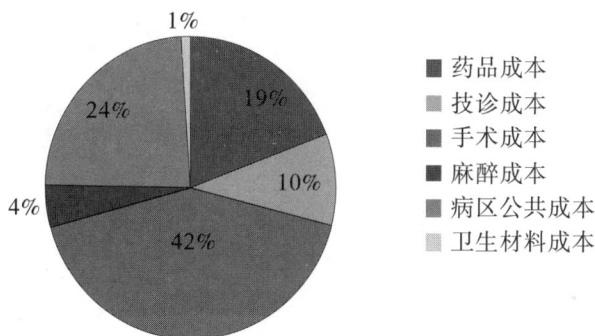

图 9 - 32　全院成本结构图

从上图可看出，手术成本占比最大，为 42%。病区公共成本排第二，为24%，药品成本排第三，为 19%。

表 9 - 5　年度 DIP 分值盈亏与成本盈亏对比表

时间段	人次	总费用/万元	成本率/%	DIP 分值盈亏/万元	成本盈亏/万元
第一年	24998	68412	99.93	496	45
第二年	24964	70896	99.23	- 2354	543
第三年	20788	65205	99.47	831	347
第四年	25758	73134	98.69	384	959

从上表可看出，收治住院人数处于稳定的上升区间，其中第三年受新冠肺炎疫情影响，收治人数下降明显。该机构整体成本率控制较好，持续下降。

除第二年外，DIP分值基本保持结余，同期成本控制好，保持结余，且呈现逐年上升的趋势。

具体来看，各类成本均呈下降趋势，其中，第四年在收治人数上升的基础上，仍能保持成本下降。

（单位：万元）

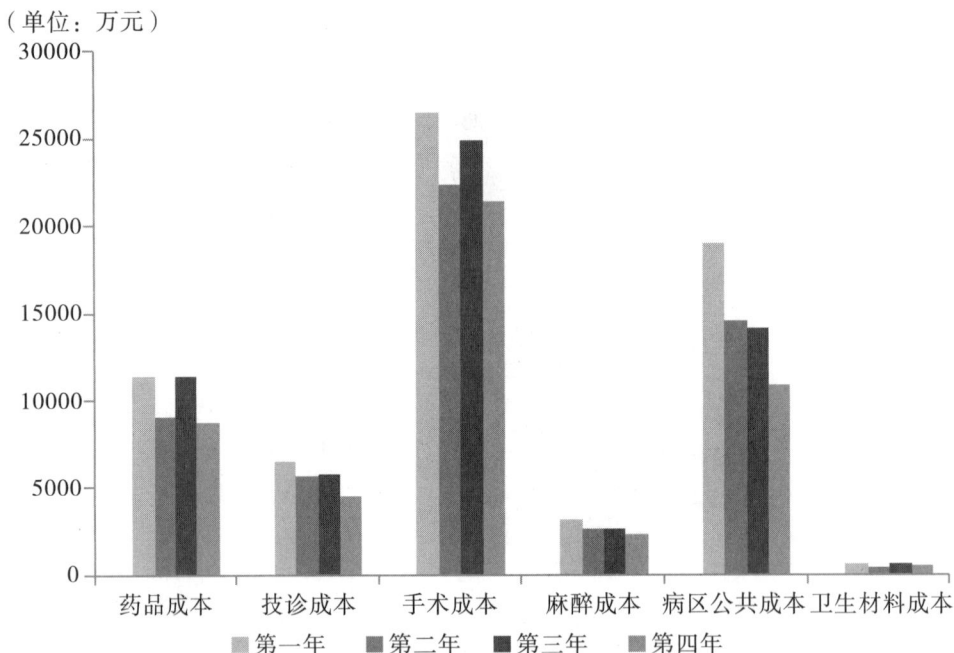

图 9-33　各类成本趋势图

2. DIP 一级目录成本情况

按国家医保局 DIP 操作指引，主目录是对疾病与治疗方式的共性特征的凝练，包括主索引及主目录分级，主目录分级分别是三级目录、二级目录、一级目录，主目录是 DIP 目录库的核心构件。

在主目录分级中，三级目录作为基础分组，目的在于将医疗资源消耗相近聚合，形成打包付费的基础，主要用于医保支付、合理补偿的微观层面。二级目录是对三级目录的聚合、收敛、叠加，为诊断相同但治疗方式不同的组合，提供了诊治难易程度的适宜性选择。一级目录为二级目录基础上的再度聚合、收敛，与《医疗保障疾病诊断分类与代码（ICD-10）》类目的前三位吻合，其现实作用主要聚焦于医保基金的宏观调控。

表 9－6　某医疗机构按病种分值 DIP 一级目录成本表

MDC	人次	分值盈亏/万元	成本盈亏/万元	药品成本/万元	技诊成本/万元	手术成本/万元	麻醉成本/万元	病区公共成本/万元	卫生材料成本/万元
A	102	－164	9	259	40	47	7	137	21
B	72	－11	0	113	27	13	4	98	4
C	2698	252	67	2041	1171	3337	723	2090	130
D	1343	207	19	378	308	722	383	794	40
E	970	52	11	147	137	219	68	449	1
F	423	20	0	66	94	2	27	353	0
G	290	12	－16	222	70	101	25	812	6
H	693	121	－2	102	30	428	54	316	0
I	5204	－150	153	3012	2325	15481	393	3924	152
J	812	5	23	772	201	177	89	704	54
K	1221	－39	13	683	273	519	204	698	31
L	114	－16	－1	26	15	11	13	101	0
M	782	123	7	220	171	1191	136	536	6
N	935	－155	8	243	167	211	196	608	7
O	584	－41	－6	35	57	29	16	376	1
P	246	－128	7	59	11	3	0	250	10
Q	714	－387	28	397	325	1230	158	669	60
R	267	1	4	51	43	81	30	123	3
S	206	26	1	64	37	387	53	156	3
T	137	0	15	669	32	247	26	132	62
Z	2660	1163	5	1838	260	431	27	787	34
未入组	315	－60	2	0	0	1	0	1	0

从上表可以看出，该医疗机构 I00－I99 循环系统疾病收治人数最多，C00－D80 肿瘤疾病收治人数第二，Z00－Z99 影响健康状态和保健机构接触的疾病收治人数第三，D50－D89 血液及造血器官疾病和某些涉及免疫机制的疾病收治人数第四，K00－K93 消化系统疾病收治人数第五。未入组病人为新生儿出生费用追溯。

从分值盈亏的角度看，Z00－Z99 影响健康状态和保健机构接触的疾病结余最多，为 1163 万元。

从成本管控的角度看，I00－I99 循环系统疾病成本结余最多，为 153 万元。

3. 核心病种成本效益分析

按病种分值（DIP）核心病种库及入组规则，详见前面各章节。

表 9 - 7　医疗机构核心病种成本及分值对应表

人次	平均费用/元	成本结余率/%	分值盈亏/万元	成本盈亏/万元	药品成本占比/%	技诊成本占比/%	手术成本占比/%	麻醉成本占比/%	病区公共成本占比/%	卫生材料成本占比/%	记账率/%	标准分值/万	实际分值/万
17950	29350	0.5	1950.65	248.08	19.2	9.7	41.8	4.4	23.7	1.0	61.2	3383.59	3510.16

入组核心病种库的 17950 份病历中，入 1153 组。以成本结余为主，共 664 组。盈亏平衡 1 组，成本亏损 488 组。

其中，手术成本占比最高，达到 41.8%，药品成本占比 19.2% 和技诊（检查化验）成本占比 9.7%。详见下图。

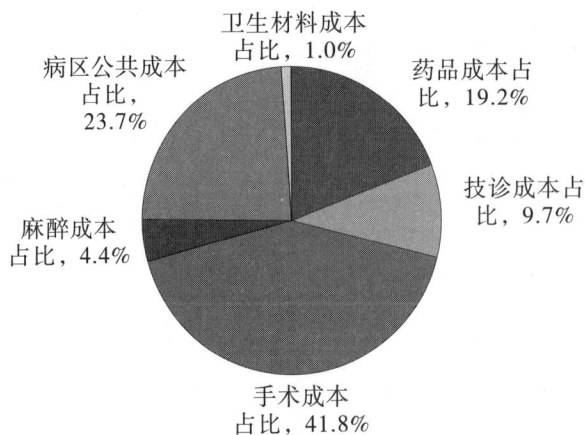

图 9 - 34　核心病种各类成本占比

如下表所示，Z51.1/肿瘤化学治疗疗程、I25.1/动脉硬化性心脏病、I20.0/不稳定性心绞痛收治人数排名前三。这三个病种的 DIP 分值结算和成本分析均为盈余。

收治人数排名靠前的病种详见下表。

表9-8 某年度某医疗机构核心病种收治人数排名靠前的成本对比

诊断编码/ 诊断名称	人次	平均 费用 /元	成本 结余 率/%	分值 盈亏 /元	成本 盈亏 /元	药品 成本 占比 /%	技诊 成本 占比 /%	手术 成本 占比 /%	麻醉 成本 占比 /%	病区公 共成本 占比 /%	卫生材 料成本 占比 /%
Z51.1/肿瘤化学 治疗疗程	1845	13127	0.1	7178227	29903	66.3	7.0	4.1	0.0	21.5	1.1
I25.1/动脉硬化 性心脏病	1071	37803	0.4	358250	14553	4.8	10.3	69.8	0.5	14.4	0.2
I20.0/不稳定性 心绞痛	467	39293	0.1	3887094	25697	1.6	10.8	76.6	0.1	10.9	0.1
C73.X/甲状腺 恶性肿瘤	404	25526	0.7	32240	70573	13.1	9.5	35.1	15.9	26.4	0.1
I48.X/心房纤颤 和扑动	391	71572	0.2	4663356	46626	1.2	9.6	81.1	0.3	7.8	0.0
Z51.8/医疗照 顾，其他特指的	347	9426	0.2	-191613	4952	55.3	9.3	0.9	0.1	32.1	2.3
C34.1/上叶，支 气管或肺的恶性 肿瘤	287	42684	0.6	2385357	70731	7.8	13.6	48.4	9.1	20.9	0.3
I63.9/脑梗死	283	30935	0.3	2001923	24254	21.0	16.5	30.6	0.0	31.6	0.2
I49.3/心室过早 除极	225	37236	0.2	2852918	20784	0.3	13.3	76.3	0.0	10.0	0.0
Q21.1/房间隔 缺损	212	40324	0.4	-1071117	37469	3.0	16.8	55.0	4.2	20.8	0.2
I47.1/室上性心 动过速	188	36087	0.2	70449	12914	0.7	13.0	74.7	0.2	11.4	0.1

（续上表）

诊断编码/诊断名称	人次	平均费用/元	成本结余率/%	分值盈亏/元	成本盈亏/元	药品成本占比/%	技诊成本占比/%	手术成本占比/%	麻醉成本占比/%	病区公共成本占比/%	卫生材料成本占比/%
K40.9/单侧腹股沟疝，不伴有梗阻或坏疽	181	12772	0.2	−8018	3587	4.6	2.5	58.1	12.7	22.1	0.1
C34.3/下叶，支气管或肺的恶性肿瘤	175	44692	0.6	2254771	49107	7.4	12.7	49.9	9.9	19.9	0.1
E04.1/非毒性单个甲状腺结节	169	13880	2.1	343828	50332	9.0	17.4	33.0	8.5	32.1	0.0
I10.X/特发性（原发性）高血压	149	7678	−0.4	100997	−4321	3.1	27.4	7.2	0.2	62.1	0.0
C22.0/肝细胞癌	148	39576	0.2	496423	9983	22.9	8.0	51.1	4.3	13.3	0.4
E11.3/2型糖尿病伴有眼的并发症	140	9614	0.0	336508	−356	27.5	1.6	31.9	0.0	39.0	0.0
H35.3/黄斑和后极变性	140	7471	0.1	26674	865	38.4	0.1	23.8	0.0	37.7	0.0
I21.4/急性心内膜下心肌梗死	139	73142	0.9	806961	90295	9.4	9.8	67.1	0.0	12.7	1.0

分析上表：

（1）收治人数第一："Z51.1/肿瘤化学治疗疗程"。

①人均费用13127元，记账率60.3%。

②该病种实际得到的分值低于标准分值，标准分值2240999、实际分值2079587。按当年的分值费率计算，仍获得超过700万元结余。

③成本结余只有2.9万多元。其中零加成的药品成本占比最高，需要控制。相信随着国家集采药品目录的扩大，肿瘤类药品成本有望下降。

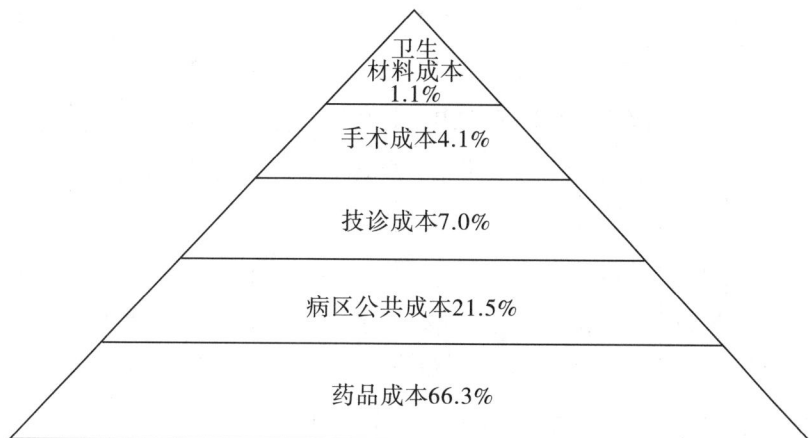

图 9 - 35　各类成本比重

（2）收治人数第二："I25.1/动脉硬化性心脏病"。

①人均费用 37803 元，记账率 62.9%。

②该病种实际得到的分值高于标准分值，标准分值 2551391、实际分值 2603356.7。按当年的分值费率计算，获得 35 万多元结余。

③成本结余 1.4 万多元。其中手术成本占比最高，为 69.8%。

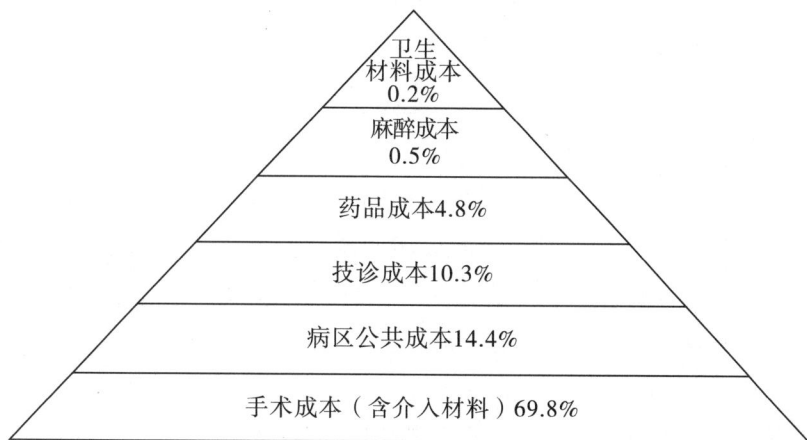

图 9 - 36　各类成本比重

（3）以 C73.X/甲状腺恶性肿瘤/单侧甲状腺全切除术为例。

①人均费用 25526 元，记账率 60.1%。

②该病种实际得到的分值略高于标准分值，标准分值 658094、实际分值

664196。按当年的分值费率计算，仅获得32240元结余。

③成本结余7万多元。其中手术成本占比最高，为35.1%。其中，手术过程消耗材料4725.40元，仅次于手术人力成本。

④医疗机构应通过加强耗材成本管控降低成本，如：

·积极落实国家集采耗材采购政策，完成带量采购任务。

·减少库存积压浪费、医用耗材流失、计费不规范和耗材使用无法追踪等问题。建立一级库房（医学工程科、总务处等）、二级库房（手术室、供应室），探索建立检验科、放射科、导管室二级库房和临床科室三级库房建设。

·提高存货周转率。建立医用耗材信息化管理平台自动提醒消耗情况、降低缺货成本，防止科室浪费现象。

·升级HIS和物流系统，实现高值耗材先计费后出库，防止漏费现象，避免多收或重复收取患者费用的失误，避免引起医疗纠纷。

·对低值耗材和不可收费耗材进行"定额定量"管理和"限额控制"管理，以减少浪费。

·高值耗材条形码管理。使用条形码将医用耗材生产、采购、使用全过程贯穿起来，减少人工录入工作量，提高数据精确度，实现可追溯。

·运用新技术，比如将融合了射频识别技术和物联网技术的智能柜用于高值耗材管理，特别是运用于手术室耗材管理，可以实时对耗材进行入库、出库、盘点。

·建立材料消耗责任制。通过绩效考核引导医护人员合理使用医用耗材。

4. 综合病种成本效益分析

国际疾病分类（International Classification of Diseases，ICD）是WHO制定的国际统一的疾病分类方法，它是根据疾病的病因、病理、临床表现和解剖位置等特性，将疾病分门别类，使其成为一个有序的组合，并用编码的方法来表示的系统。全世界通用的是第10次修订本《疾病和有关健康问题的国际统计分类》，仍保留了ICD的简称，并被统称为ICD-10。

按广州医保按病种分值目录库及分组规则，无法入组核心病种库的病历均纳入以ICD-10首位码为分类的综合病种。

表 9-9　综合病种成本表

诊断编码/诊断名称	人次	总费用/万元	成本率/%	分值盈亏/万元	成本盈亏/万元	药品成本/万元	技诊成本/万元	手术成本/万元	麻醉成本/万元	病区公共成本/万元	卫生材料成本/万元
A/综合病种	27	125.33	99.09	0.99	1.14	41.45	9.91	25.45	4.95	30.33	1.26
B/综合病种	19	39.86	99.98	6.32	0.01	10.81	4.39	4.46	2.21	17.63	0.14
C/综合病种	387	1847.23	99.35	-343.66	12.06	332.99	184.02	577.01	116.17	354.11	15.15
D/综合病种	377	1152.28	99.32	6.68	7.86	149.94	101.47	321.33	117.40	252.31	8.18
E/综合病种	97	181.48	99.80	-42.32	0.37	26.27	23.23	34.86	17.23	68.28	0.59
F/综合病种	63	69.22	100.33	4.91	-0.23	8.74	13.32	0.00	2.08	52.46	0.00
G/综合病种	60	154.39	111.54	24.44	-17.82	83.91	9.91	21.40	8.08	624.83	1.78
H/综合病种	90	90.70	100.21	11.46	-0.19	4.25	4.12	29.22	9.58	49.17	0.00
I/综合病种	353	4100.05	98.93	-844.57	44.04	962.63	218.18	1871.24	133.86	516.90	63.57
J/综合病种	83	528.42	98.18	154.52	9.59	84.17	20.81	67.38	23.65	75.88	6.09
K/综合病种	201	733.63	99.26	-49.61	5.46	226.63	68.89	126.90	39.35	164.05	11.79
L/综合病种	46	57.38	100.59	-8.13	-0.34	10.01	5.99	7.11	7.01	37.46	0.00
M/综合病种	133	508.34	99.76	-3.69	1.22	53.74	31.86	237.61	32.77	124.23	3.06
N/综合病种	78	155.69	99.58	-50.51	0.65	17.77	14.63	28.55	22.85	51.67	0.62
O/综合病种	38	56.19	100.17	-10.51	-0.10	7.62	5.85	12.71	3.86	32.48	0.23
P/综合病种	27	78.98	98.03	-37.35	1.56	17.68	1.39	1.66	0.36	25.19	3.27
Q/综合病种	169	1356.33	98.77	-213.53	16.72	322.54	74.56	441.13	67.34	260.85	50.92
R/综合病种	61	170.00	99.29	24.50	1.21	22.26	11.77	65.82	10.66	35.53	2.08
S/综合病种	35	87.55	99.67	-26.85	0.29	7.31	4.84	27.05	9.75	29.57	0.38
T/综合病种	80	744.09	98.20	32.02	13.36	620.26	20.66	224.77	20.64	80.27	58.42
Z/综合病种	99	225.39	99.87	305.23	0.30	29.76	14.64	111.24	8.40	51.89	0.60

　　由于综合病种不计入 CMI 难度系数计算范围，从 DIP 结算的角度不主张有太多病历入组综合病种。

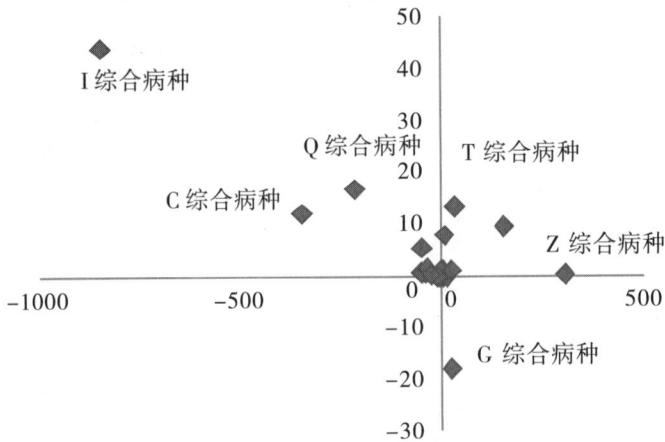

图 9 - 37　综合病种分值与成本结余散点图

经过散点图分析（图 9 - 37），I 综合病种分值超额最严重，但成本有结余，应重点研究该部分病种如何进入核心组，减少进入综合病种。同类还有 Q 综合病种和 C 综合病种。

对于 G 综合病种，DIP 分值结算与成本均亏损，应该与临床科室会同协商，想办法将 G 综合病种全部消灭。

从发展趋势来看，D 综合病种入组病历数增长很快，虽然分值结余 6.68 万元，成本结余 7.86 万元，由于不计算 CMI，应当予以控制。

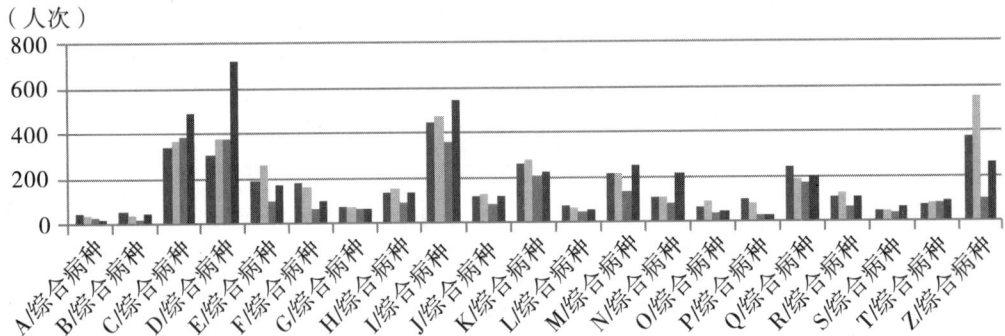

图 9 - 38　综合病种收治人数发展趋势图

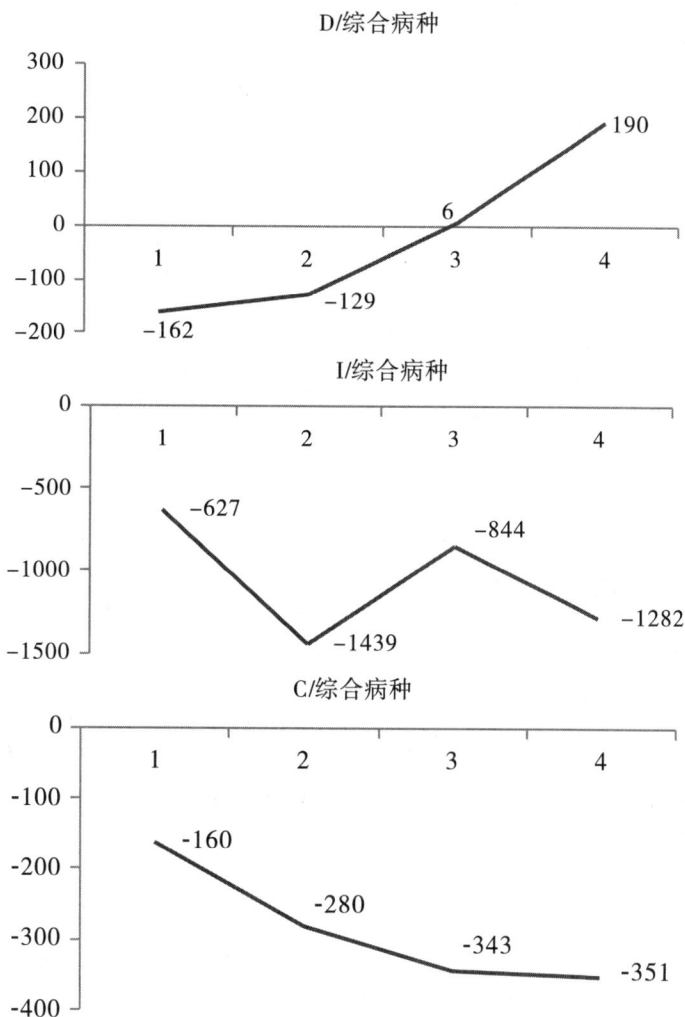

单位：万元

图 9 - 39　综合病种 D/I/C 成本效益趋势图

可选择重点病种进行独立分析，上图为 D、I、C 综合病种的成本发展趋势。D 综合病种从成本亏损逐步升至结余，而 I、C 综合病种均为成本亏损，应重点关注。

（四）科室成本计算与 DIP 分值对比

除了病种外，对临床二级科室、医疗组、医生个人也可以进行成本分析管控。

表 9 - 10　二级科室成本分析表

人次排名	科室	人次	成本率/%	分值盈亏/万元	成本盈亏/万元	药品成本/%	技诊成本/%	手术成本/%	麻醉成本/%	病区公共成本/%	卫生材料成本/%
1	妇科病区	1041	82.3	29	11	19.1	8.7	19.5	20.0	32.1	0.6
2	甲状腺疝外科病区	1027	80.1	-12	19	10.2	7.4	55.7	9.1	17.3	0.2
3	耳鼻喉病区	869	96.3	143	2	6.1	7.5	35.0	15.8	35.5	0.1
4	产科病区	850	146.2	-73	-5	6.3	11.2	3.6	1.0	77.7	0.1
5	心内一科（心律失常科）	838	94.5	488	7	1.4	9.5	79.1	0.0	10.0	0.0
6	胃肠外科病区	722	86.8	63	11	21.0	10.4	32.3	11.5	24.0	0.8
7	心内二科（冠心病科）	698	95.9	359	4	1.7	9.2	78.8	0.1	10.2	0.1
8	心内三科（心血管代谢肺血管科）	677	94.8	317	4	2.4	12.1	71.5	0.1	13.9	0.1
9	眼科病区	657	107.8	84	-1	21.9	1.0	30.4	0.3	46.5	0.0
10	综合肿瘤二科病区	516	90.4	-71	3	68.0	10.0	2.6	0.2	18.3	1.0
11	心内五科（结构性心脏病科）	502	91.6	393	7	2.6	9.9	74.3	0.4	12.7	0.2
12	肾内科一区	491	75.7	-39	8	24.9	17.3	11.9	0.7	44.2	1.0
13	综合（介入）肿瘤一科病区	458	95.2	-54	3	24.5	8.0	55.7	0.2	11.1	0.5
14	胸外科病区	457	84.9	228	8	13.6	7.1	45.9	12.7	20.7	0.1
15	乳腺肿瘤科	454	78.2	199	7	27.2	17.5	28.6	10.1	16.5	0.1
16	心内六科（高血压科）	443	90.6	97	6	3.5	11.3	69.1	0.2	15.8	0.2
17	淋巴瘤科病区	440	86.8	183	3	46.0	15.2	1.1	0.2	35.3	2.1
18	血液内科病区	411	63.7	-26	19	54.3	11.2	1.2	0.1	24.5	8.8

（续上表）

人次排名	科室	人次	成本率/%	分值盈亏/万元	成本盈亏/万元	药品成本/%	技诊成本/%	手术成本/%	麻醉成本/%	病区公共成本/%	卫生材料成本/%
19	消化内科病区	409	88.6	4	2	27.8	31.0	0.6	2.8	36.7	1.3
20	内分泌科病区	376	91.1	46	1	9.4	22.0	6.3	0.9	61.3	0.0
21	呼吸与危重症医学科病区	357	76.0	−25	7	40.7	21.8	1.5	0.2	34.3	1.5
22	泌尿外科病区	343	91.7	5	2	13.3	10.6	19.0	15.8	40.7	0.5
23	神经外科病区	335	82.0	50	13	22.3	8.7	45.7	5.8	16.8	0.7
24	新生儿科	307	51.1	−239	13	16.1	4.4	8.4	1.1	67.1	3.0
24	风湿免疫科病区	307	92.8	106	1	27.7	23.2	0.5	0.5	47.3	0.9
26	关节骨病及创伤科病区	306	96.0	98	2	7.4	5.7	60.4	7.6	18.6	0.3
27	神经三科（脑血管病）	297	89.3	60	2	22.7	19.0	19.8	0.0	38.3	0.2
28	脊柱外科病区	294	126.4	−39	−14	4.6	3.6	46.4	4.9	40.4	0.2
29	神经一科（神经变性病）	283	93.0	71	2	19.7	18.5	25.3	0.1	36.3	0.1
30	血管与整形外科病区	279	109.9	14	−1	5.1	7.0	19.5	10.9	57.2	0.3
31	乳腺科	256	69.3	171	5	8.1	17.3	31.4	22.9	20.2	0.2
32	中医内科病区	253	100.7	1	0	24.1	13.7	2.6	0.4	59.0	0.1
33	心内七科（心力衰竭科）	239	91.0	66	2	3.0	11.3	69.6	0.0	15.9	0.1
34	神经二科（神经免疫病）	221	91.4	122	2	16.9	15.8	37.5	0.1	29.5	0.2
35	肺一科	219	85.1	47	1	35.5	18.1	5.5	0.5	40.2	0.2
36	胰腺中心（胰腺外科）病区	211	77.8	−140	8	37.5	9.8	25.5	7.0	19.5	0.8
37	精神科病区	200	91.3	−5	1	15.9	15.4	0.0	8.4	60.3	0.0

（续上表）

人次排名	科室	人次	成本率/%	分值盈亏/万元	成本盈亏/万元	药品成本/%	技诊成本/%	手术成本/%	麻醉成本/%	病区公共成本/%	卫生材料成本/%
38	肺二科A区	198	86.1	253	5	3.2	9.7	61.1	12.1	13.7	0.1
39	肺四科	192	88.0	48	1	32.9	19.0	6.1	0.0	41.5	0.4
40	心儿科病区	190	97.1	111	1	1.5	18.7	53.9	1.6	23.8	0.5
41	口腔颌面外科病区	186	94.5	45	1	14.3	7.1	25.4	12.8	40.1	0.3
41	心理科病区	186	112.6	20	-1	7.7	18.5	0.0	1.8	72.0	0.0
41	瓣膜及冠心病外科	186	79.9	-526	16	14.6	6.2	51.9	7.1	19.5	0.8
44	肿瘤治疗科病区	180	78.5	52	1	98.2	0.0	1.4	0.0	0.0	0.4
45	小儿心脏外科	171	78.7	-336	8	9.0	9.6	39.3	9.6	31.6	0.9
46	老年呼吸一科	166	77.0	-5	2	27.8	26.3	3.3	0.4	41.4	0.8
47	血管及心脏瓣膜科12楼（原心内五）	158	93.0	124	2	2.1	10.1	74.0	0.4	13.3	0.2
48	放射治疗科病区	150	93.8	78	0	57.3	8.4	1.2	0.0	32.5	0.5
49	老年呼吸二科	149	84.7	-20	1	27.6	26.4	3.6	0.6	41.5	0.3
50	心脏大血管外科	129	70.0	-338	21	25.7	5.0	44.3	5.5	17.8	1.7
51	肾移植科病区	123	86.3	-20	2	29.2	8.7	18.4	13.7	29.8	0.2
52	老年心血管科	119	87.8	135	2	2.1	11.5	78.9	0.0	7.6	0.0
53	骨肿瘤科病区	114	63.1	-55	5	19.9	0.0	73.3	5.1	0.0	1.7
54	（禁）综合二区	106	44.6	-508	28	26.9	6.4	48.4	4.0	13.0	1.2
55	普通儿科	100	79.8	-2	1	25.1	12.2	4.7	0.9	56.1	1.1
56	感染科病区	85	63.7	-7	2	49.4	11.8	1.6	0.3	35.1	1.8
57	老年神经科	81	99.3	28	0	16.3	22.9	24.1	0.1	36.5	0.0

（续上表）

人次排名	科室	人次	成本率/%	分值盈亏/万元	成本盈亏/万元	药品成本/%	技诊成本/%	手术成本/%	麻醉成本/%	病区公共成本/%	卫生材料成本/%
58	烧伤与创面修复科病区	78	96.3	−19	0	23.3	5.6	12.7	7.4	50.8	0.3
59	皮肤性病科病区	74	173.5	1	−2	17.4	10.3	0.0	0.2	72.0	0.1
60	老年消化科	73	104.6	12	0	12.4	29.3	0.0	3.8	54.3	0.2
61	肺三科	61	99.8	12	0	22.8	17.8	3.9	0.0	55.4	0.2
62	心脏移植与辅助外科	50	56.1	−223	9	24.1	7.9	51.6	4.2	10.9	1.2
63	重症监护一科病区	46	75.9	−158	8	54.6	5.0	7.2	0.6	28.8	3.7
64	心内四科（心脏康复科）	40	92.4	35	0	1.1	18.2	71.3	0.0	9.4	0.0
65	肺二科B区	37	50.4	26	3	6.6	0.0	83.2	10.2	0.0	0.0
66	心脏急危重症监护室	36	65.5	−83	8	27.9	6.9	22.2	0.3	40.1	2.6
67	儿童血液科	35	57.4	−26	1	52.7	8.1	2.7	0.0	24.6	11.9
68	感染病二区	27	8.2	7	1	99.3	0.0	0.0	0.0	0.0	0.7
69	老年肾病科	26	84.7	2	0	11.9	33.8	0.8	0.5	52.9	0.2
69	重症监护二科病区	26	78.4	−91	3	43.2	8.3	14.1	1.5	29.8	3.0
71	心外重症监护一科	24	30.5	−294	19	61.6	2.4	21.6	0.5	8.7	5.2
72	儿科重症监护室	22	37.7	−41	6	56.3	2.2	8.5	1.1	20.4	11.5
73	感染病三区	18	43.8	−4	1	82.1	0.0	2.2	2.1	0.0	13.6
73	（禁）综合一区	18	59.6	−13	1	31.1	3.3	36.2	1.3	27.3	0.8
75	老年重症医学科病区	17	54.4	−165	11	64.2	2.1	10.6	0.0	19.1	4.0

（续上表）

人次排名	科室	人次	成本率/%	分值盈亏/万元	成本盈亏/万元	药品成本/%	技诊成本/%	手术成本/%	麻醉成本/%	病区公共成本/%	卫生材料成本/%
76	综合三区三组	11	200.8	3	0	5.9	12.9	3.3	1.9	76.1	0.0
77	综合三区四组	10	117.4	0	0	5.0	27.4	0.0	2.8	64.8	0.0
78	综合一区	9	62.5	-18	1	32.9	8.8	31.0	2.9	22.8	1.6
79	综合二区	7	91.5	-3	0	6.0	23.2	25.9	9.9	35.0	0.0
80	心外重症监护二科	4	95.4	-7	0	20.4	12.3	28.5	1.0	34.3	3.5
81	全科医学科病区	3	14.2	0	0	90.3	0.0	0.0	9.7	0.0	0.0
81	综合三区二组	3	74.2	-1	0	2.7	14.0	0.0	4.4	79.0	0.0
83	综合二区 A	2	77.3	1	0	1.7	0.0	98.3	0.0	0.0	0.0
83	老年内分泌科	2	86.7	0	0	20.1	42.1	0.0	4.0	33.8	0.0

对于上述表格数据，可通过散点图分析，标记出重点科室。

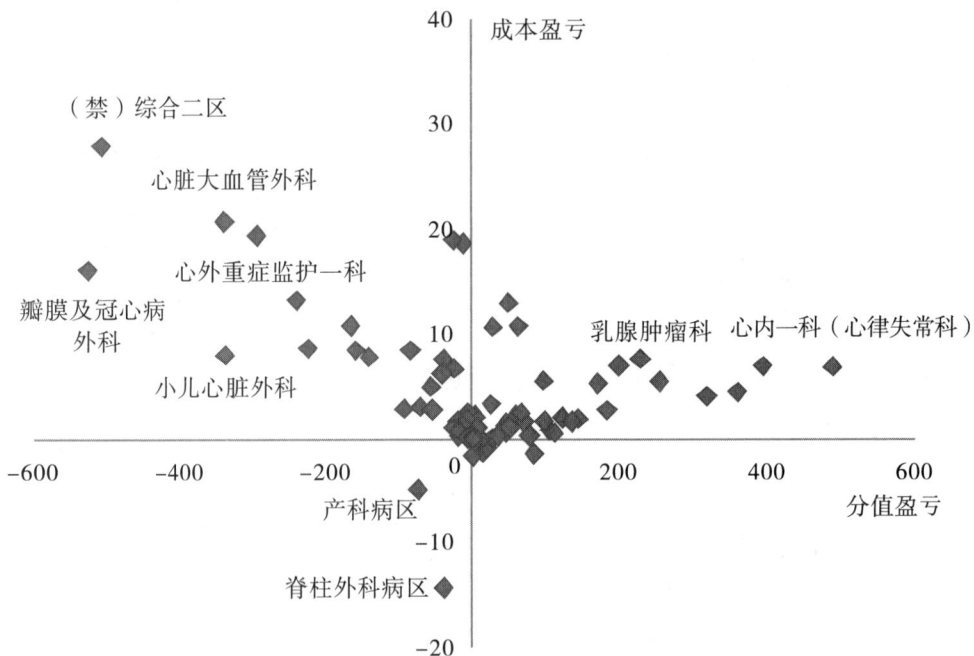

图 9-40　二级科室分值盈亏与成本盈亏散点图

重点监控科室：产科病区、脊柱外科病区。因为这两个科室病种分值超额且成本亏损。

以控制医保超额为主的科室：（禁）综合二区、瓣膜及冠心病外科、心脏大血管外科、小儿心脏外科等。

表 9–11 成本率超过 100% 的科室分值对比表

科室	人次	成本率/%	分值盈亏/万元	成本盈亏/万元	药品成本/%	技诊成本/%	手术成本/%	麻醉成本/%	病区公共成本/%	卫生材料成本/%
综合三区三组	11	200.8	3	0	5.9	12.9	3.3	1.9	76.1	0.0
皮肤性病科病区	74	173.5	1	−2	17.4	10.3	0.0	0.2	72.0	0.1
产科病区	850	146.2	−73	−5	6.3	11.2	3.6	1.0	77.7	0.1
脊柱外科病区	294	126.4	−39	−14	4.6	3.6	46.4	4.9	40.4	0.2
综合三区四组	10	117.4	0	0	5.0	27.4	0.0	2.8	64.8	0.0
心理科病区	186	112.6	20	−1	7.7	18.5	0.0	1.8	72.0	0.0
血管与整形外科病区	279	109.9	14	−1	5.1	7.0	19.5	10.9	57.2	0.3
眼科病区	657	107.8	84	−1	21.9	1.0	30.4	0.3	46.5	0.0
老年消化科	73	104.6	12	0	12.4	29.3	0.0	3.8	54.3	0.2
中医内科病区	253	100.7	1	0	24.1	13.7	2.6	0.4	59.0	0.1

除脊柱外科病区外，其他科室均以病区公共成本最高，应当努力控制病区公共成本，包括病区护理人力成本、病区领用低值易耗品、病区水电煤气及行政管理部门分摊给临床科室的成本。

除此之外，影响外科成本的麻醉成本也应关注。

表 9 - 12　外科科室麻醉成本对比表

科室	人次	成本率/%	分值盈亏/万元	成本盈亏/万元	药品成本/%	技诊成本/%	手术成本/%	麻醉成本/%	病区公共成本/%
脊柱外科病区	294	126.4	-39	-14	4.6	3.6	46.4	4.9	40.4
血管与整形外科病区	279	109.9	14	-1	5.1	7.0	19.5	10.9	57.2
耳鼻喉病区	869	96.3	143	2	6.1	7.5	35.0	15.8	35.5
关节骨病及创伤科病区	306	96.0	98	2	7.4	5.7	60.4	7.6	18.6
口腔颌面外科病区	186	94.5	45	1	14.3	7.1	25.4	12.8	40.1
胃肠外科病区	722	86.8	63	11	21.0	10.4	32.3	11.5	24.0
肾移植科病区	123	86.3	-20	2	29.2	8.7	18.4	13.7	29.8
肺二科 A 区	198	86.1	253	5	3.2	9.7	61.1	12.1	13.7
胸外科病区	457	84.9	228	8	13.6	7.1	45.9	12.7	20.7
妇科病区	1041	82.3	29	11	19.1	8.7	19.5	20.0	32.1
神经外科病区	335	82.0	50	13	22.3	8.7	45.7	5.8	16.8
甲状腺疝外科病区	1027	80.1	-12	19	10.2	7.4	55.7	9.1	17.3
瓣膜及冠心病外科	186	79.9	-526	16	14.6	6.2	51.9	7.1	19.5
小儿心脏外科	171	78.7	-336	8	9.0	9.6	39.3	9.6	31.6
胰腺中心（胰腺外科）病区	211	77.8	-140	8	37.5	9.8	25.5	7.0	19.5
心脏大血管外科	129	70.0	-338	21	25.7	5.0	44.3	5.5	17.8
心脏移植与辅助外科	50	56.1	-223	9	24.1	7.9	51.6	4.2	10.9

　　本章主要关注病种分值下病种成本的分析思路、系统构建及以某机构为例浅析部分病种资料。

（本章撰写人：广东省人民医院欧凡）

第十章

DIP监控重点指标（KPI）

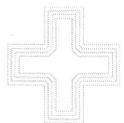

医院 DIP 运行过程，需要从医院、患者负担、政府的角度充分考虑，既要保证医院正常运行，医疗技术水平不断提高，满足人民群众对健康的需要，又要不增加群众负担，同时保证基金可持续。在运行过程中，要充分了解各项指标运行情况，对标同行，环比、同比分析不合理的指标，使医院能高质量发展。

一、费用控制情况

1. 住院总费用增长率

反映医院总的费用增长情况，计算公式如下：

住院总费用增长率 =（本年度住院总费用 – 上年度住院总费用）÷上年度住院总费用×100%

2. 住院次均费用、增长率

反映医院每住院患者费用及增长情况，也反映了参保人住院的负担，计算公式如下：

次均费用 = 本年度住院总费用÷本年度住院总人次×100%

次均费用增长率 =（本年度住院次均费用 – 上年度住院次均费用）÷上年度住院次均费用×100%

3. 住院次均药费、增长率

反映医院每住院患者药费及增长情况，也间接反映了参保人的住院负担，计算公式如下：

次均药费 = 本年度住院总药费÷本年度住院总人次×100%

次均药费增长率 =（本年度住院次均药费 – 上年度住院次均药费）÷上年度住院次均药费×100%

4. 住院次均材料费用、增长率

反映医院每住院患者材料费及增长情况，也间接反映了参保人的住院负担，计算公式如下：

次均材料费用 = 本年度住院总材料费用÷本年度住院总人次×100%

次均材料费用增长率 =（本年度住院次均材料费用 − 上年度住院次均材料费用）÷上年度住院次均材料费用×100%

5. 住院次均麻醉费用、增长率

反映医院每住院患者麻醉费用及增长情况，也间接反映了参保人的住院负担，计算公式如下：

次均麻醉费用 = 本年度住院总麻醉费用÷本年度住院总人次×100%

次均麻醉费用增长率 =（本年度住院次均材料费用 − 上年度住院次均材料费用）÷上年度住院次均材料费用×100%

6. 住院次均手术费、增长率

反映医院每住院患者手术费及增长情况，也间接反映了参保人的住院负担，计算公式如下：

次均手术费 = 本年度住院总手术费÷本年度住院总人次×100%

次均手术费增长率 =（本年度住院次均手术费 − 上年度住院次均手术费）÷上年度住院次均手术费×100%

7. 住院次均检验检查费、增长率

反映医院每住院患者检验检查费及增长情况，也间接反映了参保人的住院负担，计算公式如下：

次均检验检查费 = 本年度住院总检验检查费÷本年度住院总人次×100%

次均检验检查费增长率 =（本年度住院次均检验检查费 − 上年度住院次均检验检查费）÷上年度住院次均检验检查费×100%

8. 住院次均医疗服务费、增长率

医疗服务费 = 住院总费用 − 药费 − 检验检查费

反映医院每住院患者医疗服务费及增长情况，医院的效益指标，也间接反映了参保人的住院负担，计算公式如下：

次均医疗服务费 = 本年度住院总医疗服务费 ÷ 本年度住院总人次 × 100%

次均医疗服务费增长率 =（本年度住院次均医疗服务费 − 上年度住院次均医疗服务费）÷ 上年度住院次均医疗服务费 × 100%

9. 增长合理性系数

CMI 值客观反映医院的诊疗能力、收治患者的疑难危重程度，CMI 值上升，客观反映收治患者难度上升，可能会导致医疗费用上升。当次均费用增长与 CMI 值同步增长时，费用增长相对合理。当次均费用增长率超过 CMI 增长率一定幅度时，相对不合理，这时增长合理性系数会大于 1，计算公式如下：

增长合理性系数 = 次均费用增长率 ÷ CMI 增长率

二、医疗技术指标

医院医疗技术指标主要采用三四级手术和 CMI 指标，客观反映医院的诊疗能力、收治患者的疑难危重程度。

1. 住院三级手术率、增长率

三四级手术反映医院住院患者手术的结构和难度（CMI），计算公式如下：

三级手术率 = 本年度住院三级手术病人数 ÷ 本年度住院总人次 × 100%

三级手术增长率 =（本年度住院三级手术病人数 − 上年度住院三级手术病人数）÷ 上年度住院三级手术病人数 × 100%

2. 住院四级手术率、增长率

四级手术率＝本年度住院四级手术病人数÷本年度住院总人次×100%

四级手术增长率＝（本年度住院四级手术病人数－上年度住院四级手术病人数）÷上年度住院四级手术病人数×100%

3. 住院三四级手术率、增长率

三四级手术率＝（本年度住院三级＋四级手术病人数）÷本年度住院总人次×100%

三四级手术增长率＝（本年度住院三级＋四级手术病人数－上年度住院三级＋四级手术病人数）÷上年度住院三级＋四级手术病人数×100%

4. 住院 CMI 值、增长率

CMI 值客观反映医院的诊疗能力、收治患者的疑难危重程度，CMI 值上升，客观反映收治患者难度上升，可能会导致医疗费用上升。

CMI＝总分值/本年度住院总人次（没有基准病种分值的情况下）

CMI 增长率＝（本年度 CMI－上年度 CMI）÷上年度 CMI×100%

5. 大型设备的阳性率

客观反映大型设备检查的合理性、准确性，防止过度医疗。

大型设备阳性率＝大型设备阳性人数÷大型设备检查人数×100%

6. 病案首页、医保结算清单填写准确率

病案首页、医保结算清单填写是关系分值支付的基础，填写准确与否，决定了入组的准确性和支付分值的不同。要严格执行有关填写规则，防止高套分值等违规行为。

病案首页、医保结算清单填写准确率＝抽查病历准确数÷抽查病历总数×100%

7. 病历评审得分

根据各地医保局制定。

三、医保管理指标

1. 使用率

每例患者住院诊疗的相对适度，可以通过住院费用与基准病种费用的比较来相对反映费用的使用是否相对合理。

（1）使用率50%以下比例、增长率。

（2）使用率50%～100%比例、增长率。

（3）使用率100%～200%比例、增长率。

（4）使用率大于200%比例、增长率。

2. 全院支付系数

结余留用和合理超额分担，通过支付系数进行清算。

$$支付系数 = 实际住院费用 \div 医保基金预结算费用 \times 100\%$$

3. 人次人头比

反映患者重复住院的情况，除恶性肿瘤放化疗是正常情况外，其他情况要结合患者病情分析，是可疑分解住院的指标，特别是3天内重复住院患者。

$$人次人头比 = 住院人次 \div 住院人头 \times 100\%$$

$$3天重复住院率 = 3天内重复住院人次 \div 住院总人次 \times 100\%$$

$$大于3天重复住院率 = 大于3天重复住院人次 \div 住院总人次 \times 100\%$$

4. 年度检查得分

根据各地医保局政策。

5. 医保等级评定

根据各地医保局政策。

四、支付指标

1. 分值单价、增长、增长率

这是预算分值和结算单价，反映医保基金支付的趋势。

分值单价 = 可支付 DIP 基金总额 ÷ 所有医疗机构总分值

分值单价增长 = 本年度分值单价 - 上年度分值单价

分值单价增长率 = 分值单价增长 ÷ 上年度分值单价 ×100%

2. 次均实际分值、增长、增长率

反映每例患者支付的平均分值的趋势。

次均实际分值 = 总分值 ÷ 总例数

次均实际分值增长 = 本年度次均实际分值 - 上年度次均实际分值

次均实际分值增长率 = 次均实际分值增长 ÷ 上年度次均实际分值 ×100%

3. 次均实际加权分值、增长、增长率

反映每例患者加权支付的平均加权分值的趋势。

次均实际加权分值 = 加权总分值 ÷ 总例数

次均实际加权分值增长 = 本年度次均实际加权分值 - 上年度次均实际加权分值

次均实际加权分值增长率 = 次均实际加权分值增长 ÷ 上年度次均实际加权分值 ×100%

4. 次均实际支付费用、增长、增长率

反映每例患者的平均支付费用的趋势。

次均实际支付费用 = 总实际支付费用 ÷ 总例数

次均实际支付费用增长 = 本年度次均实际支付费用 - 上年度次均实际支付费用

次均实际支付费用增长率＝次均实际支付费用增长÷上年度次均实际支付费用×100%

5. 次均加权支付费用、增长、增长率

反映每例患者的平均加权支付费用的趋势。

次均加权支付费用＝总加权支付费用÷总例数

次均加权支付费用增长＝本年度次均加权支付费用－上年度次均加权支付费用

次均加权支付费用增长率＝次均加权支付费用增长÷上年度次均加权支付费用×100%

6. 次均加权总结余/超额、次均结余/超额、增长、增长率

次均加权总结余/超额＝本年度次均加权支付总费用－本年度次均加权实际住院费用

次均加权总结余/超额增长＝次均加权总结余/超额－上年度次均加权总结余/超额

次均加权总结余/超额增长率＝（次均加权总结余/超额增长）÷上年度次均加权结余/超额费用×100%

次均结余/超额＝次均支付费用－实际次均费用

次均结余/超额增长＝次均总结余/超额－上年度次均结余/超额

次均结余/超额增长率＝（次均结余/超额增长）÷（上年度次均结余/超额费用）×100%

五、参保人负担

1. 记账率、记账率增长

记账率＝医保记账费用÷总住院费用×100%

记账增长率＝（本年度医保记账费用－上年度医保记账费用）÷上年度医保记账费用

2. 自费率、自费增长率

自费率 = 自费费用 ÷ 总住院费用 × 100%

自费增长率 =（本年度自费费用 − 上年度自费费用）÷ 上年度自费费用 × 100%

3. 次均自付费用、增长、增长率

次均自付费用 = 次均住院总费用 − 次均记账费用 − 次均自费费用

次均自付费用增长 = 本年度次均自付费用 − 上年度次均自付费用

次均自付费用增长率 = 次均自付费用增长 ÷ 上年度次均自付费用 × 100%

六、满意度

根据实际检查结果，与医保服务评价挂钩，即与支付系数相关。

七、综合评价得分

根据检查结果，与支付系数相关。

（本章撰写人：广东省人民医院陈维雄）

第十一章

浙江省DRGs介绍及其与DIP的异同

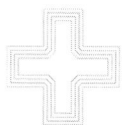

2021 年 11 月 26 日，国家医疗保障局印发《关于印发 DRG/DIP 支付方式改革三年行动计划的通知》（以下简称《通知》）。《通知》提出从 2022 年到 2024 年，全面完成 DRG/DIP 支付方式改革任务，推动医保高质量发展，促进供给侧结构性改革，维护参保人权益。

传统的医保按项目付费虽然具有费用明确、易于操作等优点，但由于其只对治疗疾病的要素付费，而不是对"结果"付费，容易造成浪费。2019 年，我国开始先后试点按疾病诊断相关分组付费（DRG）和按病种分值付费（DIP）两种新型付费模式。

DRG 付费是按照患者的患病类型、病情严重程度、治疗方法等因素，把患者分入临床病症与资源消耗相似的诊断相关组。通过制定支付标准倒逼医院降低药品、耗材、检查等成本，压缩治疗中的水分，实现结余留用、合理超支分担，在管理更高效的同时，也让患者避免了不必要的医疗支出。

DIP 付费为我国独创，将点数法、总额预算、按病种分值付费等方法相结合，以期实现扩大覆盖的病种范围，提升管理精细化水平，并有效控制基金风险。

2019 年、2020 年国家医保局先后启动 CHS - DRG 试点和 DIP 试点改革。截至 2021 年底，30 个 DRG 付费试点城市和 71 个 DIP 付费试点城市已经全部完成交叉评估并进入实际付费阶段。

随着部分试点城市改革成效逐步呈现，DRG 与 DIP 也越来越多地引发人们的思考：DRG 与 DIP 究竟存在哪些异同？两者在分组思路、结算方式、监督管理上各自有哪些优势？医院在面对两种支付方式时管理模式会存在哪些差异？

浙江省是中国除台湾外第一个全省域率先实施 DRG 医保付费改革的省份，广州是较早试点 DIP 且取得良好成效的城市之一。在前面的章节中，已经对 DIP 相关知识作了详细介绍，因此本章重点介绍浙江省 DRG 的实施背景、基本概念、管理经验，以及其与 DIP 之间的异同，供读者参考学习。

一、DRG 基本概念

疾病诊断相关分组是当前世界公认的比较先进的支付方式之一，它根据病人的临床诊断、手术、年龄、性别、疾病严重程度、合并症和并发症及转归等因素把病人分入具体的诊断相关分组，再进行科学测算，给予支付。这种支付方式兼顾了病人、医院、医保等各方面的利益，是一个可以对医保基金进行精细化管理的工具。

　　DRG 实质上是一种病例组合分类方案，将患者分入若干诊断组进行管理的体系，其基本概念包括以下三部分内容：

　　（1）它是一种患者分类方案，作为一种病例组合方法，其核心思想是将具有相同特征的病例归为一组，方便管理和测算。

　　（2）DRG 分类的基础是患者的诊断，在此基础上考虑患者的年龄、手术情况、合并症与并发症等情况的影响。

　　（3）它把医院对患者的治疗和所发生的费用联系起来，从而为付费标准的制定尤其是预付费的实施提供了基础。

二、浙江省 DRGs 发展历程

　　2009 年是新医改启程之年，《中共中央国务院关于深化医药卫生体制改革的意见》（中发〔2009〕6 号）中提出："强化医疗保障对医疗服务的监控作用，完善支付制度，积极探索按人头付费、按病种付费、总额预付等方式，建立激励与惩戒并重的有效约束机制。"从此，各省市开始了对医保支付方式改革创新的积极探索。

　　2016 年颁布的《"健康中国 2030"规划纲要》中提出："全面推进医保支付方式改革，积极推进按病种付费、按人头付费，积极探索按疾病诊断相关分组付费（DRG）、按服务绩效付费，形成总额预算管理下的复合式付费方式，健全医保经办机构与医疗机构的谈判协商与风险分担机制。"

　　2016 年 10 月 12 日，浙江省人力资源和社会保障厅发布《关于开展基本医疗保险按病种支付方式改革试点的通知》（浙人社发〔2016〕97 号），提出 2016 年底前各统筹区启动按病种支付试点工作，选择临床路径明确、技术成熟、质量可控、费用稳定的病种先行试点，按照"先住院、后门诊"的原则，逐步扩大病种范围。

　　2017 年 12 月 1 日，浙江省人力资源和社会保障厅《关于印发〈浙江省省级及杭州市基本医疗保险按病种付费工作方案（试行）〉的通知》（浙人社发〔2017〕138 号）指出，将根据临床路径和诊疗规范明确、并发症和合并症相对较少、诊疗技术成熟、医疗质量可控、医疗安全等原则进行筛选，确定将老年性白内障等 107 个病种及主手术/操作纳入省级及杭州市基本医疗保险按病种付费范围，试点病种支付标准为三级定点医疗机构支付标准先行试行的单病种付费方式，为实行 DRG 付费奠定了重要的基础。

　　2018 年，浙江省医疗保障局成立之后，大力推进 DRGs 医保付费改革成为工作重点之一。2019 年 11 月 12 日，浙江省医疗保障局、浙江省财政厅和浙江省卫生健康委员会联合印发了《浙江省基本医疗保险住院费用 DRGs 点数付费暂行办法》（浙医保联发〔2019〕21 号），宣布自 2020 年 1 月 1 日起，浙江省城镇职工和城乡居民基本医疗保险针对大多数住院服务病例，实施按疾病诊断相关分组付费。

此后，浙江省各地级市医疗保障局陆续制订了实施方案。2020 年 4 月 30 日，浙江省医疗保障局、浙江省财政厅和浙江省卫生健康委员会联合印发了《浙江省省级及杭州市基本医疗保险住院费用 DRGs 点数付费实施细则（试行）》（浙医保联发〔2020〕11 号）。由此，浙江成为中国大陆第一个全省域率先实施 DRGs 医保付费改革的省份。

与此相关，浙江省卫生行政部门基于新的 DRGs 系统对医疗供给侧的服务行为进行监管，而医保定点医院则将基于新的 DRGs 系统对医院的战略管理、财务管理、薪酬管理、质量管理、绩效管理、后勤物流管理等进行深刻的结构性重组。2021 年 9 月 15 日，《浙江省医疗保障局关于印发〈浙江省基本医疗保险 DRGs 点数付费评价办法（试行）〉的通知》（浙医保发〔2021〕50 号）指出，将通过日常评价和年度评价两种形式对医疗机构 DRG 付费管理行为进行监督考核和评价。

三、浙江省 DRGs 政策实施重点

2020 年 5 月，浙江省医保局发布的《浙江省省级及杭州市基本医疗保险住院费用 DRGs 点数付费实施细则（试行）》（浙医保联发〔2020〕11 号，以下简称《细则》），是浙江省 DRGs 支付方式改革实施的政策基准和行动要点，也奠定了五个政策特点：

（1）建立分级管理机制，明确省、市、县三级管理职责，省级定标准、市级算点数、统筹区算点值；

（2）实行区域总额管理，实行区域共享一个总额管理，区域内的所有医疗机构形成竞争关系，鼓励医疗机构通过提供更多合理的医疗服务获取更多的医保基金份额，以此推动医疗机构提高诊疗服务水平；

（3）病组点数结合付费点数和点值不是医保自己定的，而是根据所有医疗机构实际发生数据计算得出；

（4）住院服务全覆盖，所有医保结算的住院病例纳入 DRGs 结算，包括省级、杭州市及异地参保人员；

（5）住院费用全纳入，所有住院费用全部纳入 DRGs 点数付费管理，包括

医保结算费用、现金结算费用、外地病人在本地的住院费用等。

本章描述的浙江省 DRGs 是指浙江省省级、杭州市（包括萧山、余杭、富阳和临安区）及异地参保人员在浙江省省级及杭州市开展基本医疗保险住院医疗服务的定点医疗机构发生的住院医疗费用实行 DRGs 点数付费。

1. 分组思路和框架

2019 年 9 月 30 日，国家医疗保障局一方面积极推动 DRGs 医保付费改革的国家级试点工作，先后发布了两部指导性文件，即《国家医疗保障疾病诊断相关分组（CHS - DRG）分组方案（核心组 ADRG)》与《国家医疗保障疾病诊断相关分组（CHS - DRG）分组与付费技术规范》。根据这两部文件，CHS - DRGs 共有 26 个 MDCs、376 个 ADRGs，其中有 187 个内科 ADRGs、22 个非手术组 ADRGs、167 个外科 ADRGs（图 11 - 1）。

浙江省 DRGs（以下简称 "ZJ - DRGs"）分组方案的编制完全遵循 CHS - DRGs 在 MDCs 和 ADRGs 这两个层级上所建立的标准，然后根据病例的一些个体特征，主要是合并症（又称"多病症"）、并发症以及年龄等因素，确定细分的 DRGs 遵循国家医保局 CHS - DRGs 在 MDCs 和 ADRGs 层级上给出的指南，ZJ - DRGs 逐层分类细化的分组框架如图 11 - 2 所示，并且分组目录实行一年一调整。

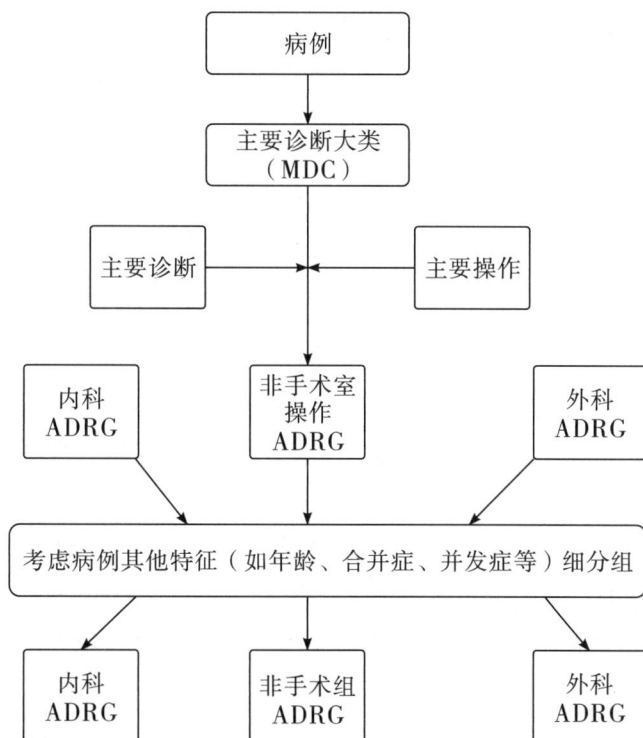

图 11 - 1 CHS - DRG 分组思路

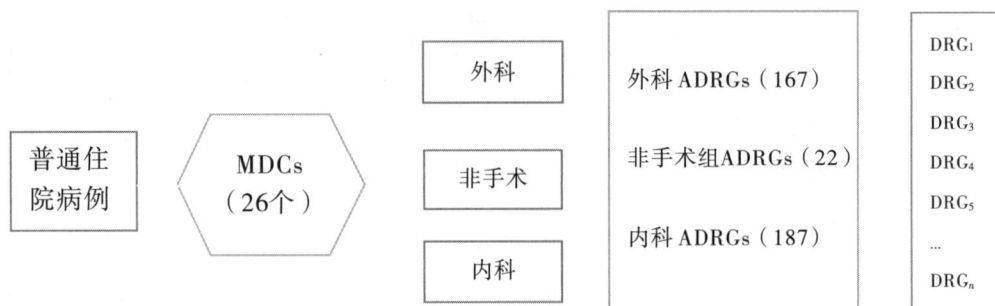

图 11 - 2　ZJ - DRGs 分组方案的操作框架

ZJ - DRG 共分为 26 个主要诊断大类（MDC），如表 11 - 1 所示：

表 11 - 1　ZJ - DRG 主要诊断大类（MDC）

序号	MDC 编码	MDC 名称
1	MDCA	先期分组疾病及相关操作
2	MDCB	神经系统疾病及功能障碍
3	MDCC	眼疾病及功能障碍
4	MDCD	头、颈、耳、鼻、口、咽疾病及功能障碍
5	MDCE	呼吸系统疾病及功能障碍
6	MDCF	循环系统疾病及功能障碍
7	MDCG	消化系统疾病及功能障碍
8	MDCH	肝、胆、胰疾病及功能障碍
9	MDCI	肌肉、骨骼疾病及功能障碍
10	MDCJ	皮肤、皮下组织、乳腺疾病及功能障碍
11	MDCK	内分泌、营养、代谢疾病及功能障碍
12	MDCL	肾脏及泌尿系统疾病及功能障碍
13	MDCM	男性生殖系统疾病及功能障碍
14	MDCN	女性生殖系统疾病及功能障碍
15	MDCO	妊娠、分娩及产褥期
16	MDCP	新生儿及其他围产期新生儿疾病
17	MDCQ	血液、造血器官及免疫疾病和功能障碍
18	MDCR	骨髓增生疾病和功能障碍，低分化肿瘤
19	MDCS	感染及寄生虫病（全身性或不明确部位的）
20	MDCT	精神疾病及功能障碍

（续上表）

序号	MDC 编码	MDC 名称
21	MDCU	酒精/药物使用及其引起的器质性精神功能障碍
22	MDCV	创伤、中毒及药物毒性反应
23	MDCW	烧伤
24	MDCX	影响健康因素及其他就医情况
25	MDCY	HIV 感染疾病及相关操作
26	MDCZ	多发严重创伤

ZJ－DRG 1.0 版在 DRG 层面，初步分为 998 个疾病诊断相关组（DRG），其中外科手术组 439 个、非手术操作组 55 个、内科组 504 个。部分 DRG 列表详见表 11－2。

表 11－2 ZJ－DRG 疾病诊断相关组（部分）

ADRG 编码	编码	DRG 名称
AA1	AA19	心脏移植
AB1	AB19	肝移植
AC1	AC19	胰/肾联合移植
AD1	AD19	胰腺移植
AE1	AE19	肾移植
AF1	AF19	肺移植
AG1	AG19	异体骨髓/造血干细胞移植
AG2	AG29	自体骨髓/造血干细胞移植
AH1	AHU	ECMO 治疗
AH1	AH19	气管切开伴呼吸机支持之 96 小时
BB1	BB11	脑创伤开颅术，伴严重并发症与合并症
BB1	BB13	脑创伤开颅术，伴一般并发症与合并症
BB1	BB15	脑创伤开颅术，不伴并发症与合并症
…	…	……

根据《国家医疗保障局医药服务管理司关于修订国家医疗保障疾病诊断相关分组（CHS－DRG）分组方案的函》（医保医药函〔2021〕29 号）精神，结合浙江省 DRGs 支付改革实际，修订了《浙江省医疗保障疾病诊断相关分组

（ZJ – DRG）细分组目录（1.1 版）》（简称"ZJ – DRG 1.1 版"），在 ZJ – DRG 1.0 版基础上新增 8 个 DRG 组，调整 3 个 DRG 组（由 998 组增加到 1006 组）。

表 11 – 3　ZJ – DRG 1.1 版新增和调整部分

ADRG 编码	ADRG 名称	DRGS 编码	DRGS 名称	DRGS 类型	调整情况
AH1	气管切开伴呼吸机支持≥96 小时或 ECMO	AH13	气管切开伴呼吸机支持≥96 小时，伴 CRRT	外科	新增
ES1	呼吸系统结核	ES19	呼吸系统结核，伴耐多药	内科	新增
EW1	胸膜病变及胸腔积液	EW15	胸膜病变及胸腔积液	内科	调整编码
EW1	胸膜病变及胸腔积液	EW19	胸膜病变及胸腔积液 >70 岁	内科	调整名称和内涵
FR1	心力衰竭、休克	FR19	心力衰竭、休克，伴重症监护	内科	新增
MC1	阴茎手术	MC10	阴茎手术 <17 岁	外科	新增
OC1	阴道分娩伴手术操作	OC19	阴道分娩伴手术操作，伴无痛	外科	新增
OR1	阴道分娩	OR19	阴道分娩，伴无痛	内科	新增
PS1	极度发育不全（出生体重 <1500G）	PS11	极度发育不全（出生体重 <1000G）	内科	新增
PS1	极度发育不全（出生体重 <1500G）	PS19	极度发育不全（1000G≤出生体重 <1500G）	内科	调整名称和内涵
RE1	恶性增生性疾患的化学和/或靶向、生物治疗	RE19	恶性增生性疾患的化学和/或靶向、生物治疗（淋巴瘤或骨髓瘤）	外科	新增

2. DRG 分组数据测算

（1）DRG 分组点数计算。

医疗机构得到的费用 = 点数 × 点值 × 差异系数（图 11 – 3）

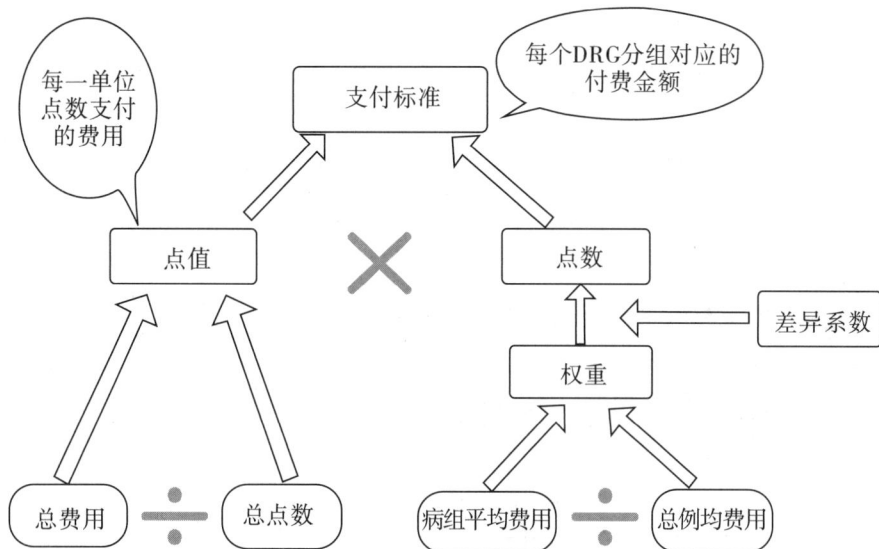

图 11 - 3 DRG 分组点数计算方法

DRG 点值（费率）是指每一单位权重的费用（每一个点数的价值）；DRG 权重（点数）表示不同病种治疗时的资源消耗情况差异；DRG 相对权重（RW）是对每一个 DRG 依据其资源消耗程度所给予的权值，反映该 DRG 的资源消耗相对于其他疾病的程度；浙江省差异系数由医保经办机构按医院等级（60%）、历史发生费用（30%）、人头人次比（6%）、个人负担水平（2%）、历史发生费用、县乡两级疾病诊疗目录落实情况、CMI 值（2%）等综合设定。

床日基准点数 = 该床日付费标准 ÷ 全部 DRG 住院均次费用 × 100

床日病例总点数 = 床日基准点数 × 病例住院天数

稳定 DRG 基准点数 = 该 DRG 住院均次费用 ÷ 全部 DRG 住院均次费用 × 100（计算结果保留 4 位小数）

非稳定 DRG 基准点数 = 该 DRG 中位费用 ÷ 全部 DRG 住院均次费用 × 100（计算结果保留 4 位小数）

住院过程完整病例的 DRG 点数 = DRG 基准点数 × DRG 差异系数

住院过程不完整病例的 DRG 点数 = DRG 基准点数 × DRG 差异系数 × （病例实际发生医疗费用 ÷ 该 DRG 住院均次费用），最高不得超过该 DRG 基准点数，低倍率病例按住院过程不完整病例规定执行。

（2）DRG 分组测算。

为更好地运用 DRGs 这一管理工具，杭州市医疗保障管理服务中心分析测算了 303 家医疗机构 2016 年 7 月至 2019 年 6 月的城镇职工以及城乡居民医保住院患者病案数据，即杭州市各医院 DRG 第一轮分组测算数据。通过测算发现，各个医院的 DRGs 病组入组率、优势病组、平均住院天数等关键指标存在较大差异。

通过测算历史数据，杭州市病组数超过 800 组的前十家医院如表 11－4 所示，其中六家为省级三甲医院、四家为市级三甲医院，入组率最高的省 A 医院、省 B 医院、省 C 医院的入组组数分别为 943 组、940 组、926 组。

表 11－4　病组数超 800 组的医疗机构分组情况（前十）

医院名称	ADRG 组数	DRG 组数	病例数	病例数占比/%
省 A 医院	364	943	432789	8.28
省 B 医院	361	940	358713	6.86
省 C 医院	363	926	344889	6.60
省 D 医院	359	917	203181	3.89
市 A 医院	357	912	274104	5.24
省 E 医院	344	863	160316	3.07
市 B 医院	344	854	113399	2.17
市 C 医院	333	850	131888	2.52
省 F 医院	337	840	118401	2.27
市 D 医院	337	838	140178	2.68

根据入组病例数的多少对各 DRG 组排名，其中病例数最多的前十个 DRG 组如表 11－5 所示，入组病例数最多的是 RU13 组（与化学和/或靶向、生物治疗有关的恶性增生性疾患，伴一般并发症与合并症），该组入组病例数占比达到 3.38%。此外，前十组 DRG 入组病例数占比达到了 19.05%。

表 11 - 5　入组病例数排名前十位的 DRG 组分布情况

DRG 编码	DRG 名称	病例数	病例数占比/%
RU13	与化学和/或靶向、生物治疗有关的恶性增生性疾患，伴一般并发症与合并症	176908	3.38
RE13	恶性增生性疾患的化学和/或靶向、生物治疗，伴一般并发症与合并症	171479	3.28
BR23	缺血性疾患，伴一般并发症与合并症	104651	2.00
ES23	呼吸系统感染/炎症，伴一般并发症与合并症	85428	1.63
ES20	呼吸系统感染/炎症 <17 岁	85170	1.63
FR43	冠状动脉粥样硬化/血栓/闭塞，伴一般并发症与合并症	79942	1.53
OB13	剖宫产术，伴一般并发症与合并症	77241	1.48
RW19	恶性增生性疾患治疗后的随诊检查	77186	1.48
KS13	糖尿病，伴一般并发症与合并症	69285	1.33
XR29	其他康复治疗	68307	1.31
合计		995597	19.05

　　住院天数反映了住院病人在医疗机构一次连续接受治疗时间的长短，是衡量医院医疗质量和医疗效率的重要指标。从统计数据来看可以明显发现，随着医院等级越高，其住院天数为 1 天的病例数就越多，住院天数为 1 天的病例数占比就越高。而相反的是，医院等级越高，住院天数在 60 天以上的病例数占比越低（表 11 - 6）。可见，不同级别医院的病人平均住院天数存在较大差异，对于 DRG 的施行而言，这是一个重要的影响因素和分析指标。

表 11 - 6　不同等级医院住院天数分布情况

医院等级	病例数	住院天数为 1 天的病例数	住院天数为 1 天的病例数占比/%	住院天数 >60 天的病例数	住院天数 >60 天的病例数占比/%
三级甲等	3054107	579442	18.97	12285	0.40
三级乙等	924297	97302	10.53	6390	0.69
二级甲等	462961	35171	7.60	6987	1.51
二级乙等	326943	24550	7.51	12058	3.69
社区医院	69475	4941	7.11	4442	6.39
其他	5227216	760760	14.55	87847	1.68

在 DRG 实施的过程中，费用异常的病例需要重点考虑并排除在统计分析之外。从历史数据来看，三甲医院的高费用异常病例数占比明显要高于三乙医院、二甲医院和二乙医院，社区医院的低费用异常病例数较高。从整体来看，各级医院的费用异常病例数占比均在 10% 以上（表 11-7）。

表 11-7　费用异常病例数情况

医院等级	高费用异常病例数	高费用异常病例数占比/%	低费用异常病例数	低费用异常病例数占比/%	异常病例数占比/%
三级甲等	277076	9.11	296069	9.73	18.84
三级乙等	34209	3.73	101382	11.04	14.77
二级甲等	182464	4.05	44709	9.81	13.86
二级乙等	21878	6.96	35818	11.37	18.32
社区医院	4256	6.54	125798	24.29	30.84
其他	54739	15.92	31110	9.05	24.97

3. 总额预算

（1）政策内涵。

总额预算包括统筹区参保人员在本地和异地住院的医保基金支出金额，职工和城乡居民医保的住院医保基金纳入总额预算，且统筹区医疗机构共享一个预算总额。统筹区患者去外地看病发生的住院医疗费用需从预算中扣减，而外地患者来统筹区看病发生的住院医疗费用需增加到预算中。该政策的目的在于提高当地医疗机构的医疗技术，将患者留在本统筹区，并吸引外地患者前来就诊。

（2）计算方式。

住院医保基金年度预算总额 = 统筹区上年度住院医保基金决算总额 × （1 + 住院医保基金支出增长率）

《细则》中规定了 2020 年省级和杭州市区（含萧山、余杭和富阳区，不含临安区）医保基金总支出增长率确定为 7%，杭州市所辖其他区、县（市）自行确定住院医保统筹基金支出增长率并建立了"结余留用、超支分担"的责任共担机制，2020 年医保基金年度决算结余部分的 85% 由医疗机构留用；超支部分的 85% 由医疗机构分担（统筹区医疗机构一起结余留用和分担）。决算总额含结余留用部分，不含超支分担及因疾病暴发等临时追加的预算部分。

2020 年度住院医保基金决算总额计算（即年度医保基金实际支出总额）：

决算总额 = 患者结算时医保基金支出总额 + 预算追加总额 + 医疗机构留用总额（- 医疗机构分担总额）

决算总额 = 年度预算总额 + 预算追加总额 - 医保基金结余留用总额（+ 医保基金超支分担总额）

例：若 2020 年住院医保基金预算总额为 100，不考虑追加情况

①住院医保基金支出为 80，共结余 20（100 - 80），其中医疗机构留用 17（20 × 85%），医保基金留用 3（20 × 15%），2020 年决算总额为 97（80 + 17），医保基金支出中增加医疗机构结余留用的 17，2020 年决算总额为 97（100 - 3），预算总额中扣除医保基金结余留用的 3。

②住院医保基金支出为 110，共超支 10（110 - 100），其中医疗机构需一起分担 8.5（10 × 85%），医保基金分担 1.5（10 × 15%），2020 年决算总额为 101.5（110 - 8.5），医保基金支出中扣除超支分担 8.5，2020 年决算总额为 101.5（100 + 1.5），预算总额中增加医保基金超支分担的 1.5。

4. 结算方式

浙江省 DRGs 结算可分组入组结算和床日付费结算，再根据病例特点、医院类型又细分出特病单议、新技术新项目加成、中医系数加成三种结算加成方式。

（1）DRGs 入组结算。

入组病例根据病例总费用和本 DRG 均次费用的倍率关系可分为高倍率病例、低倍率病例和正常病例。

高倍率病例是指能入组，但是住院总费用高于本 DRG 次均费用 1.5 ～ 3 倍及以上的费用过高病例，高倍率病例按以下规则分档设置（表 11 - 8、图 11 - 4）：

表 11 - 8　高倍率病例分档设置规则表

DRG 组	住院总费用 ÷ 该 DRG 次均费用
基准点数 ≤ 100 点	≥ 3 倍的病例
100 点 < 基准点数 ≤ 300 点	≥ 2 倍的病例
基准点数 > 300 点	≥ 1.5 倍的病例

低倍率病例是指能入组，但是住院总费用低于本 DRG 次均费用 0.4 倍及以下的费用过低病例，正常病例为除高倍率、低倍率病例以外的病例。

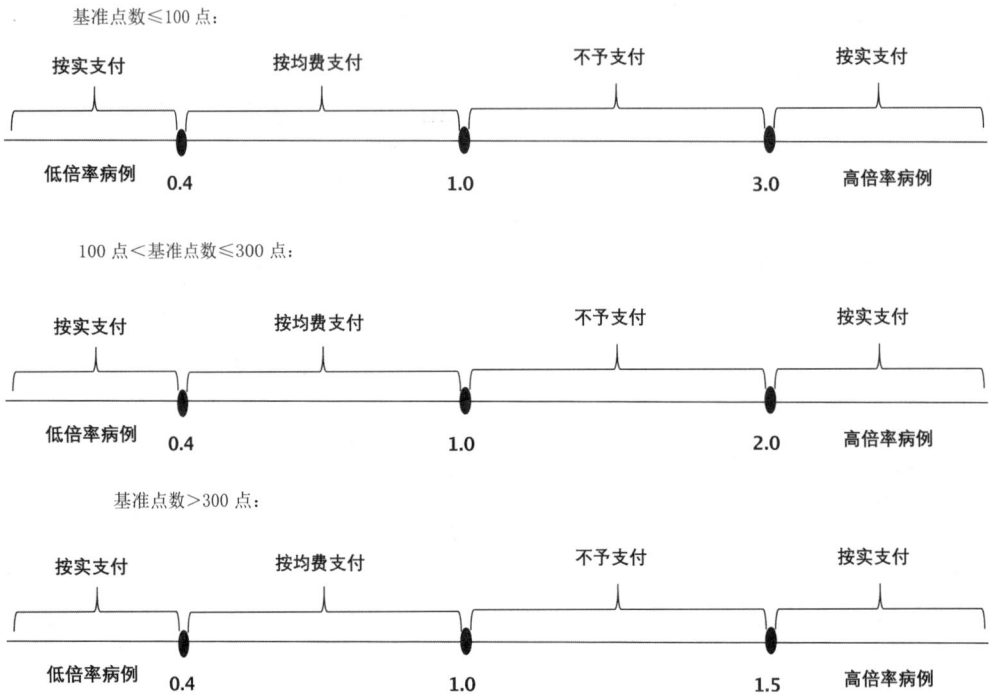

基准点数≤100 点：

| 按实支付 | 按均费支付 | 不予支付 | 按实支付 |

| 低倍率病例 | 0.4 | 1.0 | 3.0 | 高倍率病例 |

100 点＜基准点数≤300 点：

| 按实支付 | 按均费支付 | 不予支付 | 按实支付 |

| 低倍率病例 | 0.4 | 1.0 | 2.0 | 高倍率病例 |

基准点数＞300 点：

| 按实支付 | 按均费支付 | 不予支付 | 按实支付 |

| 低倍率病例 | 0.4 | 1.0 | 1.5 | 高倍率病例 |

图 11 - 4　DRG 入组结算支付情况

同时为避免医疗机构推诿病人，防止医疗机构分解住院情况的发生，对于入组结算的病例，制定了 15 天再入院政策。对于参保人员在出院后 15 日内再次以同一 DRG 住院且无合理理由的，前一次住院获得的点数减半计算，恶性肿瘤放、化疗，纳入床日付费管理等情况除外。

（2）床日付费。

浙江省床日付费根据医院等级规定了不同标准，其中最大区别在于三级医疗机构是申请制，二级及以下医疗机构是退出制，其付费标准不同，且付费标准同样实行一年一调整。

①三级医疗机构。

三级医疗机构 2021 年床日付费政策与 2020 年保持一致。

适用情况。满足以下其中一个条件可申请床日付费：Ⅰ. 在同一医疗机构单次连续住院时间超过 60 天（不含）的住院病例；Ⅱ. 同一 ADRG 组，同一天或次日连续住院且累计住院天数超过 60 天（不含）的病例。

床日限额标准。三级甲等医疗机构平均床日限额暂定为 1000 元，三级乙等医疗机构平均床日限额暂定为 800 元。

支付标准。定点医疗机构当年申请纳入床日付费管理病例的实际平均床日费用，在同等级平均床日限额 80%（含）以下部分，按实计入床日付费标准；实际平均床日费用在同等级平均床日限额 80%～100%（含）部分，按 80% 计入床日付费标准；实际平均床日费用在同等级平均床日限额 100%～150%（含）部分，按 50% 计入床日付费标准；实际平均床日费用在同等级平均床日限额 150%～200%（含）部分，按 40% 计入床日付费标准；实际平均床日费用在同等级平均床日限额 200% 以上部分，不予支付（表 11-9）；以上费用分段累计并折算点数。

表 11-9　床日付费标准计算

床日费用范围	床日支付比例/%
(0，0.8]	100
(0.8，1]	80
(1，1.5]	50
(1.5，2]	40
(2，max)	0

②二级及以下医疗机构。

二级及以下医疗机构 2021 年床日付费限额有所改动，其余与 2020 年保持一致。

适用情况。需满足以下两点必备条件：Ⅰ. 年度累计住院时间超过 90 天（含）的参保人员（同一个患者在不同机构住院为一个病例）；Ⅱ. 入内科 DRG 的病例。

床日限额标准。2020 年所有床日病例平均床日限额暂定为 450 元。

2021 年区分 MDCB（神经系统疾病及功能障碍）、MDCT（精神疾病及功能障碍）及其他三个标准，其中 MDCB（神经系统疾病及功能障碍）平均床日限额暂定为 490 元，MDCT（精神疾病及功能障碍）平均床日限额暂定为 370 元，其他病例平均床日限额暂定为 450 元。

支付标准。对于定点医疗机构纳入床日付费管理的（按每天的平均费用计算）实行以下付费标准：实际平均床日费用超过平均床日限额的，超过部分不认可，付费标准 = 平均床日限额；实际平均床日费用在平均床日限额 85%～100%（含）的，差额部分的 60% 予以留用，付费标准 = 实际平均床日费用 +

（平均床日限额 – 实际平均床日费用）×60%；低于平均床日限额85%的，付费标准 = 实际平均床日费用（表11 – 10）。

表11 – 10　不同情况下床日付费标准计算（举例）

医院名称	实际平均床日费用/元	付费标准计算说明（平均床日限额为450元时）	实际床日付费标准/元
A医院	500	超过平均床日限额，按平均床日限额标准支付	450
B医院	390	在平均床日限额85%～100%（含）之间，付费标准 = 390 +（450 – 390）×60%	426
C医院	200	低于平均床日限额85%（含），按实支付	200

退出机制。符合以下条件的，年度清算前经定点医疗机构申请，医保经办机构核准，可以退出床日付费管理并纳入DRG管理，但同一住院过程病例不能拆分为DRG和床日付费结算。

Ⅰ. 单次住院中，ICU单元治疗（或CCU单元治疗）天数占总住院天数比例在50%（含）以上的病例；

Ⅱ. 单次住院中，诊断名称为"昏迷"（编码R40.200），手术及操作名称为"呼吸机治疗［大于等于96小时］（编码96.7201）"，且呼吸机治疗天数占总住院天数比例在50%（含）以上的病例（使用编码有不同要及时与医保局反馈）；

Ⅲ. 除上述两种情形外，其他病例退出比例不超过5%。

③特病单议。

《细则》指出，对于虽因病施治但费用过高或无法分入已有DRG的病例，定点医疗机构可向医保经办机构提出特病单议，医保经办机构应组织专家进行评定，调整相应点数。但在实际操作中，医保经办机构对所有高倍率病例进行点数追加，无须医疗机构进行申请，只定期抽取部分高倍率病例并调取纸质病历实行专家评议，对发现的不合理费用再进行点数扣除。特病单议病例追加点数及要求如下：

①高倍率病例特病单议核准追加点数 = 该DRG基准点数×追加倍数；追加倍数 =（该病例总费用 – 不合理医疗费用）÷该DRG住院均次费用 – 该DRG上限裁剪倍率；

②无法分入已有DRG的病例，其特病单议核准追加点数 =（病例总费用 – 不合理医疗费用）÷全部DRG住院均次费用×100；

③退出床日付费管理的病例不再进行特病单议，年度清算前已纳入床日付费管理和退出床日付费管理的病例，若进行过特病单议的，追加的点数不予认可。

（4）新技术新项目激励政策。

新技术新项目指国际国内领先，在省内率先开展，具有明显技术优势的新技术。2020 年将达芬奇机器人手术治疗、TAVI、飞秒、TOMO 四项新技术纳入新技术补偿范围，对采用上述新技术的病例进行点数追加（表 11 - 11），追加方案如下：

①高倍率病例将病组被裁剪部分 70% 作为追加点数，计算公式为：基准点数 ×（病组上限裁剪倍率 - 1）× 70%；

②正常病例中位于病组均费以上部分低于高倍入组病例被裁剪部分 70% 的病例，将病组均费以上部分按实折成点数作为追加点数，计算公式为：（病例总费用 - 病组均费）÷ 全部 DRG 住院均次费用 × 100；

③正常病例中位于病组均费以上部分高于或等于高倍入组病例被裁剪部分 70% 的病例，将高倍入组病例被裁剪部分 70% 折成点数作为追加点数，计算公式为：基准点数 ×（病组上限裁剪倍率 - 1）× 70%。

表 11 - 11　2020 年某医院新技术开展及补偿情况

新技术名称	科室	病例数	新技术激励追加点数	新技术激励追加金额/万元	例均补偿费用/万元
TAVI	心血管内科	118	51228.66	713.06	6.04
飞秒	眼科中心	2649	172328.85	2405.94	0.91
达芬奇	泌尿外科	413	37842.47	527.75	1.39
	甲状腺外科	43	4762.25	66.58	
	大肠外科	42	6244.42	87.03	
	胸外科	22	2973.29	41.49	
	妇科	1	83.4	1.17	
	胃肠外科	1	126.17	1.75	
总计		3289	275589.51	3844.77	1.17

（5）中医系数加成。

DRGs 支付方式改革由西方引入，侧重于西医医院，为减小对中医医院的影响，扶持中医药发展，采用省中管局提供的 6 个指标（国家三级公立中医医院绩效考核指标），对中医类医疗机构进行整体绩效考核，详见表 11 - 12 并选用中治率进行中医系数加成，加成方案如下：

①对中治率5%以下的中医医疗机构不予奖励；

②对中治率5%（含）～15%的中医医疗机构，系数加成0.08；

③对中治率15%以上的中医医疗机构，系数加成0.12。

在一个自然年度范围内，针对中医整体的考核，如果在年底考核的时候达到该考核值，则予以一定的奖励，最终激励系数计算如下：中医政策系数＝中医考核激励指数÷100×激励系数。

例如，浙江某中医药大学附属医院2020年6个绩效考核指标总计90分，中治率在5%～15%，中医系数可加成0.08，最终中医政策系数为0.072。由此可见，浙江省扶持中医药发展力度较大。

表11-12　中医类医疗机构考核指标

维度	考核指标	考核值/%	考核分	说明
患者占比	出院患者中药饮片使用率	52	5	整体考核
	出院患者使用非药物疗法比例	62	5	整体考核
费用占比	中药饮片收入占药品收入比例	22	5	整体考核
	医疗机构中药制剂收入占药品收入比例	0.75	5	整体考核
	住院中医医疗服务项目收入占住院医疗收入比例	4	5	整体考核
中治率	（中成药收入＋中药饮片收入＋住院中医医疗服务项目收入）占住院医疗收入比例	5	75	整体考核

5. 监督管理

为有效推进基本医疗保险DRGs点数付费改革，提升患者医疗保障改革获得感，规范医疗机构诊疗行为，防范化解医保基金运行风险，浙江省制定了一系列监督管理办法，例如出台了《浙江省基本医疗保险DRGs点数付费评价办法（试行）》（浙医保发〔2021〕50号）、《关于进一步规范DRGs长期住院病例结算工作的通知》（浙医保中心〔2021〕38号）、《关于开展2021年省市DRGs病案交叉检查工作的通知》（浙医保中心〔2021〕44号）等。

（1）监管类型。

《细则》第二十六条指出对查实定点医疗机构存在"高套点数""分解住院""挂名住院""体检住院""推诿病人"，将住院医疗费用分解至门诊、零售药店或让病人单独自费结算等行为，医保经办机构应根据《定点医疗机构服务协议》的规定，不予结算相关病例点数，情节严重的扣除相应病例2～5倍的点数，并予以通报。

①低病高套。未按照医疗保障基金结算清单填写规范上传病案首页信息，通过调整主诊断、调整主手术、虚增诊断、虚增手术等方式使病案进入费用更高分组。

②健康体检住院。以体检为主要目的；或无明显入院指征，仅以检查检验为主的医保住院结算。

③无指征住院。无明显入院指征指入院后相关检查、用药、诊疗等与本次住院诊疗无关，或短期内无诊疗依据反复多次化验、检查。

④挂名（床）住院。参保患者在住院期间长时间离开医院或实际未进行相关诊疗：患者住院期间不在病房或未办理请假手续但不在医院的；住院费用中仅有检查费用、药品费用而无其他相应住院项目费用的；患者费用明细中仅有床位费等项目费用却未有具体诊疗行为的；患者单次住院期间，总请假天数超过总住院天数二分之一的；住院期间仍回家休养或回单位上班等情形；患者未实际入院前已经办理住院并产生医疗费用；其他挂名（床）住院情形。

⑤分解住院。为未达到出院标准的参保患者办理出院，在短时间内因同一种疾病或相同症状再次办理入院，将参保患者应当一次住院完成的诊疗过程分解为两次或两次以上住院诊疗过程的行为，包括术前检查费用分解至门诊结算；同一住院过程病例拆分为 DRG 和床日付费结算；病人出院后通过调整主诊断再次入院；可以一次完成的多个手术分解为多次手术；将不符合出院条件的病人转至他院治疗；相同疾病转科治疗，多次结算；其他分解住院情况。

⑥住院费用分解至门诊结算。住院期间所必需的药品、检验检查及诊疗等项目未按住院结算，让患者到门诊进行结算；或者术前检查费用分解至门诊结算。

⑦推诿病人。无正当理由，下列情形可视为推诿危重病人：在急诊室留观超过 72 小时，未被收入住院病房继续治疗的；患者及家属投诉查实的，医疗机构不予以接收危重病人事件的；经大数据分析，危重病人治疗病例不合理下降的；其他可以被认定的情形。

（2）惩罚措施。

①对查实"分解住院""健康体检住院""挂名（床）住院""不符合出入院指征住院"等情形的病例，其对应 DRGs 点数不予计算，情节严重的，按对应 DRG 基准点数 1 倍以上 2 倍以下扣除该医疗机构病例点数。

②对查实"将住院费用分解至门诊结算"的病例，其对应 DRGs 点数不予计算，情节严重的，按对应 DRGs 基准点数 1 倍以上 2 倍以下扣除该医疗机构病例点数。

③对查实"要求参保病人在院期间医保结算后转自费住院"等方式降低病组均费的病例，该病例住院期间所有费用不予计算点数，情节严重的，按对应

DRGs 基准点数 1 倍以上 2 倍以下扣除该医疗机构病例点数。

④对查实"高套点数"的病例，其对应 DRGs 点数不予计算，情节严重的，按对应 DRGs 基准点数 1 倍以上 2 倍以下扣除该医疗机构病例点数。

⑤定点医疗机构以骗取医疗保障基金为目的，实施上述行为之一的，可按不超过 5 倍标准扣除相应 DRGs 基准点数。

（3）年度考核。

从组织管理和制度建设、指令性任务完成情况、病案质量与目录管理、服务能力、行为规范、质量管理、资源使用效率、DRGs 的费用控制八个方面对各定点医疗机构进行综合评定后（表11-13），确定四个评价等次：评价分90分（含）及以上的为优秀，80（含）～90分为良好，60（含）～80分为合格，60分以下为不合格。

按照每月不超过预拨金额的5%建立质量保证金，对年度评价结果为合格以上的医疗机构全额拨付质量保证金；对优秀的医疗机构除全额拨付质量保证金外，实行点数激励，激励点数折算金额实行封顶，激励医疗机构数量原则上不超过20%；对不合格的医疗机构不予拨付质量保证金，在年度清算时按实际评估分扣除一定点数，并可暂停拨付一定期限的医保费用，责令整改不合格的，按规定中止医保协议或解除医保协议。

表 11-13　医疗机构 DRGs 点数付费改革绩效评价表

项目	自评内容	分值	评分标准	自评分	评估分
组织管理和制度建设（5分）	1. 建立由分管院领导和相关人员组成的 DRG 管理组织，明确分工，落实职责，并配备专人具体负责 DRG 管理工作	1分	未建立组织扣 1 分，无明确分工、职责未落实扣 1 分，无专人负责扣 1 分		
	2. 病案管理、成本核算管理、绩效评价管理等制度健全，相关文书按规范管理	1分	管理制度不健全的扣 1 分，文件资料管理不规范的扣 1 分		
	3. 定期分析参保人员的医疗费用及病组运行情况，及时解决问题；根据情况不定期抽查，及时查处违规行为	1分	不进行定期分析的扣 1 分；未进行抽查的扣 1 分；发现问题未及时整改的扣 1 分		
	4. 积极配合医保经办机构对医疗服务、医疗费用、病例病案的监督、审核，及时提供需要查阅的医疗档案和有关资料	2分	不积极配合监督检查的每次扣 1 分		

（续上表）

项目	自评内容		分值	评分标准	自评分	评估分
指令性任务完成情况（10分）	医疗保障年度指令性任务完成情况		10分	按完成情况计分		
病案质量与目录管理（27分）	1. 病案质量管理（14分）	1.1 严格按照技术规范标准正确填写主要诊断、次要诊断、主要手术、次要手术等；病案首页填写完整、规范	10分	发现违规情况的，违规1例扣0.5分，"高套点数"的1例扣2分		
		1.2 每月按规定及时上传住院病案信息并做好病例分组反馈工作	2分	每次不及时上传、反馈的扣1分		
		1.3 按要求建立电子病案管理系统	2分	未建立的扣2分		
	2. 编码管理（4分）	2.1 严格执行15项医保信息业务编码标准	2分	违规1例扣1分		
		2.2 及时动态维护医保信息业务编码	2分	未及时维护的每次扣1分		
	3. 年度病例反馈率（4分）	合理控制调整分组病例的比例	4分	申请调整分组病例数占总病案数超过5%，每增加1个百分点扣1分；或申请调整分组病案数超过2000例的，每增加100例扣1分		
	4. 目录管理（5分）	4.1 严格执行基本医疗保险药品目录管理规定	3分	违规1例扣0.1分；国家有特殊要求配备使用的，如谈判药品等，而未配备使用的，发现1例扣1分；带量采购药品未完成约定采购量，扣1分		
		4.2 严格执行基本医疗保险医疗服务项目管理规定	2分	违规1例扣1分		

（续上表）

项目	自评内容	分值	评分标准	自评分	评估分
服务能力（6分）	1. 医疗机构收治病例覆盖DRG组数	2分	相较前一年同比下降的，每下降5个百分点扣0.5分		
	2. 病例组合指数值（CMI值）	2分	相较前一年同比下降的，每下降5个百分点扣1分		
	3. 住院服务人次数	2分	相较前一年同比下降的，每下降5个百分点扣0.5分		
行为规范（22分）	1. 严格执行浙江省、市医疗收费标准	4分	不能做到价格、收费公开的扣1分；不向社会公开医药费用和费用结构的扣1分，违规收费的每例扣1分		
	2. 严格掌握住院病人的出入院标准，严禁分解住院、健康体检住院、挂名（床）住院、不符合入出院指征住院	5分	查实的每例扣1分		
	3. 因病施治，严禁将住院费用分解至门诊结算；严禁要求参保病人在院期间医保结算后转自费住院	5分	查实的每例扣1分		
	4. 严禁推诿重病人	6分	查实的每例扣2分		
	5. 造成医疗保障基金损失的其他行为	2分	查实的每例扣1分		
质量管理（10分）	15日内再入院率（恶性肿瘤放、化疗，纳入床日付费管理等符合诊疗技术规范情况除外）	10分	相较前一年同比上升的，每上升0.5个百分点扣1分		
资源使用效率（10分）	1. 费用消耗指数	5分	相较前一年同比上升的，每上升1个百分点扣0.5分		
	2. 时间消耗指数	5分	相较前一年同比上升的，每上升1个百分点扣0.5分		

（续上表）

项目	自评内容	分值	评分标准	自评分	评估分
DRGs 费用控制（10分）	1. 人次人头比	5分	相较前一年同比上升的，每上升 1 个百分点扣 1 分		
	2. 参保人员个人政策范围外费用占医疗总费用的比例控制在 15% 以内	5分	每超过 1 个百分点扣 1 分		
合计					

（4）长期住院病例。

住院时间 60 天（含）以内的中、短期住院病例，原则上不允许中途结算。住院时间超过 60 天的长期、慢性病住院病例，允许医疗机构中途结算，每次结算的住院时间原则上不得低于 30 天，中途结算病例原则上不得变更分组。

在同一治疗过程中，应当一次结算的住院却人为地分成多次结算或频繁更换主诊断办理出入院，将按照分解住院处理。

（5）病案交叉检查。

2021 年浙江省市医保中心对 2021 年 1—5 月病案进行交叉检查，重点评估定点医疗机构是否存在高套点数、分解住院、挂名住院、体检住院、不符合住院指征住院、推诿病人、将住院医疗费用分解至门诊、零售药店或让病人单独自费结算等行为。

此次检查合计抽调临床专家 519 人次，病案科人员 42 人次，医保经办人员 155 人次。

检查过程可分为三个阶段。第一阶段为 2021 年 9 月 13 日至 9 月 28 日（共 10 个工作日）：主城区医疗机构病案交叉检查工作；第二阶段为 2021 年 9 月 29 日至 9 月 30 日完成跨区县（市）病案交叉检查工作，抽调主城区三级医疗机构专家赴区县（市）部分医疗机构作病案交叉检查。第三阶段为 10 月底前完成各区、县（市）区域内交叉检查工作，各地可参照省市交叉检查方案自行组织辖区内交叉检查工作。

通过此次检查，发现部分医疗机构对 DRG 政策理解不到位或过度解读，病案质量有待提高，具体包括以下内容：

①病案首页信息上传有误。主诊断上传或选择错误：如肿瘤患者主诊断选择有误、部分联合诊断未按要求上传等问题；主手术上传、选择错误或漏传：如主诊断和主手术不匹配、部分病例上传手术操作和实际收费不符等问题。

②违规收费问题，病程记录与收费不一致。如医疗机构的病程记录为无创呼吸机，而收费项目为有创呼吸机；部分医疗机构存在药品、诊疗项目使用不符合适应证等问题。

③病程记录书写不规范。如部分病例病程记录不详细，长期住院病例入院记录和病程记录雷同，病情变化无记录等情况。

表 11 – 14　2021 年浙江省市 DRGs 病案交叉检查内容

检查标记	标记内容	认定标准
1_1	疑似分解住院 – 内科	将应当一次结算的住院人为地分成多次结算，以增加出院人次、降低均次费用。患者出院后通过调整主诊断再次入院
1_1_5	疑似分解住院 – 内科 – 5 次以上	将应当一次结算的住院人为地分成多次结算，以增加出院人次、降低均次费用。患者出院后通过调整主诊断再次入院
1_2	疑似分解住院 – 同 MDC 外科	将应当一次结算的住院人为地分成多次结算，以增加出院人次、降低均次费用。将可以一次完成的多个手术分解为多次手术
1_3	疑似分解住院 – 其中一组为 AH19	将应当一次结算的住院人为地分成多次结算，以增加出院人次、降低均次费用，其中一个病例入组为 AH19
1_4	疑似分解住院 – 同 MDc 内外科	将应当一次结算的住院人为地分成多次结算，以增加出院人次、降低均次费用。相同疾病转科治疗，多次结算
2	疑似高套或低套点数病例，治疗与收费不符等	医疗机构未按照医疗保障基金结算清单填写规范上传病案首页信息，通过调整主诊断、主手术、虚增诊断、虚增手术等方式使病案进入费用更高分组
3	检查检验费用占比为 80% 以上病例（疑似体检/挂床住院）	以体检为主要入院目的的医保住院结算，或无明显入院指征，住院后仅以检查检验为主。住院收治缺乏明显入院指征的病人
4	正常病例中住院总费用在均费的 0.5 倍以下（部分医疗机构在均费之下）病例	核查医疗机构是否按照医疗保障基金结算清单填写规范上传病案首页信息，入组是否有误

（续上表）

检查标记	标记内容	认定标准
5	入院诊断为恶性肿瘤，主手术为空，入肿瘤内科组的病例	医疗机构未按照医疗保障基金结算清单填写规范的要求，正确选择肿瘤类疾病主诊断，使病案进入费用更高分组
6	化疗组疑似无化疗药品病例	入化疗组，无化疗药品收费明细。但化疗药品在门诊或药房购买，可认为将住院费用分解至门诊、零售药店
7	AH19 组呼吸机时长小于 96 小时	AH19 组，呼吸机辅助呼吸收费时长小于 96 小时，上传了呼吸机治疗（大于等于 96 小时），进入费用更高分组 AH19
8	收费为无创呼吸机而上传为有创呼吸机病例	实际为无创呼吸机，上传为呼吸机治疗（大于等于 96 小时），进入费用更高分组 AH19，可认定为高套分值；对分组无影响的在现场评审表中填写数字 6（其他情况），并填写呼吸机费用
9	药品费（不含注射化疗药品费）占总费用比例 80% 以上病例	以药品费（不含注射化疗药品费）为主要资源消耗的病例，或无明显入院指征，住院后仅以开药为主，住院收治缺乏明显入院指征的病
10	大数据筛查初步认定疑似体检住院、带药入院、主手术无相关治疗等	专家现场评审认定

6. DRG 管理经验

（1）成立 DRG 工作小组。

医院要紧跟政策的走向，由院领导带头成立 DRG 工作小组，主要进行以下工作：

①根据 DRG 相关政策性文件要求，例如《住院病案首页数据填写质量规范（暂行）》《住院病案首页数据质量管理与控制指标》等，结合院内实际情况，制定落实开展 DRGs 工作的规划和相关制度，并定期对制度进行审阅和修订；

②讨论、制订相关的工作流程，组织、协调、实施 DRGs 的推广应用，对医院医疗服务质量与绩效进行评价；

③组织医生、护士开展 DRGs 相关的培训；

④收集对 DRGs 工作的建议，对发现的问题进行讨论，提出改进措施和实施计划；

⑤协调 DRGs 工作开展过程中遇到的问题，对医院 DRGs 工作进行阶段性总结、分析。

（2）院内多科室 MDT。

DRGs 是一项需要医保、医务、病案、信息、财务等行政科室以及各临床科室紧密合作的多部门协同的工作。在 DRG 管理中，规范诊断名称、重视编码质量、培训 DRG 相关政策、ICD 编码准确、加强临床医生培训等都需要各部门联合作战。

（3）加强对临床医生的培训。

加强对医生的培训主要包括两部分：一是加强临床医生对国家医保政策的重视，讲述 DRGs 付费对医院的重要性；二是加强医生病案首页填写的规则培训。其中，病案首页的规范填写是 DRG 管理的基础，首页内包括主要诊断、并发症、合并症、主要手术操作、次要手术等，临床医师应当按照规范要求填写诊断及手术操作等诊疗信息。但是，从历年的病案首页数据来看，依然存在着手术操作编码不准确、主要手术操作选择错误、疾病编码缺少、手术操作缺少、主要诊断选择错误等重大问题，需要通过加强对临床医生的培训来完善。

①主要诊断选择总则。

主要诊断一般是指患者住院的理由，一次住院只有一个主要诊断，且不以入、出院科室为依据。当患者有多个疾病住院时，将本次住院时对患者身体健康危害最大、花费医疗资源最多、住院时间最长的疾病作为主诊断。

以手术治疗为住院目的的，选择与手术治疗相一致的疾病作为主诊断。

产科的主要诊断应当选择产科的主要并发症或合并症。

非手术治疗或出现与手术无直接相关性的疾病，按主要诊断选择的原则选择主要诊断。

②手术与操作选择总则。

手术与操作包括外科手术、内科非手术性诊断和治疗性操作、实验室检查及少量对标本诊断性操作。

主要手术与操作的选择：针对主要诊断疾病而施行的手术和操作；风险最大、难度最高、花费最多的手术和操作；手术与操作之间，以手术为主，其次以治疗性操作为主；多个手术与操作，以手术目的为主。

③案例分析。

A. 主要诊断选取错误。

主要诊断在 DRG 中至关重要，主要诊断选择错误会使得病例进入错误的分组，而导致点数的差异。如图 11 – 5 所示，该病例中医生将主要诊断写为海绵状血管瘤，进入的是 FZ13 组（其他循环系统疾患，伴一般并发症与合并症），基准点数为 74.76，病例所花费用超出地区均费 31933.53 元，为高倍率病例。

经过研究发现，海绵状血管瘤在《浙江省医疗保障局疾病诊断相关分析（ZJ - DRG）分组方案（1.0 版）》中对应的诊断是血管瘤（诊断编码 D18.000X001），填写错误导致主要诊断与主要手术（大脑病损切除术）不匹配，最后系统将病例分进内科组循环系统组，这使得该 DRG 分组并没有合理地体现手术的价值和病例消耗的资源情况，对医院、病人还有国家医疗资源的分配都存在不公平性。

在分组方案库中找到正确的主要诊断颅内血管瘤（诊断编码 D18.000X028），并修正主要诊断为颅内海绵状血管瘤后，发现该病例正确地进入了 BB23 组（除创伤之外的其他开颅术，伴一般并发症与合并症），基准点数为 364.53，从模拟的地区均费来看预计结余 11390.49 元（见图 11 - 6）。由此可见正确的主要诊断与主要手术相匹配的重要性所在。

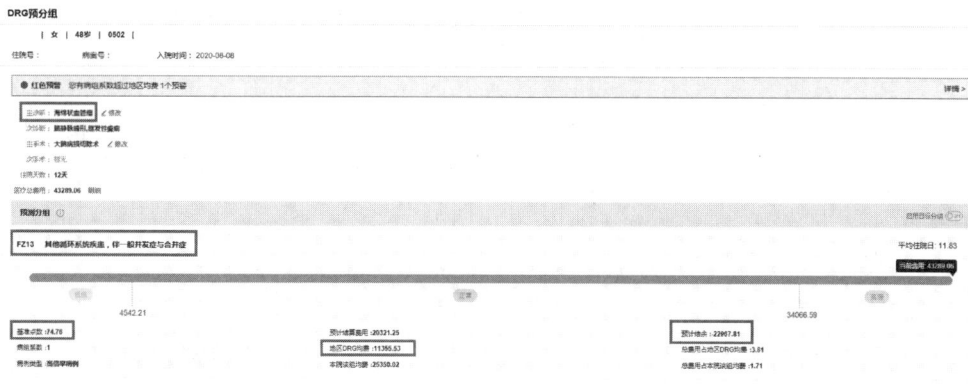

图 11 - 5　主诊断错误入组情况

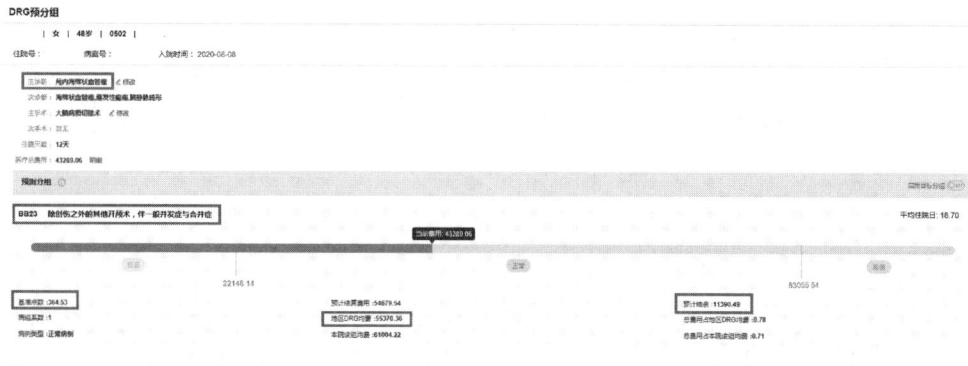

图 11 - 6　主诊断修改正确后入组情况

B. 主要手术及操作选取错误。

除了主要诊断，在病人做了多个手术的情况下，主要手术也需要正确选择。如图 11 - 7 所示，该病例中主要诊断为海绵窦动静脉瘘，而主要手术选择了脑血管造影，错误的主手术选择使得病例进入了操作组 BM19 组（脑血管介入检查术），基准点数为 76.75，病人所花费用超出地区均费 54698.5 元，为高倍率病例。可见该组并未体现出该病人在治疗期间所做的手术以及相应消耗的资源。

经过研究后，将原本位于次手术的硬脑膜动静脉瘘栓塞术（DAVF）替换为主要手术，病例进入操作组手术组 BE29 组（脑血管介入治疗），基准点数为 630.16，地区均费为 88977.42 元，此时预计结余 11988.88 元（见图 11 - 8），已转为正常倍率病例，手术治疗价值得到体现。

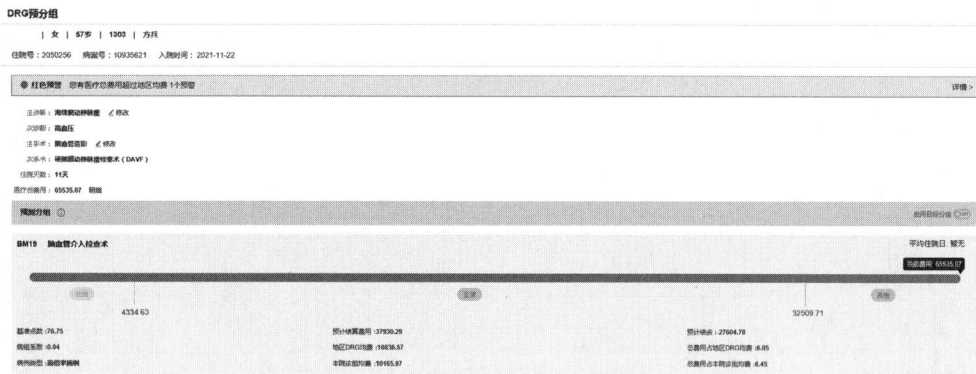

图 11 - 7　主手术错误后入组情况

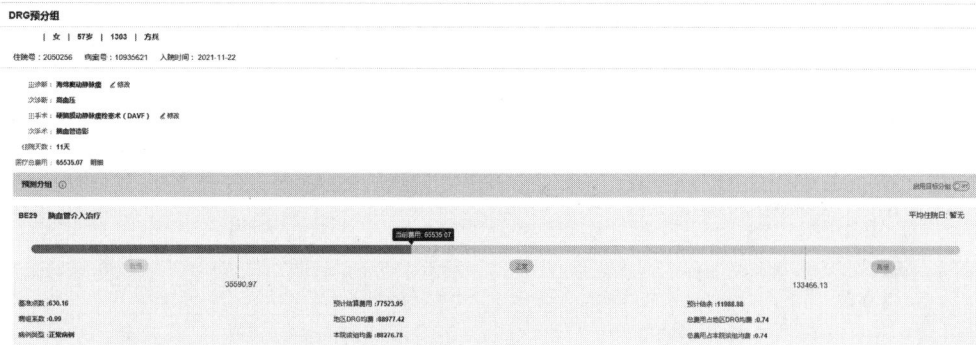

图 11 - 8　主手术修改正确后入组情况

心血管内科是手术与操作治疗最多的科室之一，也是最为典型的科室之一。

此处选取了一个较为常见的主手术选择错误的案例进行分析，如图 11 - 9 所示，病例中主要诊断为冠状动脉粥样硬化性心脏病，主要手术选择了冠状动脉血管内超声（IVUS），此时，在《浙江省医疗保障局疾病诊断相关分析（ZJ - DRG）分组方案（1.0 版）》中入 FM33 组（经皮心导管检查操作，伴一般并发症与合并症），基准点数为 65.89，所花费用超出地区均费 26292.43 元，为高倍率病例。

而在将主要手术改为冠状动脉药物涂层支架置入术后，病例进入的是 FM13 组（经皮冠状动脉支架植入，伴一般并发症与合并症），基准点数为 348.54，已变为正常病例，且总费用为地区 DRG 均费的 0.72 倍，费用控制较为合理（图 11 - 10）。

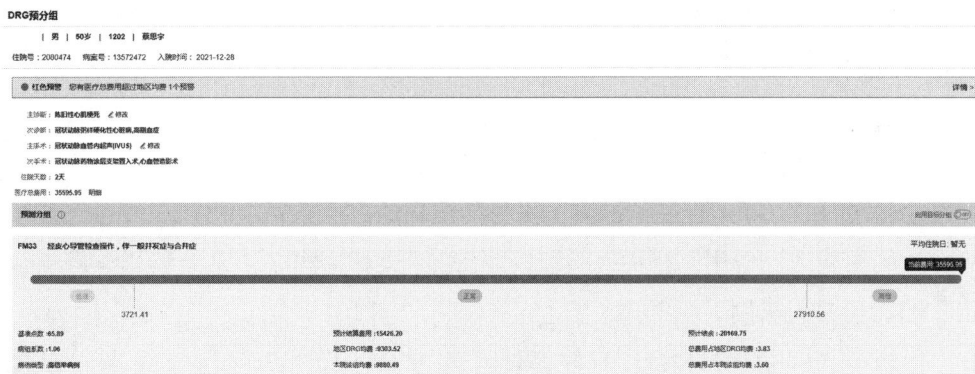

图 11 - 9　主手术错误后入组情况 2

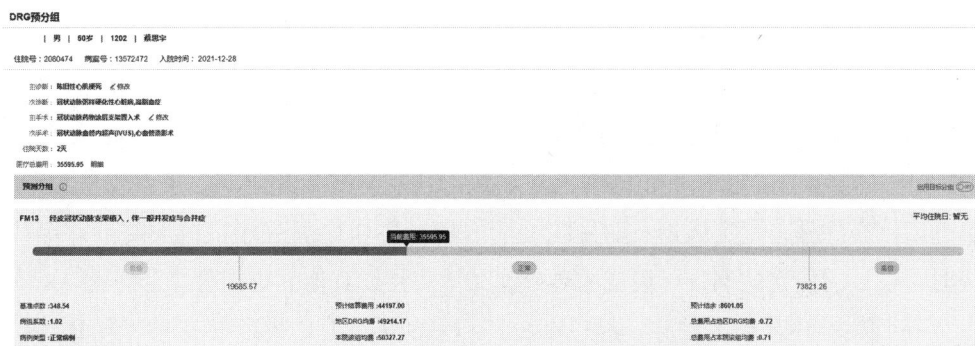

图 11 - 10　主手术修改正确后入组情况 2

7. DRG 与 DIP 的异同

深化医保支付方式改革是党中央、国务院作出的重大战略部署，也是医疗保障制度自身发展完善、不断提高基金使用效率的必然要求。2021 年是 DRG 和 DIP 两项医保支付方式改革试点工作的收官之年，也是试点经验总结推广的关键之年。那 DRG 和 DIP 到底有哪些异同？本章中，DIP 的介绍以广州市为例，DRG 的介绍以杭州市为例。

（1）改革试点目标。

改革试点目标相同。通过 DRG/DIP 付费改革，建立医保对医疗机构管用高效的支付管理和激励约束机制，是支付方式改革的出发点和落脚点，改革均以实现医、保、患三方共赢为最终目标，即以提高医保基金使用绩效，不断提升医保科学化、精细化、规范化管理服务水平，保证医保基金安全可持续；发挥"经济杠杆"的作用，调节卫生资源配置总规模、结构，引导医疗机构管控成本，推进医疗费用和医疗质量"双控制"；让患者享受适宜的医疗服务，减轻疾病经济负担。

（2）适用范围。

适用范围相同，都适用于住院医保患者，并进行总额预算。

杭州市（DRG）：浙江省省级、杭州市及异地参保人员在杭州市定点医疗机构发生的住院医疗费用实行 DRG 管理实行总额预算，建立"结余留用、超支分担"的责任共担机制。

广州市（DIP）：社会医疗保险参保人员（含职工社会医疗保险和城乡居民社会医疗保险参保人员）在本市定点医疗机构住院发生的医疗总费用，由市医保经办机构按照"总额预算、病种赋值、月预结算、年度清算"的原则，与定点医疗机构按病种分值付费方式结算。

（3）分组思路与分组数量。

分组思路存在较大不同。DRG 是根据主要诊断、主要手术操作明确 ADRG，再依据合并症（又称多病症）、并发症以及年龄等因素，从而确定细分的 DRGs。DIP 则根据定点医疗机构一定时期出院病例的疾病主要诊断编码、手术操作编码，筛选出核心病种，指定病种长期住院、精神病专科和护理医疗机构住院治疗等住院时间较长的住院病例，可组成床日分值结算病种，其他病种视为综合病种。

分组数量存在较大差异，经过细分，ZJ-DRG（1.0 版）共有 998 组 DRGs，ZJ-DRG（1.1 版）有 1006 组 DRGs；广州市 DIP 有 12030 个病种组合（含 25 个综合病种）。

（4）点数与分值。

DRG 点数：DRG 点数表示不同病种治疗时的资源消耗情况差异，每组 DRG 的基准点数根据统筹区医疗机构历史发生费用进行测算。DRG 点数＝病组的例均费用÷全部病例例均费用×100×差异系数。

DIP 分值：选择一种普遍开展、临床路径明确、并发症与合并症少、诊疗技术成熟且费用相对稳定的病种作为基准病种，基准病种分值设为 1000 分。各病种分值＝各病种的平均住院费用（不同诊疗方式组合）÷基准病种的平均住院费用×基准病种分值（1000）。

（5）主手术和次手术权重不同。

主手术权重不同，有些手术在 DRG 中无权重，但在 DIP 中会影响病种分值。例如，在广州 DIP 分组中，主诊断为结核性胸膜炎，当主手术为保守治疗（含胸腔闭式引流术）时，入核心组，分值为 1314 分，均费为 17587 元；当主手术为保守治疗（含胸腔穿刺抽液术）时，入核心组，分值为 1216 分，均费为 16276 元。而在 ZJ－DRG 分组中，这两者手术均无权重，均入内科组 ES1 组（呼吸系统结核）。

次手术会影响 DIP 的分组和分值，但在 DRG 中次手术不占权重，这也是两者最大的一个不同点。例如，对于输尿管结石病人，仅行输尿管支架时在 DIP 中有 779 分，再行一个输尿管结石去除术后分值增加到 1248 分；但在 DRG 中都入 ADRG 组 LD1 组，再根据次诊断的差异分成伴有严重的、一般的并发症或者不伴有并发症三个组，却与此手术无关了（表 11－15）。从这里可以看出，DIP 分组更能体现医务人员的劳动价值，使行多个手术操作的病例更准确地入组结算，DRG 则更能体现并发症与合并症的治疗资源投入，对行多个或联合手术的难以体现手术价值。

表 11－15 输尿管结石病例在不同次手术下 DRG/DIP 入组情况

主诊断	主手术	次手术	DIP 分值	DIP 均费	DRG 分组	DRG 点数	DRG 均费
输尿管结石	经输尿管镜/输尿管支架置入术	/	779	10426.915	LD11（伴有严重并发症）、LD13（伴有一般并发症）、LD15（无并发症）	160、103、98	22703 元、14651 元、13981 元
输尿管结石	经输尿管镜/输尿管支架置入术	输尿管结石去除术，经输尿管镜	1248	16704.48			

（6）优点与缺点。

表 11-16 DRG 与 DIP 的内涵及优缺点

医保付费方式	内涵	优点	缺点
DRG 付费	将不同的病例按照临床过程同质、资源消耗相近的原则，将不同的病例分组并赋予权重	①国内外可借鉴典型经验多； ②可提高医疗服务效率； ③疾病标识更精准； ④病例组合权重更趋合理； ⑤与临床思路一致； ⑥有效降低住院费用； ⑦有效降低平均住院日	①可能治疗不足； ②可能推诿重病人； ③诊断手术有高套风险； ④可能分解住院； ⑤信息化要求更高； ⑥分组粗略，组内差异较大； ⑦专业性强，操作难度较大； ⑧病案质量要求高
DIP 付费	医保经办机构以基金总额控制为基础，通过对不同病种（以出院主要诊断为条件）、不同的治疗方式（各种组合方式）赋予不同的分值，以患者出院累计分值与医院进行费用结算	①本土原创，利于主管部门考核监管； ②促进医保精细化管理； ③操作简单，技术障碍少； ④易推广，可借鉴意义高； ⑤分组细致，更具包容性	①可能过度医疗； ②依赖历史病案数据的正确性； ③医保监管难度较大，难以判断治疗方式合理性； ④存在医疗机构争相"冲工分"导致分值贬值风险

（7）中医倾斜政策。

在中医倾斜政策上，DRG 通过中医医疗机构中医药服务比例与医保支付挂钩的正向激励机制来扶持和发展中医药，DIP 则是对中医优势住院病种实施按病种分值付费，建立统一的中医优势住院病种分值库。

2021 年 11 月 9 日，浙江省医疗保障局印发《关于支持中医药传承创新发展的实施意见》（浙医保发〔2021〕60 号），提出要推进支付改革，积极引导中医医疗机构使用中医药，全面实行住院 DRGs 支付改革中医医疗机构中医药服务比例与医保支付挂钩的正向激励机制，对中医医疗康复等长期住院治疗且日均费用较稳定的疾病实行按床日付费。与以往的政策相比，对同病同效的中医治疗病例给予西医治疗病组相近的支付标准。

2021 年 11 月 26 日，广东省医疗保障局出台《关于开展医保支付改革促进中医药传承创新发展的指导意见》（粤医保发〔2021〕43 号），提出以临床价值为导向，以中医优势服务、特色服务为重点，加大医保支付政策支持力度，建立健全符合中医药特点的医保支付体系。省医保部门统一组织专家分批遴选中医优势病种，对中医优势门诊病种实施按病种付费，对中医优势住院病种实施按病种分值付费，建立全省统一的中医优势住院病种分值库。对中西医并重的门诊和住院病种，实行中医与对应的西医病种同病同治同价。对以西医治疗为主的门诊和住院病种，增加特色中医治疗服务的，可适当提高该病种的门诊费用或住院分值。

2020 年 9 月，中山市着手研究中医特色病种分值，形成了《中山市中医特色治疗病种分值库》初稿，并于 10 月从中遴选出一批中医优势明显、治疗路径清晰的中医特色治疗病种（含胫骨骨干骨折、紧张性头痛、椎管狭窄等 25 个），实行按病种分值付费，采用中医正骨治疗、纯中医治疗和中医整脊治疗 3 种诊疗方式的，实行中西医同病同效同分值。

（本章撰写人：浙江大学医学院附属第二医院林敏、夏燕、夏锋，

浙江省新华医院张芳芳）

参 考 文 献

［1］国家医疗保障局办公室. 国家医疗保障局按病种分值付费（DIP）技术规范，2020－11－09.

［2］国家医疗保障局办公室. DIP目录库（1.0版），2020－11－09.

［3］国家医疗保障局办公室. 按病种分值付费（DIP）医疗保障经办管理规程（试行），2021－05－20.

［4］深圳市医疗保障局. 关于印发《深圳市社会医疗保险定点医药机构医疗费用支付办法》的通知（深医保规〔2020〕3号），2020－03－19.

［5］广州市人力资源和社会保障局. 关于印发广州市社会医疗保险按病种分值付费病种分值表及定点医疗机构权重系数，2018－11－06.

［6］国家医疗保障局. 医疗保障基金结算清单填写规范，2022－04－24.

［7］国家卫生与健康委员会. 住院病案首页数据填写质量规范（暂行），2016－05－31.

［8］世界卫生组织. 疾病和有关健康问题的国际统计分类（ICD－10）：第一卷. 2版. 董景五，译. 人民卫生出版社，2013.

［9］世界卫生组织. 疾病和有关健康问题的国际统计分类（ICD－10）：第三卷. 2版. 董景五，译. 人民卫生出版社，2013.

［10］世界卫生组织. 疾病和有关健康问题的国际统计分类（ICD－10）：第二卷：指导手册. 2版. 董景五，译. 人民卫生出版社，2013.

［11］刘爱民. 国际疾病分类手术与操作（ICD－9－CM－3）：2011版. 人民军医出版社，2015.

［12］裴福兴，陈安民. 骨科学. 人民卫生出版社，2016.

［13］财政部. 事业单位成本核算具体指引——公立医院，2021－11－15.

［14］关于全面推开公立医院综合改革工作的通知（国卫体改发〔2017〕22号），2017－04－19.

［15］中华人民共和国财政部. 医院会计制度. 经济科学出版社，2011.